广东财经大学粤港澳大湾区
人才评价与开发研究院

粤 港 澳 大 湾 区

人才战略与创新发展研究

2024

萧鸣政 主编

中国社会科学出版社

图书在版编目（CIP）数据

粤港澳大湾区人才战略与创新发展研究. 2024 / 萧鸣政主编. -- 北京：中国社会科学出版社，2025. 7. -- ISBN 978-7-5227-5181-8

Ⅰ. C964. 2

中国国家版本馆 CIP 数据核字第 2025LK9374 号

出 版 人	季为民	
责任编辑	许 琳	
责任校对	苏 颖	
责任印制	郝美娜	

出 版	中国社会科学出版社	
社 址	北京鼓楼西大街甲 158 号	
邮 编	100720	
网 址	http://www.csspw.cn	
发 行 部	010-84083685	
门 市 部	010-84029450	
经 销	新华书店及其他书店	

印刷装订	北京君升印刷有限公司
版 次	2025 年 7 月第 1 版
印 次	2025 年 7 月第 1 次印刷

开 本	710×1000 1/16
印 张	19.75
插 页	2
字 数	314 千字
定 价	108.00 元

序　言

党的二十届三中全会《关于进一步全面深化改革　推进中国式现代化的决定》指出，"教育、科技、人才是中国式现代化的基础性、战略性支撑。"在教育、科技与人才三大战略支撑点中，人才是关键点。粤港澳大湾区在党和国家的战略引领下，正努力成为科教兴区、人才强区与创新驱动协同发展的先行示范区。2019 年，中共中央、国务院印发了《粤港澳大湾区发展规划纲要》。在 2021 年的中央人才工作会议上，习近平总书记强调，要深入实施新时代人才强国战略，要在粤港澳大湾区建设高水平人才高地，作为加快建设世界重要人才中心和创新高地的战略布局。党的二十大报告强调，"加快建设世界重要人才中心和创新高地，促进人才区域合理布局和协调发展，着力形成人才国际竞争的比较优势"。2023 年 4 月，习近平总书记来广东视察时再次肯定了粤港澳大湾区在全国新发展格局中的重要战略地位，提出要使粤港澳大湾区成为新发展格局的战略支点、高质量发展的示范地、中国式现代化的引领地。2024 年 4 月，中共中央党史和文献研究院编辑发行了《习近平关于人才工作论述摘编》一书，其中有多处论述是在广东省考察工作时提出的。

为深入学习贯彻《习近平关于人才工作论述摘编》精神，学习贯彻习近平总书记视察广东重要讲话、重要指示精神，2024 年 5 月 17—19日广东财经大学与中国人力资源开发研究会人才测评专业委员会承办了第四届（2024）粤港澳大湾区人才战略与创新发展论坛，旨在助力粤港澳大湾区高水平人才高地建设，推动大湾区社会经济高质量发展。

本次论坛主题为："新质生产力与人才战略、人才高地建设与高质量发展、人才评价创新与发展、教育科技人才协同发展"。与会嘉宾包括省、市有关领导，相关研究领域的专家学者及企业翘楚。各嘉宾围绕本次论坛主题，分别从政界、学界、商界等不同领域，多维度、深层次地进行了交流和探讨，为湾区建设建言献策，碰撞出思想的火花，结出了丰硕的成果。

本次论坛众多官员、学者与企业界人士围绕粤港澳大湾区高水平人才高地建设问题发表真知灼见，25 位特邀嘉宾进行主旨演讲，100 位重要嘉宾出席了"期刊沙龙""粤港澳大湾区人才高地建设与人力资源服务业高质量发展""人力资源课程教材建设现状与学科发展""数字人才评价与开发论坛"与"企业人力资源管理创新及校招模式创新"等四个专题论坛，100 多位嘉宾在十个分论坛进行汇报。论坛发言人数与实际参与分论坛人数再创新高。

这次论坛规模大，代表结构科学，地域覆盖面广。报名参加论坛的代表覆盖 29 个省区市和港澳台地区；论坛现场出席人数超过 500 人，线上超过 50 万人次。

本论文集精选了此次论坛 23 篇领导致辞、主题发言和 20 篇学术论文。致辞与主题发言分别从政府政策改革、学术前沿研究及企业实践探索等方面分享了大湾区近年来在人才服务战略、数智化人才管理创新、人才与新质生产力、人才高地建设、高质量人力资源开发专业建设、教育科技人才协同与发展和人才评价等关键领域的观点与成果，同时也为粤港澳大湾区加快建设为世界重要人才中心和创新高地提供了宝贵的智慧和策略。20 篇论文按照人才高地建设、人才与新质生产力、人才开发、人才协同与发展、人才评价与分析等板块编辑。本论文集的学术论文作者都是我国人才研究领域的骨干。论文内容涵盖对科技人才、国企人才、创新创业人才、基层人才、乡村人才等多支不同类型人才队伍的研究，从政策文本、文献理论、实证数据、机制体制等方面探索了粤港澳大湾区人才高地建设问题。论文既有理论探索，也有实证研究。研究成果对粤港澳大湾区人才高地和新时代人才强国战略的深入实施具有重要的决策咨询价值。

希望本书的出版发行，对践行习近平总书记关于做好新时代人才工作的重要思想，完善粤港澳大湾区人才发展体制机制，为进一步推进粤港澳大湾区高水平人才高地建设发挥积极作用，让各类人才的创造活力竞相迸发、聪明才智充分涌流，进一步推动粤港澳大湾区创新融合发展与高水平人才高地的发展。

　　本书的出版，要特别感谢广东财经大学党委书记郑贤操与校长于海峰、副校长邹新月等领导的大力支持，感谢中国人事科学院研究院绩效管理研究室任文硕主任、人才测评专业委员会以及大会秘书处等相关编辑人员的大力帮助与支持！

萧鸣政

中国人才研究会副会长

中国人力资源开发研究会人才测评专业委员会会长

北京大学人力资源开发与管理研究中心主任

广东财经大学粤港澳大湾区人才评价与开发研究院　院长

广东财经大学人力资源学院院长

二〇二四年十一月十二日

目　　录

致辞发言

主旨发言

论文选集

一　人才高地建设

二　人才与新质生产力

致辞发言

学习贯彻习近平总书记关于人才工作的重要论述精神，深入推进粤港澳大湾区人才高地建设[*]

郑贤操

尊敬的各位领导、各位专家、各位来宾、老师们、同学们，大家上午好！在这繁花似锦激情涌动的美好季节。来自海内外的 200 余名领导、嘉宾、专家学者齐聚广财，共同出席第四届 2024 粤港澳大湾区人才战略与创新发展论坛，共推粤港澳大湾区人才高地建设，可谓恰逢其时，意义重大。首先，我谨代表广东财经大学向参加本次论坛的领导、专家、企业界人士表示热烈欢迎和诚挚感谢！本次论坛的举办得到了中国人才研究会、中国人力资源开发研究会、广东省人力资源和社会保障厅、广东省科学技术厅的大力支持。今天各位领导在百忙之中专门莅临指导，充分体现了各方对推进粤港澳大湾区人才高地建设的高度重视，更是体现了对学校一贯以来的关心、信任、支持。在此，我再次代表学校向长期以来关心、支持学校事业发展的各方领导和嘉宾表示衷心的感谢！

2024 年 1 月，习近平总书记在中共中央政治局第十一次集体学习时强调深化人才工作机制创新，要按照发展新质生产力要求畅通教育、科技、人才的良性循环，完善人才培养体系，使用合理流动的工作机制，这一重要部署充分彰显了人才在发展新质生产力中的重要性，为以高质量人才工作服务支撑新质生产力发展指明了前进方向，提供了根本支持。2024 年 2 月，中共中央政治局委员、广东省委书记王坤明同志在全省高质量发展大会上强调，要视人才为根本，要真心爱才、虚心育才、精心

---

* 广东财经大学党委常委、党委书记郑贤操的致辞发言，收录时略有修改。

理才、精心购才，携手港澳加快建设粤港澳大湾区高水平人才高地，吸引全球高层次的创新型人才，以人才工作的主动、更好掌握创新的主动和发展的主动。作为粤港澳大湾区经济高质量发展和社会治理创新发展研究的重要基地，广东财经大学始终把服务粤港澳大湾区高水平人才高地建设作为学校的重要任务。近年来，学校精心谋划、超前布局，大力推进人力资源系统建设，引进了萧鸣政教授等多位知名教授，先后成立了粤港澳大湾区高校首家从事人才研究的科研机构与资源支持平台——粤港澳大湾区人才评价与开发研究院，设置了全国首家独立建制的人力资源学院。学校发挥专业人才和学科资源优势，聚焦粤港澳大湾区人才评价开发与研究，在粤港澳大湾区人才发展研究领域取得了较好成绩，参与筹备省委人才工作会议、第一届粤港澳大湾区人才服务高质量发展大会和第二届全国人力资源服务业发展大会，承担了省委人才工作的相关研究项目，编写发布广东省首本人才发展报告暨蓝皮书，多篇决策咨询报告获得了省委、省政府领导批示及党政部门采用，为粤港澳大湾区高质量发展提供了人才支持。当前，学校正朝着建设粤港澳大湾区一流财经大学目标阔步前进，将以更高战略、更高标准、更高要求为更好地服务新时代人才工作创新发展贡献广财智慧和力量。粤港澳大湾区人才战略与创新发展论坛是广东财经大学重点打造的学术品牌之一，是学校深入学习贯彻习近平总书记关于人才工作的重要论述精神、深入学习贯彻习近平总书记视察广东重要讲话精神的生动实践。在广东省人社厅和科技厅的大力支持下，学校连续三年联合人力资源开发研究会和中国人力资源研究会等单位共同举办粤港澳大湾区人才战略创新发展论坛。论坛围绕粤港澳大湾区高水平人才高地建设与发展进程中的问题与挑战进行深入研讨，得到了科技部等相关部委和北京大学等重点高校的热烈响应。来自20多个省市的200多位领导干部与专家学者参会，线上线下参会人数累计超过100万人，在国内外形成了较高的知名度和响应。本届论坛围绕人才高地建设与高质量发展、人才评价创新与发展、新质生产力与人才战略、科技教育人才协同发展为主题，线上线下交流。我们期待各位专家学者各展所长，在学术阵营中碰撞智力火花，结出创新硕果。最后预祝本次论坛取得圆满成功，祝各位领导、嘉宾、朋友身体健康、工作顺利、吉祥如意，感谢大家！

加快建设战略人才力量，
推进世界重要人才中心和创新高地发展[*]

何 宪

尊敬的郑贤操书记、各位领导、各位专家、各位来宾，老师们、同学们，大家上午好！2024 年是《粤港澳大湾区发展规划纲要》颁布实施 5 周年，在这个重要时间节点，广东财经大学联合中国人力资源开发研究会、中华人力资源研究会，共同举办第四届粤港澳大湾区人才战略与创新发展论坛。首先，我代表中国人才研究会对论坛的举办表示热烈的祝贺，对参会的各位专家学者表示热烈的欢迎，对东道主广东财经大学对论坛付出的辛勤劳动表示衷心感谢！

本次论坛的举办是广东财经大学积极响应党中央加快建设世界重要人才中心和创新高地，以及粤港澳大湾区高水平人才高地建设等战略布局的深入体现。我们深知人才是推动社会进步的重要力量，也是实现高质量发展的关键因素。在中央人才工作会议上，习近平总书记提出了国家战略人才力量的重要概念。国家战略人才力量与我们常说的人才队伍建设有很大不同，它不是普通人才，而是战略人才，没有用传统的人才队伍的提法，而是用"人才力量"这一概念，这很值得我们深入学习和领会。什么是国家战略人才力量呢？就是要站在国家战略的高度，从较长的时间来看，对国家发展、国家安全极为重要、极为关键的人才。在中央人才工作会议上，习近平总书记对四类人才提出了要求：第一，要大力培养使用战略科学家；第二，要打造大批一流科技领军人才和创新

---

* 国家人力资源和社会保障部原副部长、中国人才研究会会长何宪的致辞发言，收录时略有修改。

团队；第三，要造就规模宏大的青年科技人才队伍；第四，要培养大批卓越工程师。习近平总书记指出战略人才站在国际科技前沿，引领科技自主创新，承担国家战略核心任务，是支撑我国高水平科技自立自强的重要力量。要把建设战略人才力量作为重中之重来抓。如何体现重中之重的要求呢？一方面，我们针对这四类人才的特点、队伍建设情况以及存在的问题，制定专门的工作计划，拿出强有力的措施，加大工作力度，分门别类地把自己的战略人才力量建设落到实处。另一方面，我们还要深入研究科技人才，特别是高科技人才成长的规律和充分发挥作用的机理。在科技人才特别是高科技人才发展的体制机制改革上下功夫，创造科技人才，特别是高科技人才脱颖而出和发挥作用的条件。客观地说，我们过去谈的一般人才比较多，高科技人才比较少；遵守一般人才成长规律比较多，科技人才成长规律比较少。加快建设国家战略人才力量的提出，既是人才工作部门的重大任务，也是人才研究工作面临的新课题和新挑战。我们要把加快国家战略人才平台建设作为人才研究的重中之重，尽快在国家战略人才力量建设方面有所突破，取得积极进展。

同志们，本届论坛参会的嘉宾来自北京、上海、广东、香港特区、澳门特区等20多个省市、行政区，参会人员既有政府部门的代表，也有来自高校和科研院所的专家学者。论坛紧扣人才高地建设、经济生产力发展、科技教育、人才协同等人才研究和人才实践的关键内容和人才高地建设与高质量发展、人才评价与发展，新质生产力与人才战略协同发展等主题，旨在汇聚各方面智慧，共同探讨和推动粤港澳大湾区人才发展的战略和创新。实际上这也是研究如何落实作为重中之重的国家战略人才力量建设问题。我们相信通过深入的讨论和交流，一定能够形成一系列具有前瞻性、战略性、可操作性的共识和举措，为粤港澳大湾区人才战略和创新发展注入新的活力，为国家战略人才力量的建设贡献智慧。希望各位专家学者在未来几天里深入研讨、深层交流、分享成果，把我们的论坛变成一场思想盛宴以及智慧碰撞，让我们携手合作，共同开创粤港澳大湾区人才发展新篇章，为加快建设国家战略人才力量贡献力量。最后，预祝论坛圆满成功！谢谢大家！

充分发挥人才在粤港澳大湾区
建设中的作用[*]

欧晓理

尊敬的何宪会长、郑贤操书记，各位专家、各位来宾，老师们、同学们大家好！我非常高兴与大家共同参加这届粤港澳大湾区人才战略创新发展论坛。在此，我代表中国人力资源开发研究会对各位嘉宾和专家学者的到来表示热烈的欢迎，对长期以来关心和支持中国人力资源开发研究会的社会各界表示衷心的感谢！

推进粤港澳大湾区建设是党中央做出的重大决策，是习近平总书记亲自谋划、亲自部署、亲自推动的国家战略，也是推动"一国两制"事业发展的新实践。2019 年 2 月，中共中央、国务院印发《粤港澳大湾区发展规划纲要》，到现在有 5 年了。在过去的 5 年里，粤港澳大湾区的建设取得了全方位进步，综合经济实力显著增强，科技创新能力不断提升，内联外通网络加速完善，粤港澳大湾区开放合作更加深入，市场一体化水平逐步提高，各方面都取得了不俗的成就，为未来高质量持续发展奠定了坚实的基础。这些成就的取得与实施正确的人才战略是密不可分的。为了充分发挥人才在粤港澳大湾区建设中的作用，粤港澳大湾区内各级政府和相关机构采取了一系列措施。例如，广州优化构建"广聚英才"人才工程，并启动相关项目，真正面向重点行业、重点领域、战略性新兴产业，促进人才资源合理流动和有效配置。中国工程院设立首个香港特区院士工作站，进一步促进香港特区和内地在工程科技等领域高端人

---

* 国家发展和改革委员会社会发展司原司长、中国人力资源开发研究会会长欧晓理的致辞发言，收录时略有修改。

才交流的成果。同时，广东协同港澳打造高水平城市高地，积极采取粤港澳人才发展协同机制，深入实施粤港澳大湾区就业和人才成果政策等，支持港澳人才申报重大人才工程，推动粤港澳人才发展。粤港澳三地通过教育教学合作，促进教育融合创新，推进职称评价和职业资格互动，源源不断地培养各类人才。正是因为这些举措，使得人才成为推动粤港澳大湾区经济、科技、文化等各个领域发展的核心力量，在粤港澳大湾区建设中发挥着至关重要的作用。粤港澳大湾区作为我国开展改革开放的前沿阵地，承载着建设成为新发展格局的战略要地、高质量发展的示范地、中国式现代化的引领地的重要任务。前5年的阶段性成就归功于人才战略的实施，下一步的发展仍然依赖于人才的支持。人才是粤港澳大湾区建设的关键要素和基础性资源，只有充分发挥人才作用，打造人才高地，才能推动粤港澳大湾区实现更高质量的发展。也正因如此，我们连续4年举办粤港澳大湾区人才战略与创新发展论坛，围绕人才战略助力粤港澳大湾区高质量发展的相关问题进行交流研究。这次论坛以人才高地高质量建设战略、科技教育人才高质量协同、人才评价创新高质量发展为主题，我们希望通过交流与研讨汇集各方资本力量，共同探讨人才战略与创新发展的新模式、新途径。

我们希望通过交流和研讨，为粤港澳大湾区人才工作提供新思路、新方向，为区域创新发展提供支持。借此机会，我将就这个问题谈几点思考和建议。第一，人才仍然是粤港澳大湾区建设的基础性资源，也是实现高质量发展的关键。目前，大家都在探讨新质生产力。新质生产力是在新一轮科技革命和产业变革的驱动下，生产力新要素迭代升级，而产生的新姿态和能力。新质生产力的源头在科技创新，落脚点在产业创新，关键因素在创新问题。随着粤港澳大湾区产业升级和转型的加速推进，对人才需求将更为迫切。只有不断吸引、培养更高、更多高素质、专业化的人才，才能为粤港澳大湾区的可持续发展提供源源不断的动力。第二，要强化协同创新，打造高水平人才基地。粤港澳大湾区各地要发挥各自优势，加强产学研用紧密结合，共同建设一批高水平研发机构和创新平台，吸引和培养更多高层次人才，形成人才创新的强大合力。要认识到人才是粤港澳大湾区建设的基础和支撑。人才交流合作是粤港澳大湾区建设的重要内容之一。随着粤港澳大湾区内部各城市之间的合作日益紧密，人才交流也日益增多。这种交流不仅有助于促进知识和技术传播，还能推动不同领域之间的交叉融合，为粤港澳大湾区带来新的发展机遇。第三，要进一步解放思想，深化人才发展改革。要创新人才政策，打破体制壁垒，加速规则构建，机制对接，构建开放包容的人才引进培养机制，为人才跨地区、跨行业、跨体制流动提供便利条件。要优化服务保障，营造良好的人才发展环境。要不断完善人才服务体系，提供全方位个性化服务，解决人才在生活、工作中的困难，让人才安心工作，舒心生活，真正感受到粤港澳大湾区的温度和魅力。第四，要加强国际合作、加强国际交流，提升人才文化水平。粤港澳大湾区需要积极融入全球人才网络，通过各种渠道和方式加强与国际高端人才的交流合作。吸引更多具有国际视野的优秀人才到湾区创新创业。我们要积极探索更加开放的国际人才交流政策，优化国际人才来华工作许可、签证政策和手续流程，支持境内高校、科研院所与世界一流大学在粤港澳大湾区合作，开展人才融合培养，提升人才培养的国际化水平。第五，祝本次论坛圆满成功！谢谢大家！

提升人才服务水平　建设更高水平的
科技创新强省[*]

劳帜红

　　尊敬的各位领导、嘉宾、专家老师们、同学们，大家上午好！非常感谢官方盛邀，我再次有机会来参加粤港澳大湾区战略与创新发展论坛。在《粤港澳大湾区发展规划纲要》发布 5 周年之际，今天在这里举办论坛恰逢其时。借此机会，我谨代表广东省科技厅和广东省外国专家局对论坛的举办表示热烈祝贺，向长期以来关心支持广东科技和外专工作发展的各位领导、专家、嘉宾、老师们、同学们表示诚挚的敬意和衷心的感谢！

　　习近平总书记 2023 年视察广东，赋予粤港澳大湾区"一点两地"新的指令任务。2024 年年初，习近平总书记在中共中央政治局第十一次集体学习中强调要加快发展新质生产力，对新质生产力中的人才这一能动的因素也提出了具体的要求。在 2024 年高质量发展大会上，王坤明书记对推动广东产业科技发展提出了要求和部署，强调要视人才为珍宝，要珍惜爱才、悉心育才、精心理才、投资用才，携手港澳，加快建设粤港澳大湾区高水平人才高地，集聚全球高层次创新型人才。近年来，我们坚持以习近平新时代中国特色社会主义思想为指导，以"聚天下英才而用之"的战略思想为总遵循，牢固树立人才引领发展的战略定位，着力营造人才发展的良好环境，为加快建设粤港澳大湾区国际科创中心和高水平人才高地赢得了战略的主动。广东区域创新综合能力连续 7 年全国

---

　　* 广东省科学技术厅党组成员、副厅长，省外国专家局局长劳帜红的致辞发言，收录时略有修改。

第一，深圳、香港特区、广州科技集群连续 4 年全球第二，高新技术企业超过 7.5 万家。广东省研发人员、科研人员达到 135 万人，居全国第一，顶尖人才也加快聚集广东。全职在院院士超过 150 名，全省累计发放外国人来华工作许可证 30 万份，其中高端 A 类 5 万份，占全国的 1/10。在新起点上，我们要加倍努力，奋力谱写广东科技人才和外科工作高质量发展的新篇章。借此机会谈三点个人体会。

第一，我们要始终将贯彻落实习近平总书记关于做好新时代人才工作的重要思想作为首要任务，始终坚持习近平总书记提出的聚天下英才而用之的战略思想为根本一体，推进教育强省、科技创新强省、人才强省建设，强化产业科技创新的教育人才支撑，在实现高水平科技激励技巧上取得新的突破，不断塑造发展新动能、新优势。第二，我们要坚持以"四个结合"的制度构建应对国际国内人才工作的新形势，坚持提升传统与培育新兵相结合，政府引导与市场辅导相结合，平台支撑与多元支持相结合，适度管理与全面服务相结合，在科技人才和引才引智的方式上做新的文章，在人才发展体制机制上持续突破，在创新科技人才工作方面，我们的目标之一是打造"三链两区"，即围绕创新链发力，瞄准世界科技前沿，形成高端科创人才聚集效应；围绕产业链生根，瞄准核心技术攻关，造就大批产业科技人才；围绕价值链融入，瞄准人才要素，盘活打造干事创业平台环境。同时我们要推动科技人才评价和引才引智示范的试点工作，争创深化科技人才改革先行区，推动与港澳人才协同和省内协同双创区域人才协同示范区。在外国专家服务管理方面，我们要针对堵点、难点、痛点，着力构建外国专家集约型服务的框架体系，即上下衔接、主要贯通的外国专家服务制度体制，国际水准和广东特色的外国专家服务政策体系，政府引导和市场主导的外国专家服务协同体制。第三，要进一步增强人才工作的主动性、创造性、协同性和有效性，要加快人才科技体系等方面的改革，加快引才市场化的探索，充分发挥粤港澳大湾区国际化优势和港澳人才中枢的作用，"走出去、引进来"相结合。发挥社团特长和优势，按照小型化、市场化、专业化要求，举办各类与国际接轨的人才学术交流活动，吸引更多国际人才来粤港澳大湾区、广东创业。例如，最近中国国际人才交流中心在中国香港特区和深圳、日本分别举办"以我为主"的专题学术交流会活动，特别是深圳专场,有三名诺贝尔奖专家到场进行演讲,反响热烈。同时,国家层面也在积极谋划推进加大国际人才交流力度,推进外国人才便利化和综合服务试点工作。允许外国人才在异地许可、多地使用,逐步放宽在华外国留学生和外籍高校毕业生工作年限,探索将工作许可事项融入外国人才社会保障法中,将其作为综合服务的凭证,实现"一卡通"。努力建设国际人才社区、国际人才公寓等设立外国人才一站式服务窗口和集成服务等。同志们、朋友们,今天我们齐聚一堂,深入探讨粤港澳大湾区人才战略与发展,我相信通过大家的共同努力和智慧碰撞,能够激发港澳"超级联系人"的独特优势,发挥横琴、前海、南沙、河套等重大创新合作平台的特殊作用,不断强化信息交流、人才交流、互相交流,推动建立粤港澳人才发展共同体。广东财经大学作为我省高端专业人才培养的重要基地,在人才培养和科学研究方面都取得了显著成绩。我们期待广东财经大学继续发挥优势,培养更多具有良好思想道德、科学精神、专业知识和国际视野的应用型、复合型、创新型的高级专门人才,为发展新质生产力、推进粤港澳大湾区建设、助推建设更高水平的科技创新强省和人才强省做出更大贡献。最后预祝本次论坛活动圆满成功,祝大家身体健康、工作顺利、万事如意!谢谢!

主旨发言

数智化人才管理创新与企业高质量发展[*]

赵曙明

我的发言想从数字化人力、人才管理创新与企业发展三个方面和大家进行讨论。习近平总书记在党的二十大报告中指出教育、科技、人才要三位一体，在移动互联网、大数据和人工智能迅速发展的大背景下，从事人力资源管理，数字化人才是非常短缺的。未来企业人力资源管理有四大趋势，第一个趋势是推动以人为本的生产力，第二个是注重信任与平等，第三个是加强企业免疫系统，第四个是打造数字预期的文化。从微观角度，我们怎么去提升生产力和促进可持续的发展？德鲁克在1985年出版的《创新与企业家精神》中讲道，没有人能够左右变化，唯有走在变化之前。所以数字化转型重点是在人，数字化转型需要以人为中心。人力资源和社会保障部于2024年4月17日颁布了有关数字人才的行动计划。数字经济对我们整个国家综合实力的发展来说是非常重要的，所以要加快数字人才的培育。

数字化人才是什么样的人才呢？内涵有三个方面，一是数字管理人才，二是应用人才，三是技术人才。2023年《产业数字人才研究与发展报告》显示，在数字产业化、人工智能领域的人才是总量短缺的，特别是算法研发人才需求是比较高的，机器学习、计算机视觉的需求量很大。随着数字化转型的推进，我们可以看到企业需要具备数字化能力，特别是关键岗位，对专业技能和企业管理等多层次、多维度的人才需求量较大。数据分析表明，数字经济的发展推动了数据人才的整体需求。2019—2021年，上海和北京的人才需求有所下降，但广州、杭州、南

---

* 南京大学商学院名誉院长、人文社科资深教授赵曙明的主旨发言，收录时略有修改。

京、苏州、武汉和西安的招聘数量有所增加，这些城市的人才主要集中在移动互联网、IT、互联网、游戏等行业。

在人才自身的需求上，我们要关注三个方面。首先，国内人才对个人发展的需求在增长。其次，分析中国的人才画像发现，青年人才数量较多，但青年人才需要进一步提升技能和发展潜力。最后，为了实现人力资源的数字化转型，企业需要在人才管理方面进行创新，特别是在人岗匹配和人才画像方面，需要确保人才配置的精准性。2023 年 11 月 8 日《光明日报》的一篇文章，讨论了企业人力资源管理的数字化转型问题。文章提到了几点：第一，要强化企业人力资源管理数字化的思维。过去我们把人才看作成本，现在我们把人才视为资产和利润的来源。我们必须认识到从农业经济到工业经济，再到信息经济和社会经济的转型过程中，数字化转型必须落实到人才管理方面。第二，如何提升企业人力资源管理在数字化领域的能力。从大量统计数据来看，数字化转型背景下的人才需求量非常大，因此企业需要提高人力资源管理数字化的能力。第三，数据架构在其中扮演重要角色，因为没有技术和人的参与，数据本身无法创造价值。技术对数据的处理能力在这个过程中发挥了重要作用。第四，企业需要探索数字化人力资源管理方案，从数字化人才和人力资源管理角度制定方案，讨论如何在全球经济背景下推动企业的发展。第五，企业要重视人力资源管理的数字化安全问题。无论从微观层面还是从员工、领导、团队以及人力资本角度，我们都要考虑数据安全的问题。

此外，我们要关注企业内部人力资源管理的创新。从战略层面出发，企业需要制定战略性的人力资源管理规划，并有效地组织实施。任何组织如果没有人力资源战略是不行的，光有战略而没有执行也是行不通的。我们必须考虑战略的制定、组织的配置以及实际运作的关系。数字化人才供应链的建设，主要从战略、业务和人才三个层面来考虑。从战略制定、分析和实施的角度来看，企业组织的人才布局、岗位绩效和组织绩效是不可忽视的。数字化人才转型可以分为三步：第一步是数字化思维的飞跃，这是我们面临的首要问题。第二步是数字化技术的进一步提升。为了实现企业能力的全景锚定，我们需要设计必要的培训方案和流程。第三步是数字化人才引领，包括人才的甄选、培养和管理，从意识到技能，再到实际行动，这涉及政策、能力和行为的转变。萧鸣政教授提到粤港澳大湾区的战略，要推动粤港澳大湾区建设成为人才高地。从平台和制度两个方面，我们可以探讨如何推动人才建设，特别是推动高端科技人才的聚集。国家已经制定了高端科技人才培养基地建设的相关政策，并发布了相关的人才制度创新示范项目；制定了中长期的人才培养规划，建立了高端青年创业人才培养的标准和政策。从企业的微观角度来看，粤港澳地区需要营造一个充满吸引力的人才池，人才引进是解决当前产业人才需求的关键。未来，粤港澳大湾区可以通过教育合作与交流、跨界设计计划、继续教育产学研计划等途径，进一步加强产学研的合作。粤港澳三地高校、科研院所及数字化龙头企业的资源优势需要得到更好的利用，推动科研成果市场化，促进粤港澳大湾区人才生态系统的构建。企业数字化转型离不开平台的搭建。从人才引进的角度看，既要向基层放权，发挥用人单位的主体作用，也要优化和深化人才成长的环境。加强培养企业，为数字化人才提供良好的发展平台。数字化组织是应对数字化时代环境变化的关键，也是企业实现可持续发展的基础。人才是企业数字化转型的基石。总的来说，数字化思维和运用数字技能创新解决复杂问题的能力，是推动企业人力资源管理数字化转型的重要力量。通过这种转型，可以助力企业业务的运营升级。

新时代人才价值与服务战略[*]

萧鸣政

广东省于 2024 年 2 月 18 日召开了全省高质量发展会议，高质量发展的关键在于人才驱动，而人才驱动的基础在于服务，要做好服务人才服务工作，核心是在认识人才的价值以及人才价值的发挥的路径。我发言主要谈四个问题，第一，新时代人才价值有哪些？第二，人才价值怎么展现？第三，人才的价值怎么发挥？我们只有充分认识人才价值，以及他的展现和发挥的路线，我们的服务才有效。第四，基于人才价值的规律，我们再去做好我们的人才服务，并促进新质生产力发展。

（一）

人才的价值主要体现在哪里？我从以下三个方面来进行分析。

一是在国家发展中的战略引领价值。我最近在学习《习近平关于人才工作论述摘编》（以下简称《摘编》），其中第二部分标题明确指出要牢固确立人才引领发展的战略地位。《摘编》的开篇摘录了习近平总书记在 2012 年 12 月到基层调研，在广东提出了人才创新问题的重要论述。《摘编》明确指出，人才是综合国力提升的核心与关键。《摘编》至少有三处讲话涉及广东，由此可见人才对于国家发展，对于广东高质量发展具有战略引领的价值。这是第一点，强调人才在国家发展当中的战略理念价值。人才与社会发展和事业发展有关系，2003 年第一次人才工作会

---

　* 广东财经大学人力资源学院院长、粤港澳大湾区人才评价与开发研究院院长萧鸣政的主旨发言，收录时略有修改。

议提出，人才服务发展；2010 年提出，人才要促进发展；党的二十大报告和 2021 年中央人才工作会议提出要人才驱动与引领发展。从服务到促进，再到驱动和引领，这是人才价值在新时代的三次飞跃。2018 年，习近平总书记在"两会"期间提出，发展是第一要务，人才是第一资源，创新是第一动力。在"三个第一"当中，哪个是第一？"三个第一"里面有最核心的第一、最关键的第一，毫无疑问是人才的、人才资源这个"第一"，没有人才不可能有创新，没有创新不可能有发展。党的二十大报告里面提到，科技是第一生产力，人才是第一资源，创新是第一动力。在这"三个第一"中，我仍然认为人才是第一。

二是人才的创新价值。通过人才我们可以让矛盾得到解决，在困境中找到希望。将不和谐的问题变成和谐，把不可能的东西变为可能，从有限当中发现了无限，这就是人才的创新价值所在。

三是在新质生产力发展中，人才的决定价值。什么是新质生产力呢？我认为新质生产力就是具有本质性突破的社会新生产力。"新"体现在哪里？新技术、新业态、新经济、新时代、新材料、新领域、新发展。颠覆性的本质性变化是什么？举例说，就是在没有土地的地方能种植蔬菜，在戈壁滩上可以种植大西瓜。2018 年，我在青海调查，戈壁滩就能种大西瓜。打印店里面可以打印航空关键器件，办公楼里面可以建设相互贯通的生产车间，汽车上可以建设汽车生产厂等，这些都是具有颠覆性的、本质性的创新。新质生产力中有三要素，劳动、劳动资料、劳动对象。在三者中，劳动者是具有决定性的，对于劳动资料和劳动对象具有决定性的驱动作用，以及改变和创新的作用。所以说，新质生产力的关键核心在人才。

（二）

人才价值怎么展现？我认为有以下几个方面。

一是通过事业展现。衡量一个人是不是人才，主要看他干了什么事，干成了什么事，然后能干什么事。二是从八个价值即八个维度来评价工作以及效果——经济价值、市场价值、历史价值、社会价值、政治价值、文化价值、军事价值、学科价值。三是评价展现，因为人才的有些价值无法通过自然展现，也无法通过成效来展现，我们可以通过评价它的内在价值进行解释，通过评价主体、评价指标、评价方法、评价结果对人才的内在价值进行揭示和展示。四是历史展现，就是看人才最后流向。

（三）

如何发挥人才的价值呢？有两条道。

一是融合之道，另一个是综合之道。什么是融合之道？第一个是人与事的融合，我们要给予岗位有任务、有人才。第二个是人与业的融合，我们要给予平台、部门以及实业。第三个是人与物的融合，我们要给予设备，给办公室，给资金、给项目。第四个是人与技的融合，要给人才学习机会、锻炼机会和发展空间。第五个是人与人的融合。什么是综合之道？一是创新链、人才链、产业链、资金链、事业链和服务链六点综合。二是多种资本相互综合，即人力资本、物理资本、社会资本相互结合。

（四）

如何做好人才服务工作，有以下几个方面的政策。

第一，我们要以发展新质生产力为战略目标，做好人才创新开发服务工作。解放"三创力"，做到创新力、创业力、创造力、人脑力"四力"开发。第二，要做好人才服务，人才创业服务，让人才发挥作用，我把它概括为5G战略。要做好工作分析和人才素质测评，不要照搬照套其他地方或者人才的平台配置模式。第三，要让人才在广东工作顺心，服务要精益。第四，做好人才渗透服务。第五，做好人才评价服务。第六做好人才专业与个性服务。总之人才服务要做到"三个服务，一个成就"——服务组织发展、服务事业发展、服务财务发展，成就人才和社会信度。

粤港协同，扎实推进粤港澳大湾区人才高地建设*

骆 勇

尊敬的各位领导、专家、学者。大家好，非常荣幸受到主办方邀请，有机会与来自全国各地的、优秀的人才工作者交流学习。我是2010年通过香港特区"优才计划"到香港特区发展的，是"优才计划"的最早受益者，现在发展为宣传者、参与者和执行者。近年来，随着粤港澳大湾区建设的推进，香港特区进一步融入国家发展大局，我也有幸通过粤港协同，参与了很多粤港澳大湾区人才高地的建设工作。所以，我想从以下几个方面和大家报告。首先介绍香港特区人才引进的情况，主要是机构的状况。其次介绍粤港协同的情况，最后分享香港特区人才集团的工作。

（一）

香港特区的人才计划经过了一段时间的发展，特别是在2022年，就是新一届政府上任以后，做了更大的调整，以"抢人才、留人才"为目标推出了若干新的计划，包括：高端人才通用计划（简称"高才通计划"）；2013年1月取消"优才计划"配额限制；成立香港特区人才服务办公室；扩大"高才通计划"学校名单，延长非本地毕业生留档的签证时间，启动高端毕业生的留港计划；等等。香港特区面向全世界吹响了"抢人才"的最强号角。

---

　* 香港特区人才集团（控股）有限公司董事长、香港特区优才及专才协会主席骆勇的主旨发言，收录时略有修改。

香港特区"优才计划"是 2000 年推出的面向全球的人才计划，主要针对顶尖人才，纳入计划的人才有奥运冠军、演艺界明星、诺贝尔奖获得者等。审批分成就制和积分制，根据申请人的学习、工作、专业背景等，包括获得的荣誉来审查。香港特区"专才计划"是在 2003 年推出的，针对香港特区所缺少的专业技术人才，由雇主提出要求聘请的、在香港特区本地找不到的人才。"专才计划"包含针对不同背景人才的计划，如针对海外人才的叫作"一般计划"，针对内地人才的叫作"输入内地人才计划"，针对科技人才的叫作"科技人才入驻计划"，针对学生的"回港计划"，以上统称为"专才计划"。最新推出的"高才通计划"，是针对全球前 100 高校毕业生的，只要是本科毕业生就可以进入计划，或者是年薪超过 250 万港币，也可以通过这个计划拿到香港特区居民身份。再如，在香港特区就读的本科生、硕士生或博士生，无论是在香港特区当地的校区，还是在粤港澳大湾区的校区，只要是香港特区招收的，就可以拿到香港特区身份。短短一年多的时间，有来自世界各地的 29 万余人申请人才计划，有 18 万余人获批，有 12 万余人拿到香港特区居民身份。这个数据是来之不易的，我是 2010 年到香港特区工作的，2013 年香港特区人才协会成立，时至今日，香港特区的人才政策的路走过最寒冷的冬天，现在是到一个炎热的夏季。

香港特区的人才政策实现真正的效果，离不开粤港澳大湾区的支持，下一步的香港特区的人才政策发展的关键是"留人才"，这就需要与粤港澳大湾区进行协同，需要粤港澳大湾区完善的产业架构的帮助和支持。为什么这么说呢？因为大家知道香港特区经济是简单的二元产业结构，即金融和地产业，其他行业的基础是非常薄弱的，所以，很多人到香港特区发展不只是简单拿个香港特区身份证，还要真正留在香港特区发展，这是我们下一步想推动的，通过粤港协同，把香港特区的国际人才更好地留在香港特区，留在湾区，为整个国家服务。所以，现在的口号是"让人才融入香港特区，扎根湾区，服务国家、面向世界"。

（二）

粤港澳大湾区发展处在最好的时间。一是国际创造中心建设稳步推进。全国各地的重点实验室，包括重点的项目都是对港澳开放的。二是通过设施联通、规则衔接，在民生领域合作更加紧密。广东省的港澳学生已超 8 万人；对港澳企业创新创业激励也超过 87 家，项目已接近 5000 个；包括港澳居民在广东参加社保超过 35 万人次，所以，这对香港特区吸引人才是非常有利的。香港特区居民可以享受香港特区的国际化优势，享受"一国两制"的政策"红利"，同时，与内地进行联动，借助内地雄厚的产业基础，实现融合发展，获得更巨大的发展空间，2024 年 5 月 8 日，在香港特区举办的第二届粤港澳大湾区人才高质量发展大会上，粤港澳大湾区的城市间签署了有关人才合作的备忘录。在广东省委、省政府相关部门的支持下，在香港特区政府的支持下，我们建立了人才协同发展机制。通过政府、业界、学界共同努力去打造人才的融合发展体，把粤港澳人才协作机制发展得更好、更大。

推进教育科技人才高质量协同发展，打造粤港澳大湾区高水平人才高地[*]

魏建文

各位专家、各位学者、各位老师、同学们，大家上午好，非常高兴参加论坛。我从科技教育人才高质量发展角度，和大家探讨如何推动粤港澳大湾区高水平人才高地建设。我从科技、教育、科技人才这三个维度，分四个方面的问题来谈。一是背景和意义，二是经验和成果，三是问题分析，四是一点思考。

（一）

科技、教育、科技人才是全面建设社会主义现代化国家的基础性、战略性的支撑，同时习近平总书记强调要实施科教兴国战略、人才强国战略。而创新驱动发展战略可以有效联动，形成了良性循环，科技、教育、科技人才三者有机结合。所以，粤港澳大湾区规划纲要明确要建设国际科技创新中心。2024 年，中央提出发展新质生产力，粤港澳大湾区就是非常好的平台。

（二）

《粤港澳大湾区发展规划纲要》实施以来，在科技、教育、科技人才的协同发展上，有很多做法和经验。一是从科技角度来看，强化有组

　＊　广东省人力资源和社会保障厅原二级巡视员魏建文的主旨发言，收录时略有修改。

织的科研创新，实施粤港澳大湾区科技协同创新，加速科技基础设施的建设，便利创新要素的跨境流动，扩大协同创新平台的规模。二是从教育角度来看，深入开展大湾区的高等教育合作，深入开展粤港澳大湾区的职业教育合作。三是从人才角度来看，坚持人才引领、创新发展，推动粤港澳大湾区的人才协同发展。统筹人才协同发展的顶层设计，完善人才要素流动的规则。五年来，在这三个方面的成效显著。一是国际科技创新建设成效显著，二是高水平教育高地建设成效显著，三是高水平人才高地建设成效显著。

（三）

粤港澳大湾区的人才建设的短板有三个方面。一是科技协同发展障碍依然存在，粤港澳大湾区科技创新影响力要进一步提升。二是高等教育质量有待提升，高等教育布局有待优化。三是人才发展障碍依然存在。人才结构、人才制度、人才服务水平等与世界湾区存在差距。四是三地的学术界、研究界、产业界还缺乏有效的协作教育机制。

（四）

我对科技、教育、科技人才协同发展有以下思考。一是加强顶层制度的设计，构建粤港澳大湾区科技、教育、科技人才三位一体统筹推进的契合度。二是构建高水平人才科技创新体制，为粤港澳大湾区科技教育和人才集聚提供强大动能。三是构建粤港澳大湾区科技创新生态体系。四是构建高质量的教育体系，协同粤港澳大湾区高校发展。

新时代高校青年人才评价
体系的改革与探索[*]

王永生

我汇报的题目是新时代高校青年人才评价体系的改革与探索，主要从以下三个方面给大家汇报。党的十八大以来，习近平总书记对人才工作高度重视，在 2021 年的中央人才工作会议上强调，青年人才是国家战略人才力量的源头活水，要把培育国家战略人才力量的政策重心放在青年人才上，给予青年人才更多的信任，更好地帮助、更有力地支持青年人才挑大梁、当主角。当代是科技竞争非常激烈的时代。科技竞争主要是人才竞争，而人才竞争在教育。高等学校青年人才是国家发展的生力军和驱动力，是推动科技创新和经济社会高质量发展的重要力量，承载了国家和民族复兴的历史责任。

（一）

人才评价主要有以下几个阶段，第一个阶段是在人才改革的方向上。在高校，职称制度的改革是广大教师关注的一个重点，那么职称改革的总体布局是要解决人才评价体系不合理的问题。第二个阶段是"五唯"行动，即打破传统的人才评价系统，推动人才评价以能力贡献为导向，不再局限于论文。这一阶段目标是使职称改革要适合实际发展的需要，按需要来评价。第三个阶段是开展试点，关于开展科技人才评价改革的试点方案标志着人才改革进入了全面深化的阶段。人才评价要更加注重

* 北京信息科技大学原校长、博士生导师王永生的主旨发言，收录时略有修改。

分类评价，比如，科技领域包括技术研究、应用研究，包括产业、社会公益，等等。要坚持德才兼备，注重分类评价。第四个阶段是形成完备的体系，科学有效的规范，主要的目的是激发人才的活力。

（二）

新时代对青年人才提出几个方面的要求：一是具备更全面的素质，包括文化水平、研究能力、专业知识和思想道德品质；二是具备国际化视野、交往能力以及全球沟通交流能力；三是具备实践创新能力，不仅要掌握理论，还需具备良好的实践基础，将理论应用于实践。尽管高校人才培养已取得优异成绩，但仍存在三个问题，即学术短视、追求人才"帽子"和忽视人才成长的客观规律。在学术短视方面，应重视论文引用率、SCI、科研经费指标量化。在追求人才"帽子"方面，高校在教书育人的根本任务上有些急功近利。在忽视人才的成长规律方面，需要在人才评价方面提供更加精准的定位指导和发展培养，这有利于人才自我提升和组织感召，以及良好的人才生态环境。

（三）

以我所在的北京信息科学大学为例，我们在人才评价上做了一些尝试。我们北京信息科技大学的前身是两个学校，分别是隶属于原电子部的北京信息工程学院和原机械工业部的北京机械工业学院，2000年被下放到地方由北京市人民政府管理，两校合并成新的学校。目前，学校大约有1600多名教职员工，学生13000多人，其中本科生1万人左右，研究生3000多人。在改革方面，首先坚持党管人才，确保人才评价的正确导向。建立人才工作领导小组，强化人才顶层设计，围绕人才进行通盘考虑，包括人才定位、决策和落实。其次，坚持以德为先，强化师德师风的"第一标准"，构建"四位一体"的师德师风机制。最后，坚持破立并举，探索多维导向的评价机制。

解决人才使用评价与主体错位和脱节问题，提出按岗位分类评价的方法，比如专任教师设置教学岗、教学科研岗、实验岗外，思政类还根据岗位性质细化为思政教育、大学生思政、其他思政工作等三种类型。在移栽培养方面，注重人才培养效果，增加了学术成果奖，致力于促进成果转化。在学术导向方面，坚持专家评审、学术评审、第三方评审和国际同行评审。通过政策绿色通道，博士比例由原来的 43.5%，达到了 70% 多。

高质量人力资源开发专业建设的几点现实需求与思考*

苏 岩

人力资源的高质量发展面临两个趋势，一是人口的新趋势，一是新质生产力的发展。如何将人口新趋势转化为新质生产力？佛山的发展是一个比较好的例子。佛山是一个地级市，没有特殊的政策，也没有沿海沿边，所以佛山的经验是放在哪里都能复制推广的。佛山紧挨着广州，面积3800平方公里，是广佛极点之一。改革开放40多年来，佛山GDP达到1.33万亿元，在全国排名第17位。佛山具有良好的经济发展环境，同时也长期保持着对人才的吸引。

从20世纪80年代改革开放初期到今天，人才和产业的发展可以分成三个阶段，第一个阶段是改革开放初期的80年代到90年代，佛山的发展一直是在吸引外地的人才，当时一直都是在靠着广州的人才，所谓"星期六工程师"，就是广州的这些人才专家们，他们利用周末的时间到佛山去指导企业发展。第二个阶段是从20世纪90年代到2020年左右，企业逐渐认识到人才的重要作用，本地成长起来的知名民企，如美的，最早在公司内部采用股份制改造，这段时间是人才的引进和成长非常快的时期，为佛山发展作出了巨大贡献。第三个阶段是从2022年设立"人才日"到现在，整个人才政策进行了重构，佛山综合比较各地的人才政策，以竞争力为目标提出新的人才政策。

为什么佛山这么重视人才？佛山的发展是和人才结构、产业结构的调整相适应的。佛山对于人才的渴望是超过很多城市的，因为我们看到

---

* 佛山市人力资源和社会保障局局长苏岩的主旨发言，收录时略有修改。

确确实实地是人在改造这个城市。佛山历来自然资源缺乏，但是它成为工业实力比较强的城市，就是人才结构在推动发展。现在人力资源开发面临新的形势和新的状况。一是从人口总趋势变化来看，我们现在已经迎来了人口的拐点，我们感受到了人口趋势变化的影响。从社会发展来看，这几年或者近十年我们都在推动机器人化，企业对数字化转型、智能化转型投入大量金钱和精力。但是，我们也看到经济发展的重大变化，以前，地方政府主要讲招商引资、项目、资金、投入、产出；现在，无论是招商、引资，还是经济发展，一个带头人就可以带起来一个产业，人才的作用凸显，而资金、其他资源并不是决定性的。佛山吸引了400多万的劳动人口，人才的梯次是很明显的，其中，有将近1万名博士和博士后，230万普通外来务工人员，还有130万的技能人才，人才结构是比较丰富的。企业开始越来越重视人才，但是当人才或者技术人员在企业中长期任职之后，企业并不愿意他们获得更多的外部成长。政府在推动职称评审，推动企业评价与社会评价、公众评价、政府评价保持一致，但很多企业并不愿意把内部评价和政府评价结合在一起，因为企业担心人才的流失。那么如何解决上述现实问题，建设高水平的人力资源开发专业是重要的抓手。广东财经大学在佛山校区成立人力资源学院，给佛山带来机遇。第一，从整体和局部的关系来说，学院成立有助于佛山推出更有地方竞争力的人才政策；第二，从供给和需求的关系来说，学院成立有助于高质量的人力资源产业的建设；第三，从共生和发展的关系来看，竞争越激烈，人力资源产业发展就越蓬勃，正是靠流动、靠人才，产业才更加兴旺发展。

美国高校人才引进政策
及其对中国的启示*

李 杰

人才引进是一件非常具体和具有实践意义的事。有没有一个好的人才团队是一个组织成功的关键。高校也是一样。高校有哪些具体的措施？我们从不同的高度、深度和广度来谈一谈。

我现在介绍一下美国高校的人才引进政策，希望会对大家有些启发。我在美国有三十多年了，每年到夏天，高校附近的房地产就会变得活跃。一个学年结束，很多人卖房子、买房子。卖房子的人离开学校，买房子的人来到学校工作，人们对此习以为常。美国高校的人才流动是常态，一定程度的人才流动是正常的。但是一个组织要想有一个强大的人才团队，靠人才的自然流动是不可行的。那么美国高校用什么样的方法吸引和留住有用的人才呢？

第一个项目是潜在目标（Target of Opportunities），即有针对性地吸引人才。在美国，学校有人退休或离职时，空出来的位置并非自动用来招新人。相关部门需要重新申请岗位，并认真讨论什么样的人才对本专业有何特殊贡献，例如，是否可以帮助专业成长，或者从科研和专业建设的角度重新论证。每年8月，各个院系都要针对这个问题提出报告说明需要什么样的人才，需要的人才可以是教授，也可以是博士后、助教等。这一措施可以满足为了提高竞争力而招收高级人才和特别人才的需求，是一种非常具有竞争力的吸引人才方式。

---

* 美国伊利诺伊大学香槟分校教育学院教授、广东财经大学人力资源学院特聘教授李杰的主旨发言，收录时略有修改。

第二个项目是成长投资（Investment for Growth），即如果某个院系或某几个院系决定开发某个项目，而开发的项目对学校的发展有帮助，相关院系就会得到学校的专门支持。这是近十几年来美国高校为促进跨学科项目需求而采取的措施。例如几位老师组成小组，可以写一个项目，只要得到学校批准，学校就会给予一批资金，可以引进人才、购买设备、建立实验基础等。第二个项目的中心也是人才。

第三个项目是集体招聘（Cluster Hire），专门用于引进多元化人才，这是近 10 年比较盛行的方式。项目基于现代科研对多元化人才的需要，比如，招聘多元化人才团队，一个系可以雇三个人，一个是计算机专业、一个是社科专业和其他方面的人才。

当然还有很多其他项目，有时可以非常灵活。例如我们系有一个特别需求，原本只批了一个人，结果发现其中另外两个人也很好，就可以到学校争取名额，把这三个人都招进来。在每个项目的申请过程中，需要给出充分的理由。

美国各高校的地理位置和学校条件不同，如何吸引人才来学校呢？各高校根据自身条件来制定策略。我的大学在一个大学城，附近没有什么产业，我丈夫找不到工作怎么办呢？高校对此有相应政策。首先是招聘政策，学校会帮助我丈夫找工作。其次是工资问题，工资是有高低点，但考虑到在同一个系里，一个人的工资太高或太低，可能会导致内部不平衡。为了解决这个问题，可以采取其他措施，如在讲课数上做调整或给予启动基金等。还可以采用一些不同措施，"冠名的教授"的职位不仅仅是冠名，它也会包含资金支持，这些资金可以用于科研或其他方面。

高校如何留住人也是非常重要的问题。如果某个人很有发展前途，学校就想办法把他留下来。比如，如果这个人想在科研方面发展，学校就提供给他参与不同开发项目的机会。如果这个人有兴趣当领导，比如系主任，可以让他选择参加开发领导力的课程，让他有机会与其他领导交流。还有一些专门针对女性领导的培养，美国高校很重视开发不同类型的项目，设计了怎样吸引女性人才的政策，比如一些专门吸引女性自然科学家及教授的项目。

有些人不知道自己到底喜欢不喜欢当领导，他只是想看一看、试一试，可以参加名为 Fellow 的项目。例如，在学院层面上，他可以先了解学院的操作方式，并探讨学院的工作内容。在这个过程中，这个人可以看看自己有没有兴趣往领导层发展，学院也可以考察这个人有没有能力。Fellow 项目让有潜力的人才具备不同的工作体验，可以在不同职位上了解是否是喜欢和想要做这样的工作。不同层次的人都可以体验，只要喜欢，就有机会尝试这些事情。

　　刚才讲的都是校内策略。学校也可以开发学校外部项目。比如，几个大学可以有联合培养计划。美国的十大联盟（Big-Ten Alliance）就有联合领导开发项目，比如联盟学校的科研副院长会经常在一起开会讨论问题；也会有很多类似活动，例如有机会与其他有相似经历或者同职位的人进行讨论研究，还有机会与政界人士交流，探讨如何影响教育政策等问题。各种机会非常多。我的演讲就先到这里，谢谢。

构建人才智慧生态，赋能新质生产力[*]

尹凌青

　　各位领导、各位老师，大家好。在此我分享几点肤浅的认识。人才是生产力的源泉。新质生产力相较于传统生产力来讲，是机械化、电气化、信息化、数字化、智能化五化合一。因此，我们需要思考新质生产力怎么发展，从中国制造、中国速度到中国质量、中国品牌，再到中国智造和中国芯造，需要什么样的人才？

　　据不完全统计，目前全国有大学生 2 亿多人、股民 3 亿多人、网民 11 亿人左右。2000 年以来，我们培养了 6000 万人的工程师队伍，这是一个庞大的数字，结构变化非常大，职业类别有 1600 多种，56 个门类。心理咨询师、人工智能工程师、总品牌师、合规师、健康管理师应运而生。从农耕文明、工业文明到智慧文明发生了很多变化。预计在 AI 时代，可能将有 70% 左右的职业会被 AI 替代。在这样的趋势下，专业怎么设置、教材怎么编写、教师怎么讲课，课堂如何去开展？智慧价值、公益慈善、绿色革命、第三次分配、科技向善等智慧时代的问题如何解决？仅靠学校素质教育是行不通的，仅靠施一公、曹德旺、王树国的呼吁是远远不够的。第一，要从战略高度来认识，研究国家战略怎么落到学校的规划、院系计划以及每门课的设置上。第二，价值保护。人才问题涵盖全行业、全区域、全过程，涉及政产学研用。新质生产力包括新技术、经济、新产业、新业态和新模式等时代发展所需的生产力，我们需要不断适应和开拓。第三，创新深度。不仅要发展效率和速度，还要发展算

---

　　* 国务院国有资产监督管理委员会社会责任局二级巡视员尹凌青的主旨发言，收录时略有修改。

力、算法、传播力，创新的深度需要我们不断总结。第四，适应速度，育才、选才、用才是否能适应生产关系的变化？是否能适应新质生产力？生产关系如果不能适应新质生产力，就会阻碍生产力的发展，所以我们需要思考经济生产力会带来怎样的生产关系资源。第五，文化温度，文化不是武化，并不是要把教育成为强制，把人当作机器人来管理，只注重效率。今天某副总冷漠地对待辞职员工，引起了大家的共鸣。所以育才不能一蹴而就，选才不能仅依赖猎头公司竞争上岗，育才不能仅靠末位淘汰。我认为智慧生态坐标的建立需要心中有爱、眼里有光、手上有势、脚下有路，考核要有度，这样的智慧生态才能培养好的人才。新质生产关系要提升人财物、产供销、责权利；要赋能于点线面、信数智、信息数字化、智能化、链网云五维系统智慧生态。这不仅需要速度，还需要从内而外的内生动力来培养人才。感谢大家，分享到此结束。

技术转移、知识整合与制度学习：
一个综合分析框架[*]

刘帮成

　　我发言的第一个缘起是各个层面都在关注如何评价人才，特别是高校里的人才。无论评价高校人才还是其他方面，大家都有共识，高校布局和人力资源集聚度，如何将这些人才中的能量释放出来。我相信这些话题都是我们做人才学或人力资源管理者需要思考的话题。第二个缘起是宏观方面的，我们一直在关注一部分人学习从国外进行技术转移；还有一部分是高校技术如何转换到产业。无论是组织部门还是其他部门，比如，粤港澳、京津冀，还是长三角地区都在共同承担探索中国特色高层次、高质量人才高地和创新高地的建设。人才的问题主要取决于人才政策控制，地方政府或用人单位在投入人才成本后，其产出效果不得而知，这与企业不同，特别是民营企业，它们更注重成本。一般地方政府在制定政策时，对宏观政策措施的成本意识不明显，至少是在短期内不会考虑，这可能导致政策制定时出现问题。

　　我们发现，我们在引进人才和技术时，往往忽视了政策配套设施的调整。人力资源与一般资源相比最大特点是能动性以及灵敏性，但我们的政策往往是刚性的或者相对刚性的。第一项研究就是这样，第二项研究是来自美国斯坦福大学、新加坡国立大学以及清华大学的三位教授合作进行的，研究讨论中国 985 高校培养的目标，关注这些高校的学生毕业后如何创业，如何掌握高新技术。研究发现，985 高校和非 985 高校

　　* 上海交通大学国际与公共事务学院副院长、教授、博士生导师刘帮成的主旨发言，收录时略有修改。

的毕业生在创新绩效和财务表现上并无显著差异。

　　关于技术引进，传统意义上的技术转移都是从国外来的，我们刚才讨论了人才流动创造价值，同时关键技术或嵌套在人身上的技术流动，伴随着人才流动才能创造价值。在这个过程中，我们不仅要注重流动，更重要的是引进、整合技术并发挥应有的效果。我的问题较为简单，如何提高技术转移效率？对创新体系区域来讲，创新能力建设如何更好地发挥效能和激励机制？文献主要包括三个方面，一个是来自知识界，另一个是自主学习，还有一个是中等技术陷阱，这是最近较为流行的概念。我们发现用了很多技术，但最后都是重复的或相对较低专业性的技术。人才流动、技术流动和技术转移，可以实现应有的技术转移效能。我们希望大家重视制度学习，政策具有刚性，要在人才和技术上获得应有回报，必须向制度学习，建立基于制度的管理或激励制度，这是我们共同努力的方向。关于这个问题，我的发言到此结束。

优化战略人才创造新质
生产力的政策措施*

王建民

我报告的题目是优化战略人才创造新质生产力的政策措施。我一直从事战略人才、力量建设和人才建设的研究。在学习了新质生产力的逻辑后，我发现战略人才不等同于新质生产力。生产力系统在其要素劳动者、劳动资料、劳动对象进行优化组合跃升之后，才能创造新质生产力，这是基本的逻辑。马克思认为人最重要，这是无疑的。基于此，我从几个具体方面展开谈。第一是关于战略人才的培育与选拔问题，第二是劳动对象问题，第三是劳动资料问题，第四是绩效评价问题，第五是关于战略人才的劳动环境问题。

第一个问题，我一直不同意地方的人才竞争、人才之战，因为地方、国家需要的人才都应该基于战略和适用来选拔。特别是在我国，现阶段选拔战略性人才是那些有国际竞争力的、国家战略或地区战略的适用性人才，这是培养和选拔的策略。我们看到很多地方争取人才加入，但这里存在的问题是：人才不等于生产力，有人才不一定创造价值，这是基本逻辑。

在人才培育选拔方面，我有一个具体的观点。总体来看，我们需要人才，但仍要落到一个具体单位和一个具体的课题组才能发挥作用，这是一个关于选拔和培育的观点，要因地制宜，不能到处争抢人才，这种是没有必要的。

第二个问题是选拔需要有"伯乐"，就是谁把谁引进来，这是需要

* 广东财经大学人力资源学院教授、博士生导师王建民的主旨发言，收录时略有修改。

的。我们都说没有原创性、颠覆性创业成果，那是因为许多研究人员和大学老师无法接触到具有最前沿性的劳动对象，许多题目来自专家，专家出题目、专家研究、写一篇论文发表就结束了。所以接触不到原创性、颠覆性成果，劳动对象选得不对肯定无法创造出创新成果。要取得原创性、颠覆性的成果，新质生产力需要战略人才，而劳动者是跃升的，劳动者是战略人才、战略的选择。作为劳动对象的题目应具有颠覆性和创新性，锚定几十年不变。但同时，要作用于有价值劳动对象，才能创造价值。

劳动对象要有价值。再举个例子，普通老师、普通高等学校、普通科研院所很难接触到最先进的劳动对象，他们不知道企业在做什么，企业在研发芯片、研究卫星通信等，企业在全球竞争激烈，企业的研究有理论思考，同时还要搞芯片和卫星通信。比如，华为推出的mate60PRO，解决了36000米的高空卫星通信问题。国内一流专家表示，我们是教卫星通信课程的，我们并不知道具体是如何实现的。此外，我们到一个科创中心参观，他们每年投资数百万元培养研发团队进行卫星通信，但是你作为研发的劳动对象是否在前沿？是否先进？你与一线的团队是否有联系？你可能处于落后的状态，可能受到理论思维的限制，如果劳动对象不先进的话，那么就无法取得颠覆性创新性成果的。我国有很多大型载人航天研究机构，在这样的机构工作的研究人员，不需要发表文章，他们的劳动对象处于最前沿，因此他们一定会有颠覆性成果。普通高等学校不要想一定要颠覆性，做基础研究可能更好。我发现普通高校的课题申报、立项研究、评审、结题都是在专家圈子里转，我们大学里面有很多新专业，我发现也是专家提交报告，专家评审圈子里转，我们没有请企业的人评估你需要的专业是什么样的知识技能。如果劳动对象不在最前沿，引进人才意义不大，这是关于劳动对象的问题。成果出来之后没用，需要再找人进行科技成果转化，这将造成很大浪费。所以普通高等学校应研究基础性理论性课题，如长周期投资理论课题，效果可能会更好。应该鼓励大学老师、专业人员、战略人才跟高科技企业结合。

第三个问题是战略人才需要劳动资料，需要有前沿的劳动对象。如果劳动对象不先进，还缺乏安全性又不丰富，怎么可能取得成果呢。一篇关于人工智能的报道探讨了为什么美国最近的Sora和ChatGPT都是产业创新而不是高等学校的研究成果，这是劳动资料不完善和资金不充分的问题。年轻人有很多想法，他们到企业做研究，一个人就做出一个大的成果、做出突破性进展。所以战略人才要发挥作用，需要充分的、安全的劳动资料配置。

第四个问题是分类评价。许多原创性、颠覆性创新可遇而不可求。我认为目前严格量化、短期化、定期化评估非常有问题。2024 年 4 月 12 日凌晨，《自然》发表了一篇有关芯片技术的论文。对于这篇技术公开的文章来说，如果不在《自然》杂志发表，在国内是否有可以发表的机制，是否有相应的评价机制，这是评价机制需要完善的地方。

最后一点，我在大学工作多年，战略人才的工作环境文化建设还需要加强。要向海底捞和胖东来学习，他们提供了大量针对员工的服务，越是高端人才，非物质的要求越多。需要尊重、宽容、奋进的组织文化，让他们不怕失败，让年轻人有所发展。

"双碳"背景下我国科技创新人才的政策特征及效力评估探索[*]

任文硕

我分享的题目是新质生产力赋能粤港澳大湾区人力资源服务业高质量发展的路径探索。企业是创造社会财富的最前沿。关于新质生产力赋能人力资源服务业的高质量发展路径是多点、多条、多维、多系统的。在进入主题之前，我先简要分析对刚才几位老师分享的新质生产力的理解。我们为何需要发展新质生产力。关于新质生产力的问题，从 1960 年到 2020 年，世界发展经济政策逐渐靠近。有专家预言再过 10 年或者 15 年中国与美国开始重叠，然后中国超过美国，但是真的可以如此快地重叠超越吗？从增量资本产出率来看，德国、美国、英国、法国、韩国、日本都高于中国，也就是说，中国的增量资本产出率是低的。这是第一个方面。第二个问题是中国在世界资源中的占比，中国自然资源的赋能和现代经济发展质量都不高，人才竞争力未进入世界前 30 名，在最关键、高精尖的领域并不占先，因此，经济的可持续发展存在问题。在这种情况下，要想实现第二个百年奋斗目标，我们要想成为强国，必须改变自身。我们迫切需要实现生产力和生产关系的双重突破，这是我理解的新质生产力。

对于粤港澳大湾区的人力资源服务业，我分享一些个人想法。首先，人力资源服务业蓬勃发展体现为"一个夯实、四个提升"，其中，一个夯实就是政策基础的夯实。中央层面出台了服务业相关政策之后，广东有两个与服务业相关度较高的文件出台，其中一个是粤港澳大湾区人力

---

* 中国人事科学研究院研究员、绩效管理研究室主任任文硕的主旨发言，收录时略有修改。

资源服务业的规划。在国家 2021 年人力资源服务业高质量发展文件的基础上，不仅在省级层面，广州、深圳等 9 个城市都出台高质量发展规划，这是政策基础的夯实。在此基础上，广东人力资源服务业从整体角度来看，第一服务大局的能力提升，就业提升了，企业的服务加强了。第二协同发展能力提升，粤港澳大湾区和人才高地的建设助力所有领域协同能力的提升。第三是创新环境提升了。第四是国际开放度也提升了。

发展新质生产力的新要求和新路径主要体现在三个方面：创新、提质、赋能。人力资源服务业的高质量发展从这 5 个方面考虑赋能粤港澳大湾区经济的发展。首先，我国整体人力资源服务业的专业度仍然不够，广东的平均水平在国内排在前面，但专业度与实际相比仍然远远不够，所以，第一个方面是要提高专业度。第二个方面是覆盖度，覆盖度体现的是空间概念。有些地区的人力资源服务业发展得更好，覆盖度更广，而有些地区非常少。这里涉及短板效应，如果一个城市或地区做得不好，会影响整个地区，短板会制约整体，只有全覆盖才能整体提高。第三个方面是饱和度。饱和度是人力资源服务和企业、地区发展的嵌入度。目前服务业与经济发展的贴合共鸣的点是很少的，饱和度是不够的。第四个方面是精准度。第五、六个方面是开放度和规范度，需要统一的标准，整个地区才能实现高质量发展。

人才高地建设中地方政府人才政策创新的动因研究[*]

——以 GDH 区为例

于海波

我研究的问题是政策创新的动因。在汇报前，我先谈一下两个背景。第一个是 2024 年 4 月 21 日中央文献出版社出版了《习近平关于人才工作论述摘编》。习近平总书记对人才领导、理念、体制机制、环境到科学精神等讲述得非常清楚。第二个背景是 2024 年"两会"李强总理在报告中专门用一段讨论了人才，涉及 6 个方面，即人才政策、人才高地和人才平台的建设、国家战略人才力量、人才国际交流、人才评价体系以及人才发展环境。在此背景下，我想与大家探讨地方政府为何要进行人才政策创新呢？对这个问题的思考源于一个特别的案例。案例发生在广东省珠海市横琴的粤澳深度合作区。以下从实践逻辑和理论逻辑来做案例分析。

从实践逻辑来看，过去十多年的人才工作分为 4 个阶段。第一个阶段是 2010 年国家颁布《国家中长期人才发展规划纲要（2020）》，人才工作进入快车道的发展阶段。第二个阶段是 2016 年国家颁布《关于深化人才发展体制机制改革的意见》；人才工作进入改革期。第三个阶段是 2018 年党的十九大后，多个城市出台引才政策，拉开"人才大战"，人才工作进入高质量发展期。武汉、成都、西安、石家庄、广州、无锡、青岛、苏州、上海、北京等地，都进入了高质量人才发展阶段。经过几

* 北京师范大学政府管理学院党委书记、教授、博士生导师于海波的主旨发言，收录时略有修改。

年的发展，各地仍然处于高质量发展阶段。第四个阶段是 2021 年中央人才工作会议之后，中国人才事业进入了人才工作的高峰期，这是一个宏观的演进思路。从微观角度来看，首先我们对横琴做简单的资料提炼。第一，横琴地方政府的人才组成队伍是多样化的。第二，是对两种制度文化的融合和发展的探索。第三，人才队伍的模式多样，包括公务员和雇用等其他模式。第四，资金较丰富。第五，技术发展不足，创新生态不够健全，教育也不够完善。

　　在实践基础上，我们提炼了第一个模型，可以称为中国地方政府人才政策创新的六力模型，包括作为硬实力的制度、产业、资金、技术，以及作为软实力的教育和创新生态。许多人认为，如果要长期维系和发展人才政策创新，必须在生态中慢慢地演化。从政府到产业再到市场推动的创新叫作反馈式创新，是在市场、在产业中自上而下地快速执行和落实中央、地方政府政策，包括许多组织出台的一系列政策和制度机制。从市场、产业推动的政府机制体制改革和创新叫作开发式创新。深圳大致属于制度和市场共驱型人才政策创新模式，而北京是典型的政府主导型，上海则是生态驱动型。北京、上海、粤港澳大湾区三个人才高地类型各异。

　　理论逻辑是产才匹配框架。我们前段时间对重要产业与人才之间的关系进行了简单分类。对比多数地方政府的人才政策创新、人才基本现状和产业发展现状，理想融合发展型的人才与产业发展非常符合。但是许多地方属于人才短缺型。广西北部湾经济区是典型的人才短缺型。有些地方是产业不足型，人才相对产业是充足的，产业非常不足。2000 多年前的孟子探讨了"天时地利人和"三者整合的过程。西方的理论告诉我们在政策创新过程中有这样几种机制，一个是学习，第二个是竞争，第三个是模仿，第四个是强制推进。总而言之，我认为中国地方政府的人才制度创新需要进一步挖掘，这个过程是永无止境、螺旋式的涌现过程。这是我向大家汇报的两个基本逻辑。谢谢大家！

高地建设背景下深化粤港澳
人才协同的思考[*]

李腾东

今天向大家分享最近一年来在推进人才高地建设方面的新实践和思考。我将讨论三个问题。第一个是在人才高地背景下如何实现粤港澳人才协同；第二个是粤港澳人才协同是什么；第三个是在今后的实践中思考如何推进粤港澳大湾区的人才结构变革。

第一个问题是"为什么"。粤港澳的人才协同是湾区人才高地建设的鲜明底色和应有之义。在 2021 年的中央人才工作会议上，习近平总书记对着眼于建设世界重要人才中心，提出在三个地方建设高地的概念。其中，除了北京、上海是单个城市建设外，特别提出粤港澳大湾区人才高地建设由广东和香港特区、澳门特区共建。可以从三个角度思考这个问题。一是从国家层面来看，建设三个高地，特别是粤港澳大湾区人才高地是服务建设世界重要人才中心和创新高地目标的重要战略抓手。实现高质量发展，不断向产业链、价值链中高端攀升，在这一过程中，关键在创新，核心在人才。科技创新没有人是无法实现的。从当前国际形势来看，引领战略性新兴产业和未来颠覆性产业的核心人才、领军人才主要集中在欧美，而且主要在美国。在这种情况下，海外引才必须成为打造人才高地建设、服务国家人才强国战略的重中之重。近期，美国和日本纷纷出台限制人才来华的相关政策。在这种情况下，港澳作为我国联系国际、对接国际的重要窗口，它的作用将越来越突出。二是从广东省发展的角度而言，广东作为中国改革开放的最前沿，连续 35 年实现经

---

* 中共珠海市委组织部副部长李腾东的主旨发言，收录时略有修改。

济总量在全国排名第一,尤其是珠三角地区,我们以不到全国 0.6% 的土地面积,基本创造全国近 10% 的 GDP。这种经济体系的主要因素之一是广东充分发源临港澳的特殊区位优势,吸引大量港澳和国际人才、资本技术要素在广东聚集。因此在推进人才高地建设中,广东一方面要服务港澳,更好融入国家发展大局,同时更重要的是发挥好港澳的作用,继续支撑广东对接国际,实现高质量发展。三是从珠海角度而言,2024年 3 月 20 日,广东省委常委会在珠海召开,这次会议上有个很重要的成果,即对珠海提出新时期的三大新目标定位。第一个就是打造粤港澳大湾区的重要增长点。第二个就是建设珠江口的第二个核心城市。最关键的是第三个,希望珠海下一步要全力建设中国式现代化的城市样板。中国式现代化必须具备国际化特色。因此,珠海要实现三个定位发展目标,就要充分发挥其作为全国唯一与港澳直接陆路相连的特殊优势,全方位推进与港澳合作,导入国际港澳资源要素,支撑珠海跨越式发展,为全国城市的中国式现代化建设提供新的城市样板。

第二个问题是"是什么?",即如何理解粤港澳人才协同是人才区域发展的全新探索和模式改革。与北京和上海不同,粤港澳大湾区的人才高地具有多制度交汇、多要素聚集和多链条融合的特点。因此,在粤港澳大湾区建设高水平人才高地是一项巨大且复杂的系统工程,需要做好以下几个方面:首先,三地协同的出发点必须服务国家之大局,为加快建设人才强国战略谋划提供支撑。要求三地人才协同和共同建设大数据人才高地的目的不仅是服务高地,还要从国家利益、落实国家战略的角度加强顶层设计。其次,三地协同的落脚点必须继续充分利用港澳平台的窗口作用。粤港澳大湾区人才高地最重要、最突出、最特殊的优势就是国际化。近年来,美国密集对中国加强科技制裁,限制对中国的技术出口,中美战略竞争日益激烈,迫使我们更加注重利用好窗口优势和港澳优势,主动融入国际的大环境中。再次,三地协同的切入点,核心在于推动系统化和机制化合作。粤港澳大湾区人才高地与其他地方和港澳协作最不同的地方在于,三地不能仅仅进行点对点、项目化、零散式的合作,而必须形成体制化和机制化的合作,实现粤港澳大湾区一体化建设。最后,要深刻认识到三地协同中仍存在的难点。第一个困难是中央事权授权的问题。粤港澳协同不仅仅是区域内部简单的地方性政府合作,需要中央事权的介入。第二个困难是港澳的治理体制和观念与内地存在差异。香港特区缺乏强力的跨部门人才协调机制。尽管香港特区设立人才服务办公室，但它设在香港特区劳动局下，协调能力较弱，仅注重引才。从澳门特区的情况分析，相较于香港特区来说，澳门特区很早就建立了跨部门人才委员会，但是协调力度与内地仍存在较大差距。从内地和广东的角度来看，涉及人才协同的前提是产业和科技的对接协同。如果在这个方面没打好基础，人才政策不是主导性政策，也会遇到很大掣肘。

针对上述问题，我们下一步计划从六个方面进一步发力。第一，深化机制协同。从体制机制对接入手，解决三地人才协同的基本点。第二，推动人才政策的融通。我向大家特别推荐横琴的人才政策。横琴人才政策已经正式出台，目前在全国范围内应该是最友好的，特别是除了针对顶尖人才之外，应届生到横琴来，横琴为本科生提供 6 万元、硕士 9 万元、博士 27 万元，博士后在横琴工作 5 年的话有 150 万元的全额财政补贴。第三，推动人才资源的共享。近两年横琴、澳门特区、珠海协同引进国际人才取得突破，特别是在集成电路"卡脖子"领域引入很多世界级专家人才。第四，深化人才平台共建。在科技部的指导下，珠海建立粤港澳大湾区第一个科技成果转移的国家级平台。第五，实现人才顺畅流通，特别是提高国际人才的出入境、停居留以及内地人才到港澳和国际的便利性。第六，搭建人才联办活动，继续在珠海、横琴和港澳携手举办高层级活动，欢迎各方面人才到珠海、横琴多走一走、看一看。感谢大家！

"人才引擎"驱动新质生产力
高质量发展[*]

石帅男

我主要讲述的是人力资源服务业实践与新质生产力之间的关系。产业是经济之本，也是生产力变革发展的一个具体领域。大力发展新质生产力，就是要牢牢把握人才这个关键变量，深刻理解创新驱动的本质就是人才驱动的含义。

（一）

人才政策导向要坚持四个尊重，强调从三个核心做好企业人才发展的总体规划布局，提出全面深化人才发展的体制机制改革的中心思想。目前，从国家的顶层设计到政策的实际落地来看，各地出台了若干助力人才成长和招贤纳士的政策。例如，2024年，浙江省在新春第一会中提出要树立大人才观。在强化人才培养方面，2023年，香港特区提出"高端人才通行证计划"，同时签署了粤港人才的合作框架协议。广东省也出台了一些人才队伍建设的实施意见，一张以粤港澳大湾区名义构建起的人才流动网络正在形成。在营造良好的人才环境方面，"港车北上""澳车北上"使粤港澳大湾区主要城市间基本实现了一小时通达，作为配套政策的"合作查验、一次放行""经珠港飞"等政策红利使粤港澳三地的时空距离不断缩小。同时，粤港澳大湾区各城市为解决人才住房难题进行了新一轮住房改革。在"十四五"时期，广州、深圳筹集大量

---

* 中智广州经济技术合作有限公司党委书记、总经理石帅男的主旨发言，收录时略有修改。

保障性住房，东莞给予特色人才高额住房补贴，持续优化人才环境。在人口结构上，广东1.27亿常住人口中，60岁以下的人数超过1亿人，16—59岁的劳动人口比重达到66.58%。再看"含才量"高的香港特区，2023年有14万人获批人才进港。澳门特区则通过利用横琴、粤、澳深度合作区，推动多种类型人才的跨境职业资格认证，与内地共享了跨境人才，粤港澳大湾区"人才高地效应"日益凸显。

（二）

新质生产力对现代化产业体系建设产生了深远影响，推动产业向高端化、智能化、绿色化转型，同时催生了大量新兴产业和未来产业。运用大数据和云计算，不断提高资源配置效率和精准度。而新质生产力的发展需要良好的创新环境作为支撑。目前，政府正在不断地完善创新政策，为激发创新活力提供有力保障。在就业趋势方面，招聘结构化失衡问题凸显，许多企业对招聘较为谨慎。而新能源、新材料、生物医药等战略性新兴产业，以及科技创新、数字经济等新质生产力相关行业，都催生了新的就业机会和人才需求。人工智能、芯片、高端装备制造等领域的快速发展导致大量人才缺口的出现，传统行业的转型升级也促使数字化人才需求上升，同时，新领域高技术人才的薪酬水平水涨船高。

（三）

在人力资源方面，我们如何赋能新质生产力？我国人力资源服务行业的整体规模一直持续平稳增长。从2017年到2023年，短短6年时间，人力资源服务行业营收规模翻了一番，2024年预计行业营收达到3.5万亿。截至2023年，全国人力资源服务机构的从业人员预计达到124万人，行业增速喜人。人力资源服务行业总量从2019年到2021年呈现快速上升趋势，到2021年达到峰值，受多方面影响年注销量在2023年激增，出现注销峰值。由此预测，未来几年，随着更多新企业涌入，整个行业新一轮洗牌将开始进行。从人力资源服务的整体区域分布来看，区域集中情况比较明显，在经济发达的沿海城市和内地一线城市中，长三角和珠三角方面占比最高。我国人力资源服务业发展势头强劲，新的玩家陆续进入，形成了多元共融的格局。由于人力资源服务行业技术门槛较低，以小规模经营为主，即使发展比较成熟的全球人力资源服务行业，市场集中度也较低，头部公司的营收差距较小。当今，经济全球化展现了新韧性，行业利好政策频出，顶层设计为行业发展注入了新动能。同时，在经济增速放缓和新技术人才短缺因素的影响下，人力资源服务行业机遇与挑战并存，行业朝标准化、个性化、专业化的方向发展。新质生产力的崛起意味着更多发展空间。

（四）

有关人才战略的机遇和挑战的几点思考。第一，打铁必须自身硬，在存量竞争下，企业从营销获客、细分客群和服务能力等多维度展开"内卷"。第二，在人才上要广开道路，注重持续吸引和招募优秀人才，尤其是跨界融合的复合型人才，培养高水平的新型人才队伍。第三，切入细分市场，聚焦灵活用工、猎头服务、培训服务等细分赛道，关注增量空间。第四，寻求转型突破。近几年，平安、腾讯、金蝶、万科等知名企业涉足人力资源服务行业，适机通过并购加快数字化产品与服务转型的步伐。第五，改变套路模式，围绕市场需求，塑造多维优势，打造营销力、渠道力和产品力，迎接蓝海市场。数字化赋能科技人才管理一体化，新质生产力的发展对科技人才有了更多新的需求。但是，科技人才的日常管理往往存在人才分类不清晰、人才评价标准单一、评价和使用脱节等问题。而人力资源服务机构可以通过四步走的方式，打造贯通全场景的人才数据管理与应用的数字化平台，实现科技人才全流程管理，数字化落地。一是要制定规划，以数字化驱动，精准落地实施科技人才专项计划，通过量化指标建立人才规划目标体系，结合企业战略和实际情况，计划人才发展任务，并分层设定发展目标，建立动态追踪机制，针对性加强和调整人才管理举措。二是制定标准，将标准体系融入平台，推动人才管理精细化落地。常见的科技人才标准体系包括岗位体系建设、能力体系建设、任职资格体系建设、量化积分模型等。在日常管理中，我们可以通过采集、数据运维、管理要求和实际应用等数据反哺标准化体系的优化和修订，以有效提高落地效果。三是作评价，基于五星模型构建科技人才评价的应用全场景。目前，中智承接了国家科技人才评价政策导向，在应用场景中导入中智自创的五星模型，围绕创新战略、创新价值、创新贡献和创新素质、创新经历五个方面科学全面地进行科技人才评价。第六，我们将进行人才评价聘评全链线上管理，分类分层建立科技人才池，打通科技人才培养池和科技人才梯队池，使人才培养更具针对性，为梯队建设做好人才储备，贯通人才的入库标准、在库标准、出库标准和评估使用，实现科技人才在培养和发展、评聘、选拔全链条管理的线上优化。同时，我们将融合业务流和数据流，做好人才资产积累，并通过关键数据跟踪，实时监督人才池管理现状，支撑人才库的动态管理。我的分享就到这，谢谢大家！

香港特区创新创业人才政策和环境分析[*]

孙洪义

  我汇报的主题是香港特区创新创业人才政策和环境分析。本课题是香港特区政府行政署的政策战略研究项目，我是课题负责人。课题提供的案例属于个别案例，不一定具有代表性，仅供大家参考。课题主要关注两个问题，第一个是创新创业环境，第二个是人才需求。在创新创业环境方面，10 年前、20 年前香港特区的创业环境在全世界名列前茅，不是第一就是第二。但是在过去几年香港特区的创业环境在新的创业生态维度下发生了很大变化。在粤港澳大湾区创业生态之国际比较中，香港特区 2019 年的排名为 25 名，2022 年时已经是 42 名了，2023 年还是 42 名，已经远不如杭州和深圳，这是 Genome 一家非常知名的创新创业生态环境评估公司做的。另一个更值得关注的是 Startuplink（31 items）公司是对生态环境整体的打分，打分包括体量、融资数、创业数、创业环境，包括网速、上网情况等。它是以城市为单位，现在创新创业生态环境评估以地区和城市为概念，例如湾区，不再是国家的概念，中国很多地方都不一样。美国旧金山是 550 分，香港特区是 22 分，广东省是 13 分，香港特区的分数仅为北京的 20%，旧金山的 4%，旧金山代表硅谷。因此，香港特区单打独斗不行，需要将粤港澳大湾区整合在一起。假设把香港特区、深圳和广州的分数加在一起情况如何？结果是占北京的 70%，旧金山的 13%。所以无论是必要性还是重要性，都需要有理有据，并且有数据支持。

  粤港澳大湾区的生态环境如何有机地整合在一起，如何提升它的地

  * 香港特区城市大学系统工程系副教授孙洪义的主旨发言，收录时略有修改。

位和产出。在创新创业生态环境中人才最重要，包括融资、绩效、文化、知识联络等。那么香港特区呢？香港特区的优势是什么？香港特区的主要优势是背靠祖国、面向世界，它的国际沟通桥梁的作用不可忽视。截至目前，百分之七八十的外资还是通过香港特区进来，还有其他信息、技术等，这是不可否认的。但是，从整体创新创业生态环境角度来看，香港特区仍有很大提升空间。在人才这一块，香港特区政府的战略就是6个字"抢人才、留人才"。2023年，"高才通计划"申请约有7万宗，其中超6万多宗获批，不同口径加在一起有28万宗，总共14万人，预估对经济的贡献能达到340亿港币。从整体来讲，香港特区做得还是比较好的、效率比较高的，可以采用三螺旋模式来解释。第一，政府制定政策、搭平台，其他的留给市场。第二，企业提出需求扮演主角，因为人才是企业使用的，也包括人才服务企业。第三，通过学校、教育、科研来扩大人才池。

香港特区的服务较少，广东有14000多家人才服务企业，香港特区只有36家，我们的目标是将来增加到80家，有很大的提升空间。政府无论是主导还是引领，都是为人才"站台"。另一个原因，我个人认为是香港特区有非常专业的服务，只要人才服务网站，全部的信息都有，不需要找中介。

教育扩"池子"。香港特区每年大约有5万名博士研究生和硕士研究生。硕士研究生扩招翻了一倍，所以，可以从本地研究生"池子"直接招收人才，毕竟他们在香港特区已有一年经验。以我的课程为例，香港特区城市大学工程管理硕士课程，扫二维码就可以申请学习，根本不需要中介，而且这是"三无"课程——不需要工作经验、推荐信、考试。

香港特区吸引人才要融入祖国建设的大格局，才有生命力。那么，香港特区人才在内地的情况如何？我们进行了另一项调查，整体来说，数量较少，希望人才公司能够多帮忙，帮助学校和企业！谢谢大家！

领导力发展思考与实践[*]

潘赤农

　　人才发展中的一个非常重要的群体是企业家人才群。企业转型和科技创新的成功取决于企业和项目的领导者。在实际工作中，我看到过许多案例，一个好的领导者能把企业起死回生，不断向好地发展。我也见过不少不合格的领导者在一两年内就将企业陷入崩溃边缘。如何培养合格的领导者？如何提升领导力？几乎是任何一家企业人力资源管理中最重要的事情。今天，我想借此机会与大家分享我在人力资源方面的一些思考。首先，领导者是可以培养的，领导力是可以提升的。人力资源大师尤里奇认为，一个人的价值观、态度和行为大约有 50% 是遗传的，50% 是后天习得。你越努力，后天的比例就越大，这意味着每个人都可能有自己的倾向，但也可以学习新的行为。人的表现 90% 来源于习惯，这些习惯很难改变。在我多年的实践过程中，也培养了很多人，我认为领导力一定有天生的影响，但是也可以后天培养。我们也培养了很多人，但是很难，不容易。

　　领导力有很多定义，其中一个定义是领导力等于管理行为乘以领导行为。那么领导力提升的本质究竟是什么？从企业实践角度来看，领导力的提升是领导者自身的自我提升。领导力的提升的本质不仅仅是简单的知识学习，更多的是你的行为习惯和思维习惯。领导力的本质是影响他人的能力，领导者通过言行影响他人，当然言行也受到底层思维习惯的影响。所以，领导力发展的本质是行为习惯和思维习惯的改变。领导力的发展还有一个问题。因为任何领导者都是因为过往的成功才走到今

　　* 中国电信广东公司人力资源部总经理潘赤农的主旨发言，收录时略有修改。

天的，在这个过程中，过往的成功、失败和挫折经验等形成了他现有的行为习惯和思维习惯。然而，技术、社会、环境以及个人职位都在发生变化，过去帮助你成功的习惯可能会成为你进一步为社会和企业做出贡献的阻碍。所以领导力发展最难的是帮助成功者认识自我，然后找到关键点，调整培养和发展自己新的行为习惯和思维习惯。但这件事是挺难的，因为习惯的改变实际上是改变已经在大脑中形成的脑神经回路。人类90%以上的行为都是习惯在牵引，我们真正有意识的部分并不多。习惯的改变需要在有意识的部分刻意地表示不走这条路，而是走一条新的路。只要在新路未固化之前，你的老习惯仍然会迁移。所以，习惯、行为习惯和思维习惯的养成需要我们刻意地训练，形成新的脑神经回路。领导力是可以提升的，但是非常不容易。

　　每个人都可以成为卓越的领导者，但领导力的培养不能简单依靠培训和上课。要成为卓越的领导者，需要翻越四个障碍，第一个障碍是人的动力在哪里？其实改变自我是一件非常困难的事情。作为一个领导者，只有真正愿意承担起企业发展和社会进步的责任，才能成为更好的领导者，为企业和社会带来更大的价值，并改变自己。这是第一个障碍。第二个障碍是自我认知，即对自己的天性的认识。天性是可以拉伸的，而非贴标签的。通过对自己的行为习惯和思维习惯的认知，清晰地认识到自身现在和未来发展所需的差异。第三个障碍是任何领导者必须是很好的学习者，能够不断地学习世界上很多人已经总结出的优秀的行为习惯和思维习惯。另外，养成习惯需要6个月到9个月，是否能刻意实践？因此，作为领导力发展项目，需要突破四道障碍，而非简单通过一个培训班就能解决的。

　　基于上述认知，企业在领导力发展实践中进行了许多变革。第一，我目前不太关注具体的领导力课程培训，而是关注如何从知识培训到领导力行为习惯和行为思维习惯的系统改变。因此，现在不是培训一门课程，而是认证一门课程，认证一门课程是什么？首先是核心学习，可能需要几天时间。其次进行为期6个月到9个月的9—12次的行动式学习和教练辅导，让行为习惯和思维习惯在过程中不断固化。最后还会有一次综合的评估认证。在此基础上，从单一的课程体系到分层分级的领导力发展认证体系去转变。我会关注领导者需要的最基本知识，包括领导力的基础，即领导他人需要的思维习惯和行为习惯。针对关键领导者，例如地市级企业的总经理，会有为期一年的领导力发展项目，这并非简单的课程。通过自愿报名的方式，学生自主选择。课程通过测评、一对一教练、个人自主制定发展计划、体系性学习、内外部战略解码、最佳实践对标、优秀总经理对话、项目答辩等环节，使参加者更好地认知自我，然后体系性地培养更高领导者所需要的新行为习惯和思维习惯。基于此，课程会采用许多以前培训以外的东西，例如会特别强调对自我的认知，进行各种测评，甚至帮助澄清自己的生命意义、领导角色、价值观信念、认知自我的天性、觉察习惯等。课程也会帮助制定个人发展计划，并且，每个季度需要反馈执行情况。在此基础上，课程也会引入领导力教练，进行一对一体系化培养。我的分享到此结束，感谢！

面向粤港澳大湾区建设的澳门
特区人才发展战略[*]

叶桂平

澳门特区面积约 33 平方公里，常住人口仅 69 万人左右。澳门特区也在探索人才发展战略，特别是获得国家给予的很好的机遇，参与到粤港澳大湾区的发展中，成为"9+2"一员。澳门特区在这个过程中，一方面要搭上国家飞速发展的列车，适应国家所需、发挥澳门特区所长，融入国家发展大局，融入粤港澳大湾区的融合发展；一方面在融入国家发展和粤港澳大湾区的过程中，探索自身经济适度多元。正是因为如此，要探讨人才发展问题。总体而言，人才发展的很多形式都是用政策的模式展开的。还有需要关注如何在发展过程中建设好制度。我想从 4 个方面展开。

澳门特区在面对新一轮科技革命和产业变革加快推进时，不得不重视人才的战略性地位和创新价值。特别是国家要求澳门特区打造成为世界旅游休闲中心、中国与葡语国家商贸合作服务平台，以及建构以中国文化为主流、多元文化交流并存的基地。在三个定位下，必须探讨经济适度多元。经济适度多元所面临的最大问题是人才不足。虽然澳门特区有"一国两制"的独特制度优势，但也存在体量小的劣势，这是澳门特区人才发展的一个问题。最近，澳门特区推出最新的人才政策，把人才引进划分为高端优秀和高级专业人才。澳门特区的人才发展战略是必须有更高精尖的人才，经济适度多元才有抓手。澳门特区要推进经济适度多元，仅靠自身去引进人才较为困难，因此中央将横琴、粤、澳深度合作区给澳门特区和广

* 澳门特区城市大学副校长、澳门特区社会经济发展研究中心主任叶桂平的主旨发言，收录时略有修改。

东来参与共商、共建和共管、共享，使澳门特区更有条件去引进人才。

特区政府的施政报告中有很多关于人才的表述。实现经济适度多元，人才是关键，一方面要加快培养本地人才，把人送出去培养，也要有条件吸引他们回来发展，同时也要向全世界吸引所需要的人才。在一系列实践中，我们也确实发现了一些问题。总的来说，在粤港澳大湾区对澳门特区人才需求的影响方面，科技创新领域的人才需求在增长，澳门特区有优势，在高端制造业人才需求提升，澳门特区也有优势。在环境科学和绿色经济领域的人才需求方面，澳门特区在教育体系和学科设置以及专业设置上较为灵活。像内地设立硕博点，必须严格按照教育部的门类一级学科、二级学科设置，如果没有本科是不可能设立硕士点和博士点的。但在澳门特区，情况有所不同，新课程的主要审批机构是澳门特区政府的相关教育部门，当然现在能在内地招生，教育部也会给予我们一些论证评鉴的制度，最终由特区政府审批，在教育部备案，就可以实现在内地招生。这也是国家给予澳门特区具有"一国两制"独特制度优势的做法。在金融服务业国际化人才需求方面，澳门特区可以多做一些工作。在发挥澳门特区"一国两制"制度优势上，未来要善用横琴生活区的新空间。在打造过程中，能否构建澳琴大学城，来鼓励澳门特区高校拓展发展，促进与粤港澳大湾区其他城市优质高等教育资源深度对接，利用澳门特区高校招引海外创新人才和开展国际交流的优势，进一步吸引全球顶尖大学在澳琴、粤港澳大湾区及当地产业合作设立高能级创新平台，为澳琴产业发展聚集海内外高层次人才，培育一批产业发展所需的青年人才。目前内地需要解决科技"卡脖子"问题，对此，澳门特区也是可以做很多工作。在促进产学研方面，在建立健全澳门人才协同发展的工作机制方面，完善生活区衔接澳门特区，接轨国际的制度体系，为人才自由有序流动创造良好条件，吸引和培养澳门特区在推进经济适度多元中"1+4"，即高新技术，以中医药为主的大健康、现代金融和文体商贸会展四大产业发展需求的高端人才和紧缺人才。依托横琴，澳琴应在出入境管理、停居留的便利、职业准入、资格认定、财税补贴、创新创业以及生活服务保障等方面需要提供一些便利举措。只有这样，我们才能更好地发挥自身在粤港澳大湾区的作用，更好地吸引粤港澳大湾区及澳门特区发展所需的人才。谢谢大家！

新时代澳门特区"一国两制"成功保障："爱国者治澳"人才的测评与开发研究[*]

柳智毅

今天，我将围绕澳门特区在新时代"一国两制"成功保障中，"爱国者治澳"人才测评与开发方面的研究展开讨论。我将主要分享三部分内容：一是"爱国者治澳"的人才测评与开发的重要意义；二是如何进行测评与开发；三是进一步的探讨。

人才是治国兴邦的第一资源。发展是第一要务、创新是第一动力、人才是第一资源。因发展是第一要务，其关键核心在于人才。创新是第一动力，人才也是第一核心，也是关键。澳门特区虽然是个小地方，但是祖国不可分割的重要组成部分，也是粤港澳大湾区的重要组成部分。对澳门特区来说，"一国两制"成功实践，行稳致远，重要的因素是"爱国者治澳"。"爱国者治澳"是怎么衡量、测评、选拔和培养的？主要依靠人才测评。

如何测评"爱国者治澳"？可以分为两个方面：爱国者是一部分，另一部分是是否具备治澳能力。从澳门特区的角度来看，爱国者需要什么元素或要素呢？对国家的熟悉、国家政治体制的认知和拥护是非常关键的。治澳能力需要有政治判断能力、政治领悟能力、政治领导能力、公共形象、专业能力和水平、系统思维等。目前，在这一方面澳门特区还有很多可以完善、优化和提升的空间，澳门特区回归已 25 年，在未来25 年，需要在这个方面多加完善、优化。

---

* 第六届澳门特区立法会议员、澳门特区大学策略及规划办公室主任、澳门特区经济学会理事长柳智毅的主旨发言，收录时略有修改。

协同推进人才队伍建设，
促进新质生产力发展[*]

王有强

  我发言的主题是协同推进人才队伍建设，促进新质生产力发展，从三个方面向大家汇报：一是新质生产力；二是人才队伍；三是学习体会，我把它总结为三四五模式。

  新质生产力非常重要，在高质量发展的大格局下，创新起主导作用，摆脱传统经济增长方式，实现生产力发展路径的"三高"，即高科技、高效能、高质量，符合新发展理念的先进生产力质态。其中，高科技、高效能和高质量还涉及生产要素的创新配置、产业深度转型升级，尤其是技术革命性突破。从关键内涵来看，体现人才在新质生产力发展中的核心作用。因此，加强科技创新，特别是原创性、颠覆性的科技创新对促进新质生产力发展极其重要。从长期来看，要加强基础研究、关键核心技术攻关，提升前沿技术研发和颠覆性创新能力，同时要有效促进科技成果产业化，推动产业链、供应链优化升级，积极培育新兴产业和未来产业，深入推进数字经济创新发展，加快发展方式绿色转型等，这些都是推进新质生产力发展进程的重点内容。在新质生产力发展过程中，尤其是要创新新型的生产关系，那么人发挥着不可替代的作用。所以，教育、科技、人才的良性循环，为发展新质生产力、推动高质量发展培养急需人才，是推动新兴生产关系发展和促进新型生产力发展中非常重要的内容。同时，要激发劳动、知识、技术、管理、资本和数据等生产要素的活力。从这些生产要素来看，对人才的认识、内涵也要进一步地

---

 * 清华大学公共管理学院教授王有强的主旨发言，收录时略有修改。

延伸。举例说，不仅仅是诺贝尔奖获得者，诺贝尔奖获得者毫无疑问是最宝贵的人才，但是也需要有大量的高素质劳动型人才。同时，需要坚持目标导向和问题导向相结合，结合实际因地制宜发展新质生产力。因地制宜非常重要，所以在粤港澳大湾区中，每个地方都有自己的发展目标，每个地方在发展进程中也都面临着许多的挑战。怎么因地制宜发展新质生产力？这就需要我们每个地方根据自身情况，思考谋划。

人才队伍是我们特别关注的内容或主题。科技是第一生产力，人才是第一资源，创新是第一动力。在粤港澳大湾区建设高水平人才高地对粤港澳大湾区进一步提升国际竞争力、实现转型发展、创新合作发展、打造国际一流湾区和世界级城市群都具有重大意义和深远影响。粤港澳大湾区在国家新发展格局中具有重要战略地位，要使粤港澳大湾区成为新发展格局的战略支点，推进粤港澳大湾区人才高地建设，形成高端科创人才集聚效应。在粤港澳大湾区新发展格局中，人才引领驱动是粤港澳大湾区高质量发展的本质特征，而高水平科创人才高地则是其开辟新领域、新赛道，塑造新动能、新优势的发展之基和创新资源。坚持目标导向和需求导向，结合实际，有针对性地引进合适的人才。

什么叫合适的人才？我们需要寻找合适的人才，每个地方不同，它的内涵也需要根据实际情况来考量，这非常重要，要避免都引进诺贝尔奖获得，首先，这不太可能，其次，这也可能不是合适的方式。我们要有针对性地考虑每个人或每个地方的特殊情况，以确保合适性的人才。注重人才引进的长期规划，以保障人才队伍的稳定发展，制定合理的人才引进策略，构建多样化的人才引进渠道，优化招聘流程与选拔标准，加强人才引进的后续管理与培养，进行人才激励机制与开发机制优化，根据人才的需求建设融合工作与生活的环境。人才工作是第一，也要为他们创造一个有利的生活环境。同时，要打造优质的高水平人才高地中的人才结构，结构既要科学又要优化，科学是基本原理，优化针对需求，因地制宜进行优化，让不同类型与层次的人才之间存在溢出与互补关系，以便能够更好地相互促进和共同提升，使人才资源的效益能够得到更好的发挥。

三四五模式指三协同、四维度和五要素，这是我对人才队伍建设中一些重要方面的提炼。三个协同：第一是人才协同，在所有人才工作中，首先是主体，主体包括政府部门、用人单位，如企业、学校、社会组织，也包括人才本人，需要主体要进行协同。第二是行业协同，在不同行业之间，人才会存在差异，但仍有很多可以协同的方面。第三是区域协同。需要考虑如何在大区域内形成宏观的协同。

协同怎么去做呢？我总结了四个维度，即高度、宽度、深度和长度。无论是主体协同、行业协同，还是区域协同，定位都是服务粤港澳大湾区的整体发展，每个地方都有自己的发展目标，但是在整个粤港澳大湾区发展中，在人才方面，在形成人才协同的格局中，要有整个区域发展的大格局，所以高度就是定位。第二是宽度，宽度是从协同内容方面，从专业到服务、后勤、保障等方面形成协同。深度是融合，无论是专业方面、服务方面，还是保障方面、后勤方面，都可以形成深度融合，以更加精准地体现工作的深度。还有，人才工作具有时间维度，只有持续的合作和协同才能实现其效果，这是长度。五个要素，即需求、引进、培养、服务、激励。第一，需要思考需求，需求主要包括两个方面，就像一个硬币，一是我们所在地方发展的需求，二是引进的人才有自己的需求，两个需求都是需要考量的。第二是引进，第三是培养，人才无论是引进，还是培养，之后要有相应的提高激励机制建设，这是第四个要素，同时也要做好基本的服务保障，这是第五个要素。所以，服务在下面是作为基础，激励在上层，这就形成了五个要素。

人才协同发展主要有三个主要效用：一是降低人力资源使用成本；二是发挥人力资源的外部效应；三是优化人力资源规模结构。通过人才协同发展，这三个方面能得到充分体现。粤港澳大湾区是一个复杂、开放的大系统，需要充分考虑人才要素、人才子系统、湾区大系统之间的相互关系。粤港澳大湾区内城市通过优势互补，将人才队伍建设与经济发展协同起来，优化人才的质量和效益。

论文选集

塔尖人才视角的人才高地建设：
标准要求、困境与对策[*]

陈小平[1,2]　萧鸣政[1,2,3]

（1. 广东财经大学粤港澳大湾区人才评价与开发研究院；

2. 广东财经大学人力资源学院；

3. 北京大学政府管理学院）

摘要：人才高地建设是新时期推动我国高质量发展战略的重要举措。北京、上海、粤港澳大湾区三大人才高地建设，是扎实推进世界重要人才中心和创新高地建设的核心。通过对全球前2%顶尖科学家数据分析发现，当前我国三大人才高地建设中存在塔尖人才在全国占比下降、代表未来研究方向的基础研究塔尖人才相对不足、主攻重点领域塔尖人才与全球科技强国相比仍有差距、城市间分布不均衡等突出问题。新阶段，推进高质量发展战略，客观上要求进一步推进基于塔尖人才视角的人才高地建设。本文提出需要从加强顶层制度设计、建立塔尖人才发展机制、加强塔尖人才载体和平台建设、营造一流科技创新环境、建设"三高地"引领全国人才高地发展机制等维度，大力聚集和培育全球塔尖人才，深入实施人才强国战略，强化现代化建设人才支撑。

关键词：塔尖人才；人才高地；标准要求；困境；对策

　　人才高地建设是推动我国高质量发展战略的重大战略部署。20世纪90年代上海提出建设人才高地至今，我国理论和实践界开始主动积极学

---

　　* 基金项目：国家社科基金重大项目"中国海洋人才生态圈建构研究暨动态数据库建设"（20&ZD130）。

习、研究与应用人才高地建设规律，推动人才高地建设。特别是党的十八大以来，习近平总书记着眼于实现"两个一百年"奋斗目标，对人才高地建设进行了战略设计。在 2021 年召开的中央人才工作会议上，习近平总书记亲自规划了人才高地建设目标和路径，明确提出"加快建设世界重要人才中心和创新高地，为 2035 年基本实现社会主义现代化提供人才支撑，为 2050 年全面建成社会主义现代化强国打好人才基础""可以在北京、上海、粤港澳大湾区建设高水平人才高地"等人才高地建设思想。① 党的二十大报告又一次对人才高地建设进行了专门部署，提出了"实施科教兴国战略，强化现代化建设人才支撑""加快建设世界重要人才中心和创新高地，促进人才区域合理布局和协调发展，着力形成人才国际竞争的比较优势。加快建设国家战略人才力量，努力培养造就更多大师、战略科学家、一流科技领军人才和创新团队、青年科技人才、卓越工程师、大国工匠、高技能人才"等人才高地建设举措。② 这些新部署新精神充分体现了我国深入实施人才强国战略、建设高水平人才高地的意志和决心，也为我国人才高地建设进一步指明了具体方向。面向未来，我们要全面贯彻习近平总书记关于做好新时代人才工作的重要思想，强化现代化建设人才支撑。

一　人才高地建设的标准要求

基于习近平总书记在中央人才工作会议的重要讲话精神和党的二十大报告提出的新部署新要求，结合先前研究，本文从以下六个方面分析人才高地建设的标准要求。

一是人才高地的概念内涵界定。先前研究的观点主要从静态与动态视角对人才高地的内涵进行了界定，静态视角主要是人才密度、人才质量、人才结构、人才效益等结果类特征，动态视角主要体现了人才投入、人才体制机制创新、人才环境优化等过程类特征，同时人才高地类型可

---

① 习近平：《深入实施新时代人才强国战略　加快建设世界重要人才中心和创新高地》，《求是》2021 年第 12 期。
② 习近平：《高举中国特色社会主义伟大旗帜　为全面建设社会主义现代化国家而团结奋斗》，《人民日报》2022 年 10 月 26 日第 1 版。

以划分为世界级和国家级，也突出强调创新创业人才是人才高地建设的主要对象。综合学者们的观点，我们认为人才高地是指通过高水平的人才投入、人才体制机制、人才流动、人才创新创业生态环境等要素，聚集了高密度、高质量、高匹配、高效益的创新创业人才的一个区域。

二是人才高地主要包括国家层面的世界人才高地和区域层面的国内人才高地。本文依据中央人才工作会议精神，同时借鉴薄贵利①的观点，将人才高地主要划分为国家层面的世界人才高地和区域层面的国内人才高地。国家层面的世界人才高地是指到 2035 年，我国的重要人才队伍数量、质量、结构、效益、人才投入、人才发展体制机制、人才创新创业生态环境等方面都处于世界各国顶级水平。区域层面的国内人才高地是指到 2035 年，北京、上海、粤港澳大湾区的重要人才队伍数量、质量、结构、效益、人才投入、人才发展体制机制、人才创新创业生态环境等方面都处于本国所有区域的顶级水平。

三是高水平的世界重要人才数量占比不低于 25%。习近平总书记在中央人才工作会议上提出要培养战略科学家、具有战略科学家潜质的高层次复合型人才、一流科技领军人才和创新团队、青年科技人才、卓越工程师等五支人才队伍。党的二十大报告提出要培育大师、战略科学家、一流科技领军人才和创新团队、青年科技人才、卓越工程师、大国工匠、高技能人才等七支人才队伍。因此，高水平人才高地需要大师、战略科学家、具有战略科学家潜质的高层次复合型人才、一流科技领军人才和创新团队、青年科技人才、卓越工程师、大国工匠、高技能人才等八支人才队伍。我们借鉴日本学者汤浅光朝、国内学者王通讯②等的观点，认为世界人才高地建设中，到 2035 年，上述八支人才队伍数量全球占比不低于 25%；在国内人才高地建设中，到 2035 年，北京、上海、粤港澳大湾区三大人才高地的八支人才队伍各自全国占比不低于 25%，总共不低于 75%。

四是高水平的世界重要人才发展体制机制。世界重要人才发展体制机制是指世界重要人才培养机构设置、领导隶属关系、管理权限和责任

---

① 薄贵利：《论打造世界级和国家级人才高地》，《中国行政管理》2019 年第 6 期。
② 王通讯：《人才高地建设的理论与途径》，《中国人才》2008 年第 3 期。

划分、管理方式、区域一体化发展、培养、激励、引进、评价、市场配置、创新创业、财税金融保障、党对人才工作的领导等方面的制度体系。世界人才高地建设要求到 2035 年，我国世界重要人才发展体制机制处于世界前列，具体可以用人才吸引力指数来测量。国内世界重要人才高地建设要求到 2035 年，北京、上海、粤港澳大湾区三大人才高地的八支人才队伍的发展体制机制水平处于国内顶尖水平，也可以用区域人才吸引力指数来衡量。

五是高水平的世界重要人才聚集平台占比不低于 25%。人才高地建设中，需要聚集一大批能够吸引八支人才队伍的高水平的世界重要人才聚集平台，例如世界级大学、科研院所、国家实验室、新型研发机构、全球知名科技企业、初创公司、风险投资等机构，为重要人才提供国际一流的创新创业平台，加快形成战略支点和雁阵格局。由于世界重要人才队伍占比的标准是不低于 25%，因此聚集高水平世界重要人才的聚集平台占比标准也定为 25%，即世界人才高地建设中，到 2035 年，八支人才队伍的聚集平台数量全球占比不低于 25%，国内人才高地建设中，到 2035 年，北京、上海、粤港澳大湾区三大人才高地的八支人才队伍聚集平台各自全国占比不低于 25%，总共不低于 75%。

六是高水平的世界重要人才产出。世界重要人才产出重点包括创新、创业相关的绩效，创新绩效可包括体现原始创新的高被引论文比例、体现知识开发的发明专利占比，创业绩效可包括体现知识商业应用的高科技企业产值在 GDP 中的占比。具体标准要求可定为：到 2035 年，我国世界重要人才高地建设中的高被引论文全球占比、发明专利全球占比、高科技企业产值占全球 GDP 比例均不低于 25%；北京、上海、粤港澳大湾区三大人才高地的高被引论文全国占比、发明专利全国占比、高科技企业产值占全国 GDP 比例均不低于 25%。

二　塔尖人才全球分布规律和我国三大人才高地面临的困境

人才高地建设中涉及多支世界重要人才队伍，为了简洁，可以选取其中某一支人才队伍进行深度研究。美国斯坦福大学与 Elsevier 数据库发布 2023 年度"全球前 2%顶尖科学家榜单"（Top 2% of Scientists on Stanford List）第六版，从全球近千万名科学家中遴选出前 2%、约 20 万名全球顶尖科学家。该榜单提供了一个面向科学家长期科研表现的衡量指标，更客观、更可靠地反映了科学家的影响力，比较真实地反映了国家、区域、机构的科技实力，成为全球科技界权威排名。因此，本文以此榜单的全球前 2%的顶尖科学家代表战略科学家，对塔尖人才全球分布规律和我国三大人才高地面临的困境进行分析。

（一）全球前 2%顶尖科学家全球分布规律

全球前 2%顶尖科学家榜单基于 Scopus 数据库的总引用量、单独作者、文章引用量等六种关键因素的指标进行打分（榜单基于 Scopus 数据库，排名依据是论文总引用量，HirschH-index，共同作者修正的SchreiberHm-index，单独作者，单独或者第一作者，单独、第一或者最后作者的文章引用量等六类关键指标），包括文、理、工学科，涵盖 20 个领域和 174 个子领域。共有两个榜单："全学科职业生涯科学影响力（Career-long impact）榜单"（以下简称"职业生涯榜"）、"全学科单年度科学影响力（Single-year impact）榜单"（以下简称"单年度榜"）。两榜可揭示全球前 2%顶尖科学家的分布规律，主要表现在以下五个方面：

一是中国发展态势呈现上升趋势。从国别看，"职业生涯榜"中国有 9013 人上榜，占比 4.4%，位列第 4，前三名分别是美国（81155 人、39.8%）、英国（18694 人、9.2%）、德国（10989 人、5.4%），中国约为美国的 11.1%。"单年度榜"中国有 23484 人上榜，占比 11.2%，位列第二，第一名和第三名分别为美国（69258 人）、英国（16797 人），中国约相当于美国的 33.9%。一定意义上"职业生涯榜"代表过去 62年积累的发展基础，"单年度榜"则代表发展前景。从"职业生涯榜"到"单年度榜"，我国内地顶尖科学家全球占比提高了 6.8%，名次由第四上升至第二，从仅有 17 人进入全球总排名前 1000 增至 38 人，从仅有35 人进入分领域排名全球前 10 增至 70 人，在赋能与战略技术、工程学、化学、信息与通信技术、临床医学等领域具备一定优势。总体来看，中国处于"全球排名上升的追赶阶段"，在全球具有"规模、领域、机构和态势"等方面的明显优势。

二是高等院校仍是主阵地。全球"职业生涯榜"和"年度榜"均以高等院校为主。两榜全球前100名的机构中，仅有梅奥诊所、中国科学院等6家非高等院校机构。国内"职业生涯榜"各类机构的分布情况为：高等院校最多，占比90.46%，然后依次为医院（3.34%）、科研院所（2.12%）、国家实验室（1.97%）、企业（1.82%）、协会（0.15%）、博物馆（0.05%）、俱乐部（0.05%）、联盟（0.05%）。国内"单年度榜"各类机构的分布情况为：高等院校最多，占比79.61%，然后依次为科研院所（13.88%）、医院（2.58%）、国家实验室（1.97%）、企业（1.30%）、政府（0.53%）、植物园（0.09%）、协会（0.01%）、国际组织（0.01%）、期刊（0.01%）、博物馆（0.004%）、卫生中心（0.004%）、银行（0.004%）。另外，从全球和国内"单年度榜"相比"职业生涯榜"变化来看，企业和政府科研地位开始呈上升趋势。

三是产业发展是重要根基。产业发展对科技创新具有显著的支撑和聚集作用，如加州北部旧金山湾聚集的十余所大学当中斯坦福大学、加州大学伯克利分校、加州大学戴维斯分校、加州大学圣克鲁兹分校等高等院校进入"职业生涯榜"全球前30名。国内全国前十的机构基本聚集在京津冀、珠三角、长三角等拥有良好的产业基础的地区，哈尔滨工业大学则借助分校在华东和华南地区布局，也在利用产业发展孵化自身科研成果。

四是合作研究是大势所趋。全球"职业生涯榜"和"单年度榜"发布的高引用文献总量均以合作研究为主，"单年度榜"与"职业生涯榜"各领域独立作者文献分别为7.08%、5.55%，"单年度榜"相比"职业生涯榜"下降1.53个百分点，表明主要以合作研究为主，并且科学家团队或交叉学科研究愈发重要。

五是竞争赛道从信息技术向生物技术切换趋势明显。从全球"职业生涯榜"和"单年度榜"的比较来看，可明显看到科研赛道切换的轨迹。一方面临床医学、赋能与战略技术、物理学与天文学由于学科特性和历史积累，牢牢占据榜单前三，但这三个领域并非我国突出优势领域。另一方面，赋能与战略技术作为交叉学科和前沿学科的代表，从"职业生涯榜"的第三上升至"年度榜"的第二，表现出明显的赛道切换趋势。临床医学、生物医学、生物学和化学等领域的强势，表明目前国际科研的主赛道出现从信息技术向生物技术转移的趋势。

（二）北京、上海和粤港澳大湾区全球前 2% 顶尖科学家发展面临的主要困境

对比分析"职业生涯榜"和"单年度榜"，结合我国科技创新的重点领域和关联科学家状况来看，尽管我国顶尖科技人才规模大、基础好、优势多，但中国内地、香港特区、澳门特区合计仅占全球"职业生涯榜"的 5.0%、"单年度榜"11.9%，在 20 个领域、174 个分领域中，"职业生涯榜"有 1 个领域和 25 个分领域的空白，"单年度榜"也有 1 个领域和 12 个分领域的空白，同时北京、上海和粤港澳大湾区还面临竞争加剧，自身后劲不足等挑战。一是国内竞争加剧，北京、上海和粤港澳大湾区在全国占比下降。北京、上海、粤港澳大湾区在两榜上数量规模、优势领域等均处于全国前三，但是粤港澳大湾区中的内地城市占比不高，尤其是东莞、佛山、珠海、江门、惠州、肇庆、中山等城市的占比很少，并且中山还没有入榜单人员，在细分专业排名前 100 的科学家占比并不突出，"单年度榜"相较"职业生涯榜"，粤港澳大湾区在全国占比还降低了近 5.94 个百分点，尤其是香港特区在全国占比下降了6.10 个百分点；北京在全国占比下降了 0.85 个百分点；上海在全国占比下降了 1.02 个百分点。"单年度榜"中新增了 60 余个城市，同时兰州、济南、宁波、徐州、大连、郑州、福州、咸阳、无锡、天津、哈尔滨、南昌、长春、镇江、青岛、昆明、重庆、武汉、长沙、南京、西安等 21 个城市占比逐步增加，"单年度榜"上榜人数均超过 100 人，武汉、南京、西安等城市超过 1000 人，新势力竞争力不断增强。

二是应用领域有一定优势，但代表未来发展方向的基础研究相对较弱。我国与全球相比来看，在学科领域上我国与全球有相同之处，例如在赋能与战略技术、化学、工程学、信息与通信技术、物理学和天文学等前沿应用领域较强，占比均排在前五，但在临床医学和生物学领域偏弱，而全球在这两个领域全球顶尖科学家数量最多、一定程度上代表未来发展方向，"职业生涯榜"的占比分别为 31.49% 和 7.89%；同时，我国在数学与统计学、地球与环境科学等基础学科领域表现并不突出，"职业生涯榜"的占比只有 5.85%。全国整体分布来看，一是专业分布比较齐全，共涉及 19 个专业，但是有一个专业的顶尖科学家还缺乏（视觉与表演艺术）；二是各专业领域分布不够均衡，理工科占比相对较高，人文社科类占比相对较低。三大重点区域分布方面，北京的临床医学和生物医学研究占比相对较低，只有 5.92%、2.61%，同时传播学与语篇学、历史研究、哲学与神学、视觉与表演艺术四个领域还缺乏上榜人员；北京的临床医学和生物医学研究占比相对较低，只有 10.22%、2.21%，同时农业、渔业和林业、公共卫生和保健服务、心理学与认知科学、历史研究、哲学与神学、视觉与表演艺术等六个领域还缺乏上榜人员；粤港澳大湾区的物理学与天文学和生物医学研究占比相对较低，只有 6.69% 和 2.71%（"职业生涯榜"），视觉与表演艺术领域还缺乏上榜人员。

三是主攻重点领域有良好基础，但与全球一流水平差距仍较大。《中华人民共和国国民经济和社会发展第十四个五年规划和 2035 年远景目标纲要》提出瞄准人工智能、量子信息、集成电路、生命健康、脑科学、生物育种、空天科技、深地深海等前沿领域，但从"年度榜"八个重点领域（全球人才专业划分为 174 个领域，文中涉及的人工智能包含人工智能与图像处理、计算理论与数学、应用数学专业，量子计算包含计算机硬件与体系结构、应用物理学、核与粒子物理学专业，区块链包含数值与计算数学、计算理论与数学、应用数学，生物技术包含生物医学工程、生物信息学、生物物理学、生物技术、生物化学与分子生物学专业）科学家在全球及全国分布来看，全球前 1000 名中美国在这四个领域均占据绝对优势，中国虽均跻身全球前十，但与美国仍有较大差距。分领域看，中国人工智能领域人才优势相对突出，但量子计算、区块链和生物技术领域人才优势较欧美国家差距明显。国内看，北京市在人工智能和量子计算领域具备领先优势，上海在区块链和生物技术领域优势明显，粤港澳大湾区在生命健康、集成电路等领域有相对优势。

四是全球顶尖科学家城市间分布相对不均衡。从全国来看，"职业生涯榜"中，目前全球顶尖科学家主要聚集在北京、香港特区、上海三个城市，占到全国的 42.18%，其他科学家分布于全国 130 个城市。从粤港澳大湾区来看，分布也不均衡，"职业生涯榜"中，香港特区（62%）、广州（23%）、深圳（11%）、澳门特区（3%）上榜人数有一定优势，共占比99%，但是东莞、佛山、珠海、江门、惠州、肇庆、中山等城市的上榜人数相对比较少，不均衡性问题非常突出。

三　塔尖人才视角的人才高地建设的路径选择

党的二十大指出："从二〇二〇年到二〇三五年基本实现社会主义现代化；从二〇三五年到21世纪中叶把我国建成富强民主文明和谐美丽的社会主义现代化强国。"[①] 推动塔尖人才视角的人才高地建设是推进全面建成社会主义现代化强国进程中的重要环节，也是新时代人才工作面临的新的历史考验。基于先前研究成果和人才高地建设的标准要求，根据塔尖人才全球分布规律和我国三大人才高地的主要困境，本文提出加快塔尖人才视角的人才高地建设的路径选择建议。

（一）加强顶层制度与体制设计，健全塔尖人才高地建设战略布局

塔尖人才高地建设不是一朝一夕的事情，而是一项长远的人才系统工程，因此需要加强顶层制度与体制设计，健全塔尖人才高地建设战略布局。第一，设计中长期发展规划。研究编制《塔尖人才高地建设中长期规划纲要》，进一步明确塔尖人才高地建设的指导方针、战略目标和主要任务，并制定具体的任务清单和推进计划。第二，编制五年发展规划。编制"十五五"塔尖人才高地发展规划，研究制定重点领域重要人才高地专项规划，通过制定与实施塔尖人才高地发展规划，从国家发展战略高度统筹推进塔尖人才高地建设工作，构建塔尖人才高地建设的战略布局。第三，强调规划的过程管理。加强相关战略规划的中期评估，及时总结经验和发现存在的问题，必要时对战略规划进行适当的调整与改进。第四，加强宏观管理。加强塔尖人才高地建设的宏观管理，增强工作合力，明确全国塔尖人才高地建设的牵头机构、参与机构及各自职

---

① 习近平：《高举中国特色社会主义伟大旗帜　为全面建设社会主义现代化国家而团结奋斗》，《人民日报》2022年10月26日第1版。

责分工，配置专人负责。第五，支持地方特色化发展。充分发挥各地区的积极性，鼓励北京、上海、粤港澳大湾区等塔尖人才高地创新发展，形成各自特色模式。第六，加强绩效考核评估。需要督促各地区加快塔尖人才高地建设步伐，将塔尖人才高地建设成效作为人才高地建设工作重要考核评价内容。

（二）建立塔尖人才发展机制，聚集和培育全球顶尖人才

我国的全球前 2% 顶尖科学家在全球占比还相对较低，远远低于25% 的水平，因此需要加大力度，建立塔尖人才发展机制，通过外部引进和内部培养等多种方式聚集和培育全球顶尖人才。首先，建立健全塔尖人才引进机制。针对我国亟须紧缺的塔尖人才类别，通过建立健全全球塔尖人才数据库、制定塔尖人才引进专项政策、实施华裔科学家引进计划、施行海外塔尖人才引进工程等方式建立世界一流的塔尖人才引进机制，聚集天下塔尖人才。其次，建立健全塔尖人才培养机制。通过建立健全高潜力青年拔尖创新人才素质特征模型、完善高潜力青年拔尖创新人才评价与发现机制、创新高校拔尖创新人才培养模式、实施国内塔尖人才培育工程等方式，建立国内塔尖人才自主培养体系，从我国内部培养全球顶尖人才。最后，建立健全塔尖人才参与全球合作研究机制。合作研究是全球大趋势，因此需要建立支持塔尖人才国际合作交流机制。以"一带一路"和推进人类命运共同体等战略举措为抓手，努力与国际上友好国家、友好企业、友好人士共同开展技术合作，拓展科技研发的"朋友圈"。主动参与布局全球创新网络，推动构建中国主导的科技创新体系。深入参与全球创新治理，建立更加公平、合理有效的国际科技合作机制。在积极应对人类发展面临的难题领域，组织实施一批高水平的政府、国际组织间科技合作项目，搭建国际合作平台，共同支持联合示范和研究项目，引导和支持产学研开展国际科技合作。

（三）加强塔尖人才载体和平台建设，为塔尖人才提供干事创业舞台

塔尖人才为了实现自身价值，通常会寻找适合自己创新创业的最佳场所，因此需要加强塔尖人才载体和平台建设，为其提供干事创业舞台。根据全球前2%顶尖科学家分布规律，本文建议主要从产业发展、高等院

校建设、学科领域发展、国家实验室等方面加强塔尖人才载体和平台建设。首先，加强产业发展平台建设。在产业发展上，需要根据产业需求来建设人才高地，形成人才高地特色，通过产业聚集促进人才高地建设，同时又以人才高地建设推动产业聚集，二者相互匹配相互促进，让产业链和人才链协调发展。其次，加强高等院校平台建设。在高等院校建设方面，大师、战略科学家等塔尖人才主要是依托高等院校开展各项工作，因此，需要根据中国式现代化建设需要，大力发展我国的高等院校，通过高等院校来聚集全球塔尖人才，同时通过全球塔尖人才促进我国高等院校的发展。再次，加强科学领域平台建设。在学科领域发展方面，需要瞄准人工智能、量子信息、集成电路、生命科学、脑科学、生物育种、空天科技、深地深海、临床医学、地球与环境科学等前沿领域，创新高等院校学科领域发展模式，大力引进和培育全球塔尖人才，有效解决"卡脖子"技术等难题。最后，加强国家实验室建设。建设突破型、引领型、平台型一体化的国家级实验室体系。推进并积极参与大型研究基础设施的国际开放共享，提高共享水平，促进科研设施的有效利用。

（四）营造一流科技创新环境，全力加强塔尖人才服务保障

塔尖人才竞争实质是科技创新环境竞争。要大力培育创新意识，加强顶尖人才服务保障，建立国际一流的人才发展环境。首先，推进塔尖人才市场激励机制建设。例如健全收益分配机制，探索年薪制、协议工资项目等塔尖人才灵活分配方式，建立体现塔尖人才创新价值、市场价值和兼顾公平的薪酬体系。其次，建立塔尖人才经费优先保障机制。例如加大政府投入力度，实施塔尖人才及团队和重点项目充分保障，建立中央、地方、社会共同参与的投入机制，鼓励企业、社会组织采取联合资助、设立基金会等形式支持塔尖人才开展科学研究，进一步提高间接经费核定比例，基础研究领域财政科研项目间接费用核定比例由30%提高至60%。再次，营造鼓励创新、宽容失败的创新环境。遵循创新规律，推动健全"好奇心"发现维护机制，选择重点科研机构营造有利于自由探索的发展环境，加快营造崇尚创新、自由畅想、潜心钻研的文化氛围，推动建立鼓励创新、宽容失败的容错机制。最后，提供高品质塔尖人才服务保障。例如从住房、子女教育、医疗、工作设施设备等方面，

为塔尖人才提供世界一流的服务保障，营造"类海外"的服务环境。

（五）建设"三高地"引领全国人才高地发展机制，促进塔尖人才全国布局均衡发展

目前，我国塔尖人才在全国分布不均衡问题非常凸显，因此我们倡导塔尖人才不断向世界人才高地聚集，一是要将北京、上海、香港特区、广州、深圳等城市建设成为塔尖人才高峰，同时塔尖人才要辐射带动其他区域，充分发挥好北京、上海、粤港澳大湾区人才"三高地"建设的全国示范和溢出效应，形成雁阵结构，相互支撑，共同发展，推动我国建设成为世界重要人才中心和创新高地。二是完善塔尖人才市场流动机制。完善塔尖人才跨国、跨境、跨省等层面的市场流动机制，放宽对塔尖人才办理签证、居住证和永久居留证的限制，简化其创办科技型企业的审批，完善医疗保险、养老、子女入学等生活配套体系，鼓励塔尖人才进行合理的流动。三是建设好人才协同发展联盟。建设与运用好全国高校和区域性高校—产业合作联盟，建立全国对接或者区域对接的塔尖人才协同发展框架和标准，促进塔尖人才在全国或者区域高校与产业之间的流动和深入合作。同时，打破人才协同发展的地区性壁垒，例如在税收、报销等方面为塔尖人才区域协调发展提供便利。

我国人才高地研究文献回顾与展望
（1996—2024）

李永康　智文凯

（云南财经大学财政与公共管理学院）

摘要：我国人才高地自 20 世纪 90 年代在上海提出以来，已有接近 30 年的研究历史，我国人才高地的研究可以分为理论研究和应用研究两部分。理论研究主要讨论了人才高地的概念，人才高地的战略，人才高地的分类以及人才高地测量等内容。人才高地应用研究是主要的研究内容，作者对区域人才高地研究的发展进行了脉络梳理，总结区域人才高地建设的主要内容；在区域人才高地研究的背景下，分析了其他方面的人才高地研究以及人才高地比较研究，对我国人才高地研究进行了较为全面的梳理，并提出今后人才高地研究的展望。

关键词：人才高地；文献回顾；研究展望

经过二十多年的发展，我国人才高地研究已经初具规模，笔者查阅发现，有关人才高地的研究现有文献超过 2000 篇，文章对中国知网收录的从 1996 年至 2024 年 4 月以"人才高地"为主题且来源于 CSSCI 和北核的 140 篇文献进行分析。如图 1 所示，人才高地研究的首次高峰出现于 1999 年，并持续到 2002 年；第二次高峰出现在 2009 年到 2011 年；第三次高峰出现在 2019 年。本文基于 140 篇文献对近 30 年来我国人才高地的内涵、发展脉络、分类、测量等内容进行学术梳理，并尝试分析今后的研究展望。

发文量（篇）

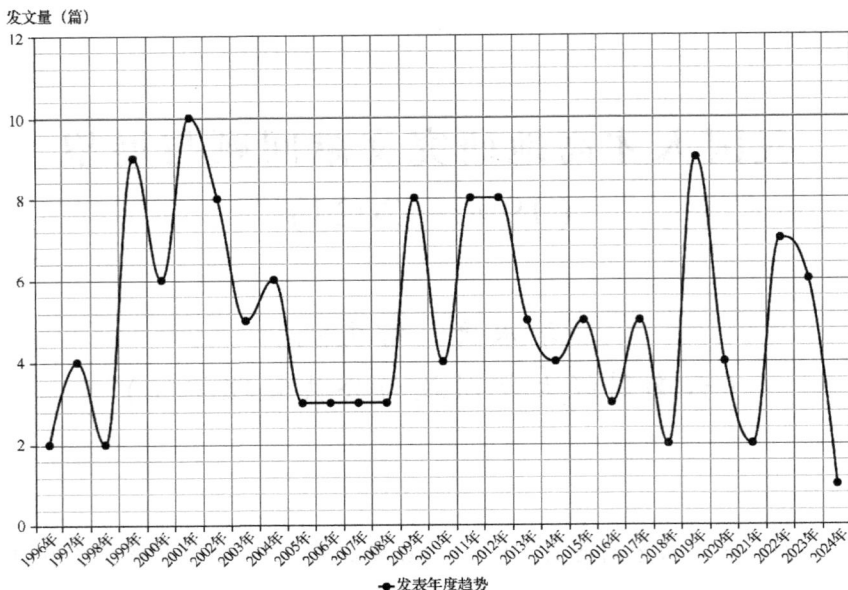

图 1 文献发表统计

一 人才高地理论研究

（一） 人才高地概念的研究

1994 年，上海市国际企业家咨询会议上首次提出的 "构筑人才资源高地"。1996 年，著名学者叶忠海在《人才资源优化策略》一书中指出，人才高地即为人才发展的极核区、高势能区。其内涵主要体现在以下五个方面：人才资源数量分布的高密度；人才资源素质的高标准；人才资源结构的高对应；人才资源流动的高活力；人才资源产出的高效益①，首次提出人才高地的概念。相应的人才高地文献也在此时开始出现，上海市提出 "要实现上海跨世纪发展目标，关键在于构筑上海人才资源高地" 的战略设想，自此人才高地研究开始。2003 年 12 月 19 日至 20 日，中共中央、国务院在北京召开首次全国人才工作会议，标志着人才工作的重要程度再次得到提高，促进了人才高地建设工作和研究的热潮，在

① 叶忠海主编：《人才资源优化策略》，上海人民出版社 1996 年版。

接下来的二十年时间，人才高地的研究从未停止，时任中国工程院院长徐匡迪认为，所谓人才高地就是青年人才向往与汇集的地方。王子丹等认为，人才高地是人力资源理论中"人才"概念和地理学上的"高地"概念相结合的产物。它是指相对于经济空间场内某一参照系，因人才流动与聚集所形成的智力高势能区域，是经济社会系统演化与人才的自我价值实现共同作用所表现出的人才资源"极化现象"①。

2021年5月28日，习近平总书记在中国科学院第二十次院士大会、中国工程院第十五次院士大会和中国科学技术协会第十次全国代表大会上强调，要"激发各类人才创新活力，建设全球人才高地"。② 同年，习近平总书记在中央人才工作会议上再次强调："加快建设世界重要人才中心和创新高地，需要进行战略布局。综合考虑，可以在北京、上海、粤港澳大湾区建设高水平人才高地。"③ 萧鸣政等提出"人才高地"表现为人才数量的高密度、人才级别的高水平、人才工作的高活力，人才产出的高效益与人才发展环境的高匹配。具体看，其条件特征是优秀人才聚集度高、创新平台多、创新制度好；过程特征是创新氛围浓、创新文化优、创新活动频繁；结果特征是创新效能强、创新成果多、创新价值高、创新贡献大④。

（二）人才高地战略研究

在研究初期，研究者对人才高地的战略和理论进行了很多探讨。并且随着研究的变化，人才发展战略也在发生变化。许慧玲提出了全过程人才战略：从培养人才、吸纳人才、留住人才、用好人才等四个方面探讨了新世纪人才高地建设的应对策略。要积极采取有力措施，千方百计培养人才；牢固确立人才资源是第一资源的观念，广开渠道吸纳人才；

---

① 王子丹、袁永、邱丹逸等：《人才高地形成发展特点与国际经验研究》，《特区经济》2018年第12期。

② 习近平：《努力实现高水平科技自立自强》（2021年5月28日），载《习近平谈治国理政》（第四卷），外文出版社2022年版，第202页。

③ 《习近平在中央人才工作会议上强调　深入实施新时代人才强国战略　加快建设世界重要人才中心和创新高地》，《人民日报》2021年9月29日。

④ 萧鸣政、应验、张满：《人才高地建设的标准与路径——基于概念、特征、结构与要素的分析》，《中国行政管理》2022年第5期。

努力营造良好的机制和环境，下大力气留住人才；充分信任，放手使用，更好地发挥各类人才的作用①。中共中央、国务院《关于进一步加强人才工作的决定》，坚持科学人才观，把实施人才强国战略作为党和国家一项重大而紧迫的任务，制定并实施加强和改进人才工作的一系列重大方针政策，为制定人才高地战略提供了理论基础。② 王通讯指出人才战略是决定人才工作朝哪个方向发展以及如何发展，从而配合组织战略目标实现的大智慧。提出了人才战略七步法。人才战略的特点有三：着眼全局；虑长谋远；属于区域或组织总战略的派生战略。制定人才战略的步骤是：第一步：提出任务，建立工作机构。第二步：开展调查研究，充分占有资料。第三步：拟定写作提纲，进行专题分工。第四步：写作战略文本。第五步：论证。第六步：修订。第七步：通过（领导机构或代表大会认定）。③ 薄贵利、郑雪峰提出了人才环境战略，认为有特色高水平，是对人才高地建设战略目标的基本要求。要构建人才高地战略的领导体制和管理机制，将人才高地建设的重点转到创造良好的发展环境上来。④ 2019 年，党中央、国务院又再次提出建设国际科技创新中心，深入实施创新驱动发展战略，打造教育和人才高地。⑤ 广东省为打造粤港澳大湾区高水平人才高地，深入实施"湾区人才""乡村工匠"两项工程，全力打造政策最开放、机制最科学、流动最顺畅、服务最优质的创新创业活力区，着力培养高素质技能人才队伍、青年人才队伍、营造识才爱才敬才用才的环境。⑥

（三）人才高地类型研究

目前，各省市有关人才高地的名称和提法主要有人才特区、人才高地、人才基地三种。尽管各地对人才高地的名称和提法不同，但其目的是基本一致的。王凯旋、蔡剑兴根据人才高地的性质划分出四种类型。

---

① 许慧玲：《实施人才发展战略与构筑人才高地》，《南京社会科学》2002 年第 1 期。
② 《中共中央 国务院关于进一步加强人才工作的决定》，《人民日报》2004 年 1 月 1 日。
③ 王通讯：《人才战略的制定与实施》，《中国人才》2008 年第 1 期。
④ 薄贵利、郑雪峰：《论人才高地建设战略》，《中国行政管理》2017 年第 11 期。
⑤ 《党中央、国务院：打造粤港澳大湾区教育和人才高地》，《中国人才》2019 年第 3 期。
⑥ 广东省人力资源和社会保障厅：《写好引才育才留才用才大文章 聚力打造粤港澳大湾区高水平人才高地》，《中国组织人事报》2021 年 11 月 2 日第 4 版。

区域型：指的是以行政区域为划分范围，带有明显的地理特征，有的甚至依托经济特区作为划分界限，凭借良好经济实力和区位优势，积极争取赋予更多的优惠政策，突出人才的区域融合。园区型：园区型同样具有明显的地理特征，但其范围远远小于区域型，突出以各类园区为载体，实行灵活机制、特殊政策和良好服务，引进带项目、带技术、带资金的创新创业人才。专项型：主要是以专项内容突破为重点，兼有一定的地理特征，旨在作为试点，探索新办法、新经验。专业型：主要是依托重点产业、重点项目、重点学科和优势企事业，以各类创新平台为载体，以改革创新为动力，以急需紧缺的高层次人才为重点，具有明显的产业和学科特征①。王通讯指出世界人才高地有区域与组织之分。例如，按国家分，美国、以色列等属于世界人才高地；按区域分，美国的硅谷、英国的伦敦金融城等属于世界人才高地；按组织分，英国的剑桥卡文迪什和美国的贝尔实验室属于世界人才高地②。薄贵利根据层次将人才高地划分为世界级人才高地、国家级人才高地和地方人才高地等不同层次。所谓世界级人才高地，即汇聚了一大批世界一流的创新创业人才和以这些人才为核心的人才群体，能够在科技创新、产品研发和产业变革中引领世界潮流的人才密集区。而国家级人才高地，即汇聚了一大批国家级和世界级的创新创业人才，能够在世界新一轮科技革命和产业变革中紧跟世界潮流、引领国家潮流、带动国家产业结构转型升级的人才密集区。地方级人才高地，是指汇集了国内外和省内外较多的高端人才，能够在一些领域引领本地和国家的科技创新潮流，有效促进本地产业结构转型升级的特定区域③。

（四）人才高地测量研究

　　人才资源高地测量是指按照一定的量化方法，测定某一个区域人才状况的方法与过程。华东师范大学叶忠海与武汉工学院梅介人等人根据联合国教科文组织1995年《统计年鉴》、1996年4月《统计月报》等材

①　王凯旋、蔡剑兴：《人才高地建设的现状与未来》，《中国人才》2009年第19期。
②　王通讯：《世界人才高地观察报告》，《中国人才》2013年第5期。
③　薄贵利：《论打造世界级和国家级人才高地》，《中国行政管理》2019年第6期。

料，编制了当今世界科技人才密度表。根据每百万人口中的科学家、工程师人数；每平方公里的科学家、工程师、技术员人数作为测量人才高地的指标。[①] 萧鸣政等基于条件特征、过程特征与结果特征，结合主体、机制和环境三大要素形成了人才高地建设评价的 3 个一级指标、9 个二级指标和 30 个三级指标的评价标准体系，该测量指标体系，立足于我国人才高地建设的实际情况，又借鉴了国际相关标准体系的维度和指标。[②] 萧鸣政、朱玉慧兰采用 7 个一级指标共 38 个二级指标建构出一套区域人才发展环境评价指标体系，并分析广东省 21 个地市的调查样本，提出"制度""厚度""用度""温度""限度"等方面优化建议，改善区域人才环境。[③]

二　人才高地应用研究

人才高地应用研究是我国人才高地研究的主旋律，人才高地应用研究以区域人才高地研究为主要方面，在区域人才高地的建设中扩展延伸了其他人才高地研究以及人才高地比较研究。

（一）区域人才高地研究

1. 区域人才高地研究脉络

上海是最早提出人才高地建设的城市，在政策的推动下，上海的人才高地建设走在了最前沿。1996 年，上海普陀区委、区政府就确立了"把人才资源开发放在首位""把人才引进作为普陀区的重要工程来抓"的指导思想，指出要像抓经济指标那样抓人才培养和人才引进。[④] 任彦指出，要以多元投资等五大战略，构筑上海文艺人才高地。[⑤] 詹永富指

---

①　王通讯：《人才高地建设的理论与途径》，《中国人才》2008 年第 3 期。

②　萧鸣政、应验、张满：《人才高地建设的标准与路径——基于概念、特征、结构与要素的分析》，《中国行政管理》2022 年第 5 期。

③　萧鸣政、朱玉慧兰：《区域人才发展环境指数研究——基于广东省 21 个地市的调查样本》，《行政论坛》2022 年第 3 期。

④　普人柯：《以新思维新机制构筑人才高地——上海市普陀区构筑人才高地一瞥》，《人才开发》1997 年第 10 期。

⑤　任彦：《构筑上海文艺人才高地的战略思考》，《人才开发》2000 年第 1 期。

出，只有采取强有力的措施加强人才高地建设，才能从根本上提升上海的综合竞争力。要加强人才引进力度，为国有企业引进急需的经营管理人才，助推人才高地发展。①

区域人才高地建设由上海掀起热浪，自然地扩散到周边的江苏、江西、浙江等省份，推动了更多地区开展人才高地建设。赵永乐、赵永贤强调江苏新世纪人才高地的构筑是江苏人才强省建设的重要组成部分，是人才强省的有力支撑，是为江苏在新世纪的经济腾飞构筑发射台和建造加速器。② 顾璟在创新驱动发展战略背景下分析江苏省人才高地建设的成效困境，提出了人才高地建设策略。③ 龚小兰指出加速江西崛起，需要一大批高素质的人才，这就要求加快构筑人才高地。④ 云帆介绍了江西搭建平台、引进和重用高层次人才的经验做法，通过打好"江西牌"构建江西人才高地，实现中部崛起。⑤ 浙江余姚提出要打造杭州湾南翼的人才高地，构筑了"市、部门、基层"三级人才工作服务平台，建立了"一把手"抓人才工作的责任体系。⑥ 浙江杭州发布《关于深化人才发展体制机制改革 完善人才新政的若干意见》，重点推动国际化人才高地建设。⑦

2021年，习近平总书记提出"可以在北京、上海、粤港澳大湾区建设高水平人才高地"，大大促进了粤港澳大湾区的人才高地建设。阎豫桂建议出台建设世界一流创新人才高地的相关战略规划和政策保障，积极谋划当前和今后一个时期人才和教育领域率先发展，为粤港澳大湾区建设国际科技创新中心提供国际化智力支撑。⑧ 萧鸣政、张湘姝提出需要基于治

---

① 詹永富：《上海建设人才高地实证分析与对策研究》，《市场与人口分析》1999年第2期。

② 赵永乐、赵永贤：《江苏新世纪人才高地及其实现途径》，《学海》2001年第4期。

③ 顾璟：《创新驱动发展战略背景下江苏省人才高地建设的成效、困境与优化策略》，《高校教育管理》2022年第6期。

④ 龚小兰：《构筑江西人才高地 加速发展成人高等教育》，《职教论坛》2002年第23期。

⑤ 云帆：《正在崛起的江西人才高地——江西省搭建平台、引进和重用高层次人才的经验做法》，《中国人才》2009年第7期。

⑥ 温金海、毛黎明、方月华：《打造杭州湾南翼的人才高地——浙江省余姚市实施人才强市战略纪实》，《中国人才》2009年第9期。

⑦ 《杭州倾力打造国际化人才高地——2016浙江·杭州国际人才交流与项目合作大会剪影》，《中国人才》2016年第23期。

⑧ 阎豫桂：《粤港澳大湾区打造世界一流创新人才高地的思考》，《宏观经济管理》2019年第9期。

理思想与协同理论，创新人才治理的体制机制，激发人才协同发展，促进人才的集聚、互补与协同共同作用，推动粤港澳大湾区人才高地建设。① 毛磊、张盼提出粤港澳人才高地发展，人才支撑是关键，粤港澳要形成区域人才共享机制、提升高等教育辐射力、提高本地人才培养质量。② 赵明仁等在界定与分析高水平人才高地概念基础上，对粤港澳大湾区人才状况进行整体的分析，并对粤港澳大湾区人才政策进行系统的梳理与阐释，据此进一步提出粤港澳大湾区高水平人才高地制度体系建构的思路。③ 广东代表委员会大力提倡推动粤港澳专业人士交流合作、畅通技能型人才晋升发展渠道，推动粤港澳大湾区建设高水平人才高地。④ 2023 年，广东打造战略性、前瞻性、基础性领域青年科技创新人才队伍，深入实施人才强省战略，优化博士后人才政策体系，建立全链条政策支持体系，提高在站博士后资助标准，对博士后人才进行分类培养，推动建设粤港澳大湾区高水平人才高地。⑤ 广东省以粤港澳大湾区高水平人才高地建设为总抓手，涵养发展新质生产力的人才沃土，深入实施人才强省战略。⑥

在这些地区进行人才高地建设的影响下，全国各地的人才高地建设也开始出现。比如郑州致力于打造内陆开放型人才高地，刘若水指出河南已经具备建设人才高地的良好机遇，因此要以全面的人才政策推动人才高地建设。⑦ 东北地区结合老工业基地的定位以沈阳为核心，打造人才高地，李思华、柳叶通过分析沈阳打造人才高地的状况和存在的问题，针对性提出促进人才机制体制改革，构筑沈阳人才高地相关的

① 萧鸣政、张湘姝：《加快推进粤港澳大湾区人才高地建设》，《中国人才》2021 年第 8 期。
② 毛磊、张盼：《从横琴开发看粤澳如何构筑人才高地》，《人民日报》（海外版）2021 年 11 月 2 日第 4 版。
③ 赵明仁、柏思琪、王晓芳：《粤港澳大湾区高水平人才高地制度体系建构研究》，《杭州师范大学学报》（社会科学版）2022 年第 3 期。
④ 卞德龙、汪祥波、王聪等：《推动粤港澳三地专业人士交流合作》，《南方日报》2022 年 3 月 7 日第 A06 版。
⑤ 粤仁轩：《建设粤港澳大湾区高水平人才高地》，《中国组织人事报》2023 年 5 月 31 日第 3 版。
⑥ 贺林平：《人才融湾入城产业向新而行》，《人民日报》2024 年 4 月 23 日第 19 版。
⑦ 刘若水：《河南省建设"人才高地"的发展路径研究》，《人才资源开发》2018 年第 3 期。

可操作性的对策与措施，为沈阳打造人才高地，实现沈阳工业振兴提供一些借鉴。① 福建地区结合地理优势建设海峡西岸人才高地，吸引台湾精英人才来大陆发展，通过设立闽台专家产学研合作资金，对闽台专家合作开展技术攻关、技术转移、学术交流等活动，给予一定的专项经费支持；对台湾专家申请或与该省专家联合申请科技项目的，给予优先立项；聘请台湾专家到相关机构担任顾问。② 广西致力于打造人才小高地，桂林电子科技大学瞄准广西重点产业和战略性新兴产业，着力培引并举筑就人才新高地，不断激发人才能力潜力活力，一大批科研成果纷纷转化和应用，持续助力广西工业振兴。③ 成都以西部人才高地为发展战略，深入实施人才强市战略，加快建设全国创新人才高地，为做强成渝地区双城经济圈、全面建设践行新发展理念的公园城市示范区提供坚实的人才支撑。④

2. 区域人才高地研究内容

区域人才高地的研究内容主要涉及以下几个方面：（1）建立健全人才体制机制。董小平提出要健全"赋权增能自主"型人才管理机制。建立"自由畅通开放"型人才竞争机制。⑤（2）推进人才引进。许慧玲提出要牢固确立人才资源是第一资源的观念，广开渠道吸纳人才；要在已有的重奖科技人才的政策基础上，进一步出台引进优秀人才的政策，敞开国门吸纳人才。⑥（3）构建人才科研创新平台。顾璟提出，创新平台是落实创新驱动发展战略的重要载体、物质支撑与有力保障。因此，政府要鼓励地方不断升级科技创新平台，聚焦打造人才高地所需的资源和设施等。⑦

---

① 李思华、柳叶：《打造沈阳人才高地的对策研究》，第十五届沈阳科学学术年会，中国辽宁沈阳，2018 年 6 月。

② 谢开飞、宁宇：《福建重金打造海西"人才高地"》，《科技日报》2010 年 2 月 5 日第9 版。

③ 王再新、胡小敏、冼欣宜：《筑人才高地 聚创新活力》，《广西日报》2021 年 12 月 14日第 11 版。

④ 四川省成都市委人才办：《四川成都：加快建设全国创新人才高地》，《中国人才》2022年第 12 期。

⑤ 董小平：《高教体系人才高地建构及治理方式》，《中国高等教育》2022 年第 7 期。

⑥ 许慧玲：《实施人才发展战略与构筑人才高地》，《南京社会科学》2002 年第 1 期。

⑦ 顾璟：《创新驱动发展战略背景下江苏省人才高地建设的成效、困境与优化策略》，《高校教育管理》2022 年第 6 期。

（4）发展完善人才培养。薛冬指出，通过吸引和培养人才，可以实现一流的创新工作，构筑一流的人才高地，为国家的发展凝聚更多人才。①（5）创造优秀环境。邱丹逸等提出，在国际和区域间的人才竞争中，吸引人才靠的是优良的自然环境、良好的经济环境和优惠的政策措施，而使用人才最根本的是创造一种人人追求卓著、事事追求创新的文化氛围和环境。②（6）进行产学研结合。李石纯、杨婧提出要支持高校整合学校、行业企业、产业园区优质资源，重点促进人才培养供给侧和产业发展需求侧结构要素全方位深度融合。③

3. 多元化人才高地研究

在区域人才高地研究的大背景下，多元化人才高地研究也逐渐丰富，包括不同行业、不同产业的人才高地建设，不同机构的人才高地建设等。

赵惠芳等提出我们需要在高新技术产业建立一个"人才高地"，以确保高新技术产业的人才优势。④ 田建国指出文化决定着一个国家、民族的生死存亡。大学作为巨大的思想宝库和人才宝库，通过学术研究、文化传播对整个社会产生深远影响，我们应当把大学建成全社会的文化高地、人才高地。⑤ 管培俊指出要以人才引领发展理念建设教师队伍人才高地，建设高素质教师队伍是实现人才引领发展、创新驱动发展的国家战略。⑥ 张梅指出，推进上海金融人才高地建设需要解决宏观和微观两个层面的问题，推进金融人才高地建设。⑦ 朱迪指出，在报业中，人才是文化生产率中起决定性的因素。任何一家报业集团，在发展过程中，

---

① 薛冬：《人才培养计划：构筑一流人才高地》，《光明日报》2003 年 2 月 21 日。

② 邱丹逸、袁永、胡海鹏等：《国内外建设创新人才高地的经验与启示》，《科技与创新》2018 年第 8 期。

③ 李石纯、杨婧：《为加快建设世界重要人才中心和创新高地贡献高校力量》，《中国高等教育》2022 年第 7 期。

④ 赵惠芳、吴为进：《重视"人才高地"的层次需要——对消除高新技术产业人才结构性矛盾的思考》，《中国高教研究》2003 年第 9 期。

⑤ 田建国：《深入贯彻"三个代表"把大学建成人才和文化高地》，《中国高等教育》2003 年第 12 期。

⑥ 管培俊：《以人才引领发展理念建设教师队伍人才高地》，《教育研究》2022 年第 9 期。

⑦ 张梅：《推进上海金融人才高地建设中存在的问题和对策分析》，《上海综合经济》2001 年第 9 期。

面临的首要问题还是人才的匮乏问题。必须认识到人才问题的战略性，把这项工作放到战略地位来抓，强调机制建设，把人才队伍建设落到实处。① 在电力行业、新闻出版业、农业、历史、儒学、行星科学、体育等方面也都有进行人才高地建设的研究内容。

　　有关机构人才高地研究，高校人才高地建设被给予很大关注，陈慧青指出人才高地建设逐渐成为高校实现高质量内涵式发展的根本保证，也是高校对接区域和行业、支撑创新驱动发展战略、服务经济社会发展的客观需要，高校人才高地结构是涉及人才道德、品质、学识、素质、能力、创新等诸要素比例及其构成的综合体。② 田刚提出粤港澳大湾区人才高地、世界科学中心建设，很重要一点是发展高水平大学，后者在培养人才、凝聚人才、科技创新中都发挥着很大的作用。③ 医院也是人才高地建设的重点方向，吴正一等指出，人才培养的关键是人才梯队的建设。高层次人才不一定能成为高层次学科带头人，但高层次学科带头人必须是高层次人才，一个高素质的学科带头人，往往能够团结一群，带动一片。④ 徐建国认为，增强企业创新能力，关键是人才，通过产学研结合，帮助企业打造人才高地，促进企业的发展。⑤

（二）人才高地比较研究

　　人才高地比较研究主要包括国内外人才高地比较研究，国内不同人才高地比较研究等。王通讯通过观察世界人才高地，分析了我国对于人才高地的建设方向，比较了是搞攻关式科研，还是搞从容式科研？是设立人才统一标准，还是主张人才无定式等人才政策。⑥ 薄贵利分析提出世界级人才高地和国家级人才高地的区别，认为例如美国硅谷等世界级

　　① 朱迪：《探索构建高素质新闻人才高地——宁波日报报业集团人才队伍建设调查》，《新闻与传播研究》2009 年第 4 期。

　　② 陈慧青：《高校人才高地结构设计的思路及对策》，《中国高等教育》2022 年第 7 期。

　　③ 刘如楠：《中国科学院院士、大湾区大学（筹）负责人田刚　大湾区人才高地、世界科学中心建设如何发力?》，《中国科学报》2022 年 12 月 20 日第 4 版。

　　④ 吴正一、张志愿、冯漪等：《构筑医院学科建设和人才培养高地的实践与思考》，《中国医院管理》2009 年第 11 期。

　　⑤ 徐建国、赵永新、喻思娈：《让企业成为科技人才高地》，《人民日报》2013 年 2 月 27 日第 2 版。

　　⑥ 王通讯：《世界人才高地观察报告》，《中国人才》2013 年第 5 期。

人才高地，是能够在科技创新、产品研发和产业变革中引领世界潮流的人才密集区。我国目前的人才高地尚未达到如此层次，只属于国家级人才高地，需要进一步深化改革，向世界级人才高地发展。①

近几年来，对粤港澳大湾区人才高地建设的比较研究，是一个热门的研究领域。孙殿超（2022）等分析对比了粤港澳大湾区 11 个城市"十一五"至"十三五"时期科技创新人才的规模、密度、聚集指数、空间自相关性刻画其空间分布特征，提出了优化粤港澳大湾区科技创新人才分布格局，建设粤港澳大湾区科技创新人才高地的对策建议。② 赵明仁等指出粤港澳大湾区的受高等教育人才比例明显偏低，仅占常住人口的 24%，而旧金山湾区本科及以上的人口比例达到 46%，纽约湾区为42%，东京湾区也达到 37%。这表明粤港澳大湾区高水平人才，特别是创新人才在现有人才结构中的比例偏低。从企业创新来看，中国目前的独角兽企业数量已与美国并驾齐驱，但粤港澳大湾区数量较少。湾区的国际人才缺乏，软环境建设也不足。③ 黄崴通过分析世界著名的大学联盟，建议粤港澳需要建立大学合作联盟，建立健全联盟合作发展体制机制，打造高水平科学研究和创新人才培养高地。④ 郑永年通过比较分析中美的金融体系，提出能不能通过协同粤港澳大湾区的资源，通过粤港澳大湾区的融合发展，以香港特区为中心，构建出像华尔街那样的金融体系，发展具有中国特色的风投体系，与华尔街相竞争。⑤

三　研究不足与展望

我国人才高地研究，目前主要的研究方向集中在区域人才高地研究、行业人才高地研究、不同单位人才高地研究等，主要探讨在人才高地建

---

① 薄贵利：《论打造世界级和国家级人才高地》，《中国行政管理》2019 年第 6 期。

② 孙殿超、刘毅：《粤港澳大湾区科技创新人才空间分布特征及影响因素分析》，《地理科学进展》2022 年第 9 期。

③ 赵明仁、柏思琪、王晓芳：《粤港澳大湾区高水平人才高地制度体系建构研究》，《杭州师范大学学报》（社会科学版）2022 年第 3 期。

④ 黄崴：《建立粤港澳大学联盟——打造世界高水平科研和人才培养高地》，《高教探索》2016 年第 10 期。

⑤ 郑永年：《人才高地建设与中国的科技现代化》，《中国科学院院刊》2022 年第 12 期。

设中的途径和对策，其次也对人才高地建设中的困境进行了分析，总结了建设人才高地过程中面临的挑战。

（一）研究不足

第一，人才高地辐射效应研究不足。人才高地辐射发展的实际实施和研究有限。下一步需要继续探讨如何通过相应政策将人才高地发展的效应延伸到周边地区，帮助更多区域共享发展成果，推动其他地区和行业人才高地建设。这将有助于实现我国共同富裕的宏伟目标。

第二，过度强调客观指标。目前的研究往往偏重制度、政策、福利、平台建设等客观指标。虽然这些方面很重要，但不同城市人才引进资金等客观条件的差异可能会阻碍经济欠发达地区和吸引力较弱的产业的人才高地发展。研究者应多关注研究创新氛围、文化价值观、情感联系、生活方式节奏等软指标，实现城市和产业价值最大化，更重要的是，影响人才内在动机的文化因素对可持续发展至关重要。

第三，研究比较分析与整合有限。当前研究缺乏对国际层面人才高地发展经验研究的深入比较分析与整合，相关研究内容并不占据研究的主流位置，没有获得足够的关注。对于人才高地建设来说，借鉴国际人才高地建设的经验，可以获得宝贵的经验教训和实践效果，通过对比和反思，能够促进我国人才高地的发展。

（二）研究展望

第一，探讨人才高地的辐射效应。虽然我国现有的国际级人才高地积累了成功经验，促进了地方发展，但人才高地辐射发展缺乏实践研究。要研究落实促进发展成果共享的政策，促进其他地区和行业人才高地建设，实现中国共同富裕。

第二，从硬指标转向软指标开发。制度、政策、平台等硬指标固然重要，但客观条件的差异可能会阻碍经济欠发达地区和吸引力较弱的产业的人才高地发展。因此，未来的研究应强调研究创新氛围、文化价值观、情感联系和生活方式节奏等软指标，以实现人才高地发展中城市和产业的价值最大化。

第三，拓展比较分析研究。未来的研究前景可以涉及对国际人才高地发展经验进行深入的比较分析和整合。借鉴国际实践，可以借鉴宝贵的经验教训和最佳实践，促进我国人才高地的发展。

第四，区域发展目标研究。中国不同地区对人才高地建设有不同的发展目标和方向。在北京、上海、粤港澳大湾区等重点地区重点开展国际人才高地建设的同时，中国其他地区和城市也在因地制宜制定人才高地政策。未来研究可以探讨不同地区在人才高地建设方面的具体发展目标和战略。

第五，人才高地建设过程中面临的挑战。通过识别和应对这些挑战，未来的研究可以为克服障碍和最大限度地发挥人才高地在促进区域和国家发展方面的潜力提供见解。

国内粤港澳大湾区人才高地建设研究综述

——基于 CiteSpace 的文献图谱分析

邓志洲

（广东财经大学人力资源学院）

摘要：人才问题至关重要，粤港澳大湾区人才高地的建设对于推动区域创新发展、提升国际竞争力及实现经济高质量发展具有决定性作用。本文以中国知网（CNKI）数据库中关于"粤港澳大湾区人才高地建设"的期刊论文为样本，运用 CiteSpace 可视化软件进行深入的文献计量分析。研究揭示，当前该领域的学者和研究机构主要集中在广东省内，研究学科以管理学（人才学）和劳动经济学为主流，研究热点涵盖人才引进政策、人才评价体系以及国际科技创新中心对人才的需求等方面。展望未来，该领域在研究内容、视角和方法上均存在广阔的拓展空间。

关键词：粤港澳大湾区；人才高地；文献计量法；图谱分析

粤港澳大湾区人才高地是指在粤港澳大湾区内形成的一个高水平人才聚集区，这里不仅汇聚了大量的一流人才，还为他们提供了良好的发展环境和创新平台。这一区域通过优化人才政策、提升服务水平、完善配套设施等措施，吸引和留住了全球范围内的优秀人才，为粤港澳大湾区的经济社会发展提供了强有力的人才支撑。粤港澳大湾区作为中国最具创新活力的区域之一，加快建设高水平人才高地对于提升其基础研究、交叉科学的实力与水平至关重要。此举将有助于弥补人文社科领域的短板，实现区域可持续安全与发展，进而推动世界科学中心的建设。目前，国内学术界已有多位学者从不同研究角度、研究内容和研究方法对粤港澳大湾区人才高地建设进行了不同程度的探索，并取得一定的研究成果。然而，目前还没有研究对过往的这些研究成果进行系统性的梳理。本研究利用基于 CiteSpace 软件的文献图谱分析技术，对国内关于粤港澳大湾区人才高地建设方面的相关文献进行整理与分析，旨在为今后的研究和实践提供有益的借鉴和启示。

一　研究方法

（一）文献来源与整理

本文的数据来源于中国知网（CNKI）学术期刊库，我们运用了高级检索功能，以"粤港澳大湾区人才高地建设"作为核心主题词，设定 2024 年 4 月作为检索的时间上限，对于期刊来源则保持开放，不设置特定限制。经过细致的检索与筛选，共检索到 153 篇相关文章。为确保研究的严谨性和文献的质量，我们进一步排除了重复发表的文献以及会议访谈类文章，最终精选出 55 篇高质量、具有代表性的文献样本（请看附录）作为本文的研究基础。

（二）文献分析

本研究所开展的文献计量分析是基于可视化软件 CiteSpace（网址：https://citespace.podia.com）来进行的。CiteSpace 凭借其卓越的性能和广泛的认可度，成为当前学术界中的文献计量与图谱绘制研究以及综述类文章的写作中的常用分析工具。本研究在对粤港澳大湾区人才高地建设的研究论文进行整理后，运用 CiteSpace 来绘制相关主题的可视化图谱，并构建出围绕作者、研究机构以及研究关键词的网络图，从而为我们提供了一个客观、全面的视角来理解目前粤港澳大湾区人才高地建设的研究现状以及未来发展方向。

二　研究结果

（一）对文献的描述性分析

1. 文献发文量时序分析

一般认为，学术论文的发表数目是评估某一学术领域受关注程度及发展趋势的关键指标。在统计粤港澳大湾区人才高地建设的每年发文量时，我们发现其研究热度整体呈现平稳态势。具体而言，如图1所示，从2019年至2024年（截至3月份）的论文发表情况如下：2019年发表了10篇论文，2020年略有减少至6篇，随后在2021年回升至9篇。值得注意的是，从2022年开始，这一领域的发文量出现了小幅增长，当年达到了15篇，2023年继续保持在12篇的水平。然而，尽管有所增长，但增幅并不显著，表明粤港澳大湾区人才高地的研究在学术界保持着相对稳定的关注度。

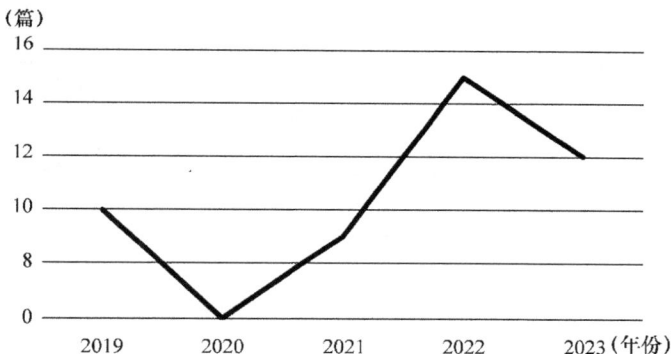

图1　粤港澳大湾区人才高等建设研究的发文量随时间变化的趋势

2. 文献作者与机构分析

在团队合作分析方面，我们利用 CiteSpace 软件对文献的作者以及所在的研究机构进行了共现分析并分别生成了对应的作者共现图谱（图2）和研究机构共现图谱（图3）。在图2中，节点的大小直观地体现了作者在该领域的影响力，而连线的粗细则直接反映了作者间合作关系的紧密程度。

图2中的整个网络呈现出一种较为集中的分布趋势，作者间的合作方式比较多样化，表现为单点（无合作）、两点一连线以及多点之间存在多连线等方式。总体而言，少部分的关键作者具有较多连线，表明这些作者的合作比较活跃。另外，如图3所示，对于我们分析的39个研究机构，连线数量（13条）则较少。研究机构的合作网络显得比较零散，

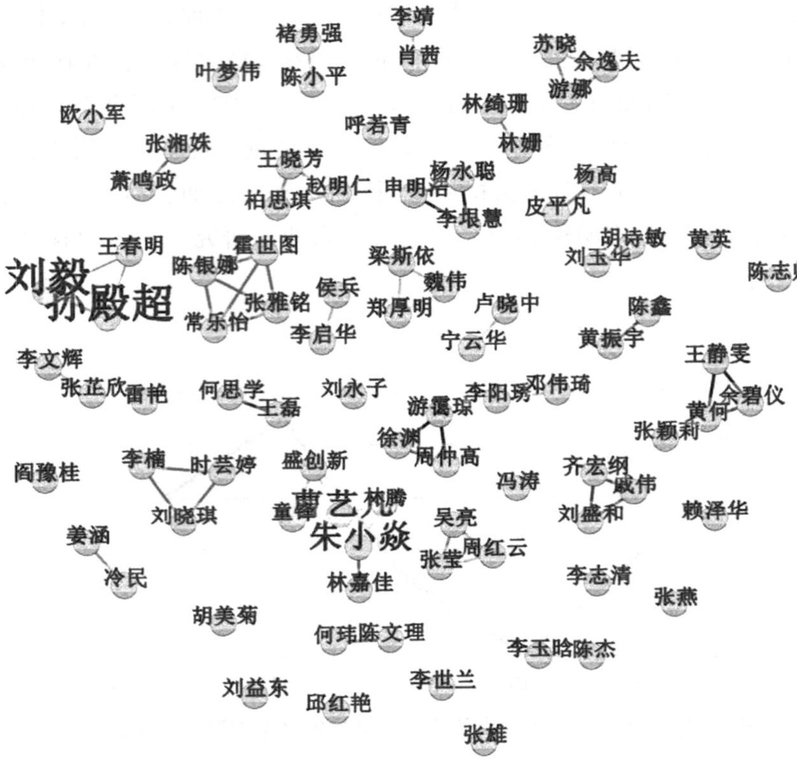

图 2   作者共现图谱

缺乏明显的聚类或者集群。跨机构之间的合作只存在于少数几个机构之间进行，其余大部分研究机构并没有开展学术合作。总的来说，不同研究人员之间的学术合作比较活跃，但合作主要局限在同一个研究机构内部，而研究机构之间的合作意识还需要进一步加强。

3. 文献学科的描述性分析

对粤港澳大湾区人才高地建设研究领域的学科分类进行深入剖析，不仅有助于我们把握当前的研究热点，还能揭示论文所运用的研究方法、作者的研究视角以及研究成果的主要归属领域。如图 4 所示，该领域的研究已广泛覆盖经济、金融、教育与文化等多个学科领域。进一步观察学科分布结构，我们发现不同学科领域的文献数量存在显著差异。具体

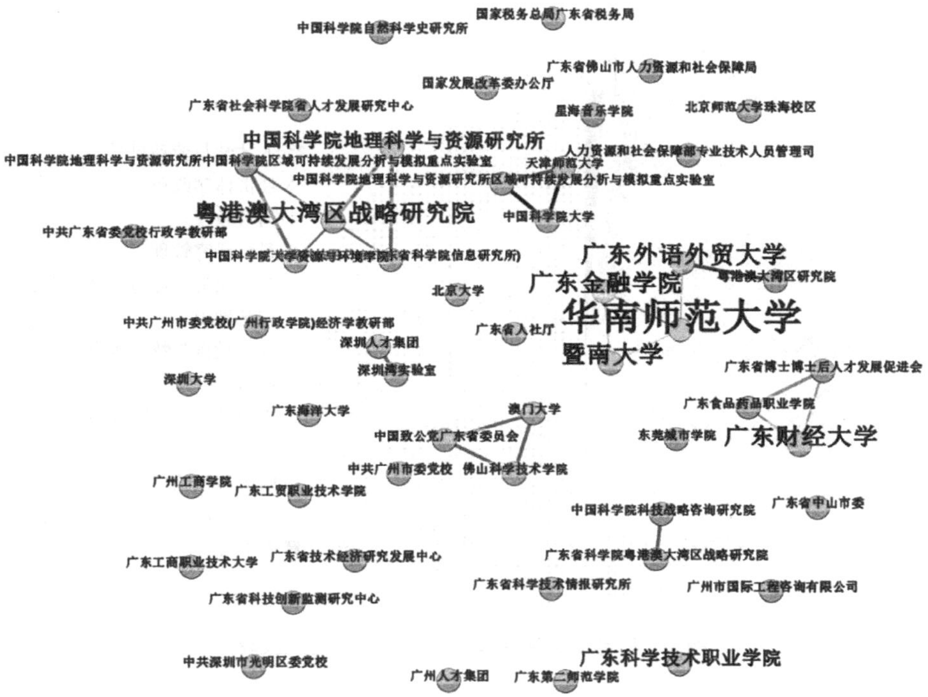

图 3　研究机构共现图谱

来说，人才科学与劳动科学领域的研究文献占据了主导地位，共计 46 篇，紧随其后的是经济体制改革领域，文献数量为 16 篇。相比之下，其他学科如高等教育、科学研究管理以及中国政治与国际政治等领域的文献数量则相对较少。这种分布情况既反映了人才科学与劳动科学在经济社会发展中的重要地位，也意味着这是当前研究的重点方向。

（二）研究热点与趋势分析

1. 关键词共现分析

论文的关键词一般是表达论文主题或者核心内容的词语或者短语。因此，我们可以通过关键词来考察粤港澳大湾区人才高地建设的相关研究热点。我们借助 CiteSpace 软件，提取了 2019 年至 2024 年间粤港澳大湾区人才高地建设研究的文献中频次超过 2 次的关键词，绘制出这些关

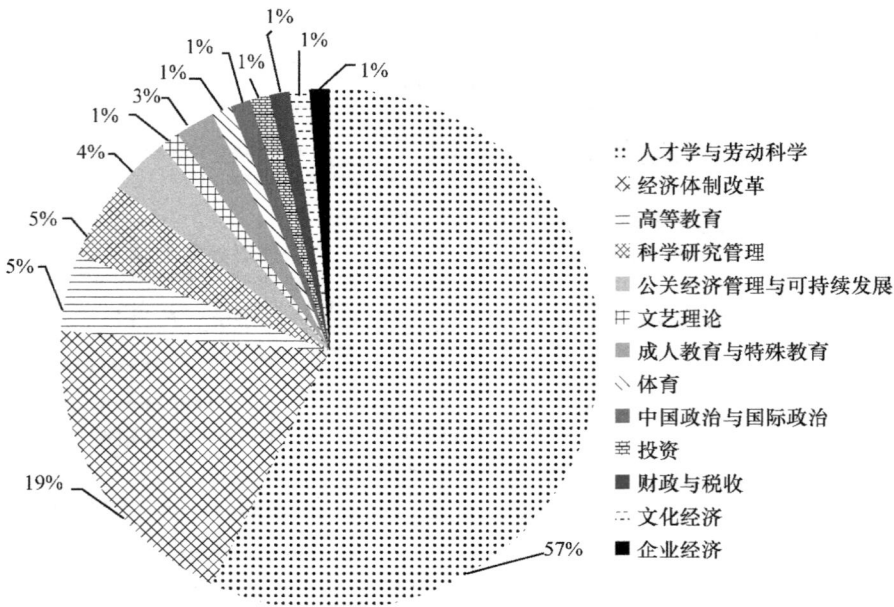

图 4 粤港澳大湾区文献的学科分布发展趋势

键词的共现网络图谱（图 5）。此图谱共包含 40 个节点（代表了不同的研究焦点），以及 40 条连接线（反映了这些焦点之间的关联程度），整体网络密度为 0.05。在图 5 中，汉字词语的视觉大小直接反映了其在文献中被引用的频次，即词语越大，表示所对应的文献被引用的次数越多。另外，关键词节点之间的连线宽度反映了文献之间的关联程度，线条越宽，意味着文献之间的联系越紧密。在这个图谱当中，"人才高地"这个关键词的视觉大小最为突出，说明对应文献被引用次数最多，这个研究主题最为热门与重要。此外，"人才引进""人才聚集""人才""影响因素""人才激励""政策分析"等关键词频繁出现，且与"广州""深圳""香港特区"等地理标志紧密相连，这些共同构成了当前该领域的研究热点词汇，揭示了研究的焦点方向和地域特色。

2. 关键词聚类分析

基于粤港澳大湾区人才高地关键词共现网络图谱，我们在 CiteSpace 软件中进一步生成了自 2019 年以来的关键词聚类可视化图谱（见图 6）。

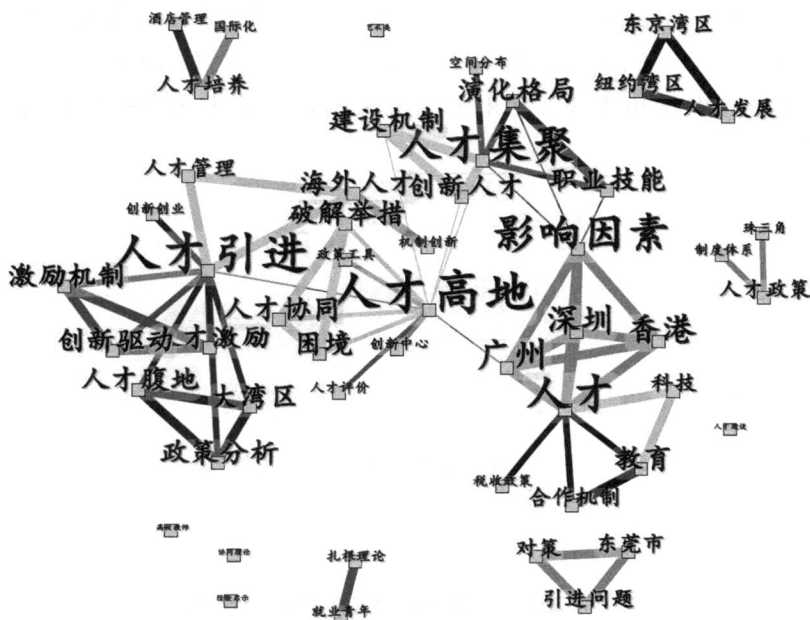

图 5　粤港澳大湾区人才高等建设研究的关键词共现网络图谱

聚类分析精准地揭示了我国粤港澳大湾区人才高地建设研究领域的热点问题现状。

　　借助聚类分析的结果，并结合现有文献的深入研究，我们提炼出了四个主要的聚类标签："人才引进""国际科技创新中心""人才聚集"和"人才评价"。首先，粤港澳大湾区人才高地的研究热点之一是人才引进政策的制定。这包括如何设计更具吸引力的人才引进策略，以及如何确保这些政策的有效执行，以推动粤港澳大湾区的人才聚集和发展。其次，研究也聚焦于粤港澳大湾区作为"国际科技创新中心"的人才条件。这里的关键在于探讨政府应如何制定人才政策，以支持科技创新中心的建设，并推动粤港澳大湾区的科技创新和产业升级。再次，粤港澳大湾区的人才聚集机制也是研究的热点之一。这涉及如何构建有效的整体协同机制、如何确保法律法规的顺畅衔接，以及如何实现人才、资本、技术等要素的自由流动。最后，粤港澳大湾区建设的人才评价研究也受到了广泛关注。这包括如何构建科学、全面的人才素质评价体系，以及如何利用这些数据来绘制人才地图，为政策制定和人才管理提供有力支持。通过这四个方面的研究，我们可以更全面地理解粤港澳大湾区人才高地建设的现状和挑战，为未来的政策制定和学术研究提供有价值的参考。

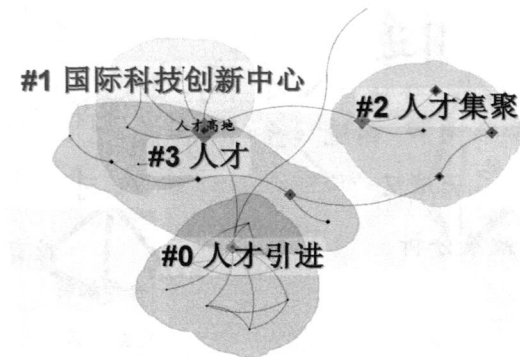

图 6　粤港澳大湾区关键词聚类可视化图谱

三　讨论

本研究运用 CiteSpace 软件对 2019 年至 2024 年间国内关于粤港澳大湾区人才高地建设的文献进行多个角度的计量分析，涵盖了发文量趋势、论文学科分类情况、论文作者共现、研究机构共现以及关键词共现等内容。以下是我们的主要发现。

第一，在粤港澳大湾区的研究作者和研究机构方面，依据相对应的共现图谱可以发现，有中等数量的研究者聚焦于人才高地建设研究。另外，少数几个研究机构之间存在学术合作，其余的研究机构之间的学术合作较少。不同研究者之间的学术合作主要集中在同一个研究机构内部，跨机构的合作现象较少。从地域上来看，当前研究机构主要集中在广东省内，比如粤港澳大湾区战略研究院，以及省内的高等教育机构，其中华南师范大学、暨南大学、广东财经大学和广东外语外贸大学等高等院校尤为突出，这些成为粤港澳大湾区人才高地研究的重要力量。

第二，对粤港澳大湾区人才高地建设研究的文献类别进行梳理后，我们发现大部分文献集中在人才学与劳动科学领域，跨学科的研究成果不多。这意味着目前粤港澳大湾区人才高地研究的视角还不够多样化，与新兴学科，比如人工智能、大数据分析以及数字经济等学科的交叉融合需要进一步加强。

第三，关于粤港澳大湾区人才高地建设的研究趋势，从文献的学科分布发展趋势图和研究热点时区图中可以鲜明地看出，研究内容正持续扩展，不再局限于人才与劳动经济领域，而是广泛涉猎政治、法律、社会、文化、艺术等多个领域。研究的视角也呈现出多样化的特点，既有对特定城市（如深圳、广州、香港特区等）的"政策分析"，又有对人才"合作创新"机制的探讨，以及人才激励机制的研究等多个层面。这些趋势均表明粤港澳大湾区人才高地建设的研究正在向更为全面、深入的方向发展。

四　研究展望

总的来说，我国在粤港澳大湾区人才高地建设方面的研究已取得不错的初步成果，然而就研究的覆盖范围与深入程度而言，仍需进一步扩展与深化。我们认为未来研究可从以下几个研究路径来进行强化与完善。

首先，在研究内容上，我们需要重视以及加深对粤港澳大湾区人才高地建设的相关行政规则与制度如何设计与建设的探讨。这就要求我们从制度创新的角度出发，强化顶层设计，确保各项制度能够更有效地支撑粤港澳大湾区人才高地建设。同时，我们也应当认识到，粤港澳大湾区人才高地建设是一项全方位、复杂的工程。因此，研究领域必须更加多样化，以综合剖析粤港澳大湾区融合与发展的各种方式，从而有效促进地域间的全要素流动。

其次，在研究视角上，我们应当追求更为丰富和均衡的跨学科研究。当前，管理学、人才学和劳动经济学在粤港澳大湾区的研究中占据主导地位，而其他学科如法学、教育学、地理学等虽然有所涉猎，但其研究的深入程度还需要进一步提高。另外，鉴于粤港澳大湾区作为我国"'一国两制'三法域"的特殊区域，以及作为"国际科技创新中心"的定位，构建一个与之相适应的法治化环境和人才引进制度，对于突破当前人才高地建设的障碍至关重要。因此，未来研究需要加强这些重点学科的研究投入，结合更多元的跨学科视角，以促进粤港澳大湾区人才高地的建设与发展。

再次，在研究方法上，当前的文献分析主要集中在作者、研究机构以及关键词方面的量化分析，对文献的文本内容缺乏深度的挖掘。文献分析法作为一种针对已有研究资料进行的"二手分析"，较难对某些特定的问题开展研究，比如不同地区的人才高地建设对比。未来研究可采用问卷调查等方法，对粤港澳大湾区不同城市的现状开展调研并提出针对性的人才高地政策建议。

最后，粤港澳大湾区作为国家发展蓝图的关键组成部分，迫切需要吸引来自粤港澳大湾区以外的科研单位及学者的更多关注与贡献。与此同时，学者与科研单位间应当深化协作关系，强化跨学科、跨组织的紧密联系。这样的学术合作模式旨在高效整合多方面的优势资源，提升学术研究的品质与深度，进而为粤港澳大湾区人才高地的构建奠定坚实的理论基础与清晰的发展路径，推动粤港澳大湾区迈向更高层次的发展阶段。

附　录

论文题目	被引次数	作者	所属机构
《粤港澳大湾区科技人才集聚路径类型与演变逻辑研究》	0	吴凡、李明阳、王泽锋	广西大学
《粤港澳大湾区建设高水平人才高地的关键——以一流人才体系为中心》	1	刘益东	中国科学院自然科学史研究所
《广东：做强人力资源服务业 建设粤港澳大湾区高水平高地》	0		广东省人社厅
《推动南沙打造粤港澳大湾区高水平人才高地示范区的思路与对策研究》	0	侯兵、李启华	广州市国际工程咨询公司
《粤港澳大湾区高水平人才高地建设若干问题探讨》	0	欧小军	广东第二师范学院

续表

论文题目	被引次数	作者	所属机构
《粤港澳大湾区人才协同发展：困境与对策》	0	褚勇强、陈小平	广东财经大学
《粤港澳大湾区创新人才高地建设机制探索》	1	张燕	广东科学技术职业学院
《高等教育集群何以促进人才高地建设——基于粤港澳大湾区与旧金山湾区的比较》	1	卢晓中、宁云华	华南师范大学
《打造高端科创人才的青年后备军——关于广东建设粤港澳大湾区博士后人才高地的思考》	0	魏伟、梁斯依、郑厚明	广东财经大学、广东食品药品职业学院
《人才高地建设的经验与启示：从粤港澳人才合作示范区到粤港澳大湾区》	1	陈杰、李玉晗	广东省科技创新监测研究中心
《粤港澳大湾区引进外籍战略科学家的问题与对策》	0	曹艺凡、盛创新、童锋	暨南大学
《粤港澳大湾区高水平人才高地建设面临的问题及应对策略》	0	朱小焱、林腾、曹艺凡	广东金融学院、华南师范大学、暨南大学
《粤港澳大湾区科技创新体系整体效能提升研究》	1	范晔	中山大学
《关于粤港澳大湾区（内地）紧缺人才发展问题的思考》	0	肖茜、李靖	中国人力资源和社会保障部专业技术人员管理司
《引育留"三轮驱动"服务粤港澳大湾区人才高地建设使命》	0		广州人才集团
《"互联网+双创"背景下粤港澳大湾区职业院校先进制造业人才国际化培养研究》	0	吴亮、周红云、邢军、张莹	广东工贸职业技术学院
《粤港澳大湾区科技创新人才空间分布特征及影响因素分析》	15	孙殿超、刘毅	粤港澳大湾区战略研究院、中国科学院大学
《增强粤港澳大湾区人才高地的辐射带动作用——基于深圳人才集团的市场化改革实践》	2	游娜、苏晓、余逸夫	深圳人才集团、深圳湾实验室

续表

论文题目	被引次数	作者	所属机构
《粤港澳大湾区建设下东莞市创新型人才引进问题研究》	1	呼若青	东莞城市学院
《粤港澳大湾区高校教师地理空间流动分析》	0	李阳琇、邓伟琦	华南理工大学附属实验学校、广东金融学院
《建设粤港澳大湾区高水平人才高地的经验借鉴——基于〈2021年全球人才竞争力指数〉分析》	1	刘永子	广东省科学技术厅
《国际化视野下珠海打造粤港澳大湾区国际化人才培养高地建设提升路径》	0	冯涛	广东科学技术职业学院
《粤港澳大湾区建设背景下珠三角地区人才政策研究》	1	邵任薇、林姗、林绮珊	广东外语外贸大学、华南师范大学
《粤港澳大湾区高水平人才高地制度体系建构研究》	4	赵明仁、柏思琪、王晓芳	深圳大学
《创新机制集聚海外人才 助推建设粤港澳大湾区高水平人才高地》	4	黄小彪、胡诗敏、刘玉华	致公党广东省委员会、澳门特区大学、佛山科学技术学院
《构建与大湾区国际科创中心匹配的人才高地》	0	冷民、姜涵	中国科学院科技战略咨询研究院、粤港澳大湾区战略研究院
《粤港澳大湾区人才建设经济贡献率及其影响因素研究》	0	李文辉、张芷欣	华南师范大学
《粤港澳大湾区科技创新人才政策演化特征及关系网络分析》	4	孙殿超、刘毅、王春明	粤港澳大湾区战略研究院、中国科学院大学，广东省科技图书馆
《优化粤港澳大湾区科技创新人才评价体系的对策分析》	2	孙殿超、刘毅	粤港澳大湾区战略研究院，中国科学院大学
《广州打造粤港澳大湾区人才高地的思考》	2	李世兰	中共广州市委党校
《粤港澳大湾区建设人才高地的形势和对策》	2	邱红艳	华南师范大学

续表

论文题目	被引次数	作者	所属机构
《加快推进粤港澳大湾区人才高地建设》	2	萧鸣政、张湘姝	北京大学
《粤港澳大湾区背景下高层次人才引进影响因素与机制研究》	2	胡美菊	广东工商职业技术大学
《以艺术类人才为例，浅谈粤港澳大湾区人才高地建设》	0	林嘉佳、朱小焱	华南师范大学、广东金融学院
《粤港澳大湾区人才高地建设中的问题及对策建议》	11	李楠、刘晓琪、时芸婷	广东外语外贸大学
《助推区域人才高地建设探究——基于粤港澳大湾区珠三角九市已就业青年择业影响因素》	0	陈银娜、张雅铭、霍世图、常乐怡	华南师范大学
《粤港澳大湾区高校音乐人才培养模式现状及改革路向》	2	陈志帅	暨南大学
《高校非学历继续教育服务粤港澳大湾区建设的思考》	4	刘婷	华南理工大学
《粤港澳大湾区建设背景下酒店管理专业人才培养研究》	0	皮平凡、杨高	广东财经大学
《粤港澳大湾区人才集聚的演化格局及影响因素》	40	齐宏纲、戚伟、刘盛和	天津师范大学、中国科学院地理科学与资源研究所、中国科学院大学
《粤港澳大湾区政府人才引进问题及对策研究》	3	黄振宇、陈鑫	广东海洋大学寸金学院
《粤港澳大湾区高等教育协同创新发展对策研究》	2	滕丽、滕小硕	广东财经大学、广东外语外贸大学南国商学院
《粤港澳大湾区人才集聚与空间分布格局研究》	8	张颖莉	中共深圳市光明区委党校
《粤港澳大湾区战略背景下珠三角九市人才引进政策的评述分析》	2	叶梦伟	北京师范大学珠海分校
《借鉴国际湾区成功经验　打造粤港澳大湾区全球人才高地》	2	申明浩、李垠慧、杨永聪	广东外语外贸大学

续表

论文题目	被引次数	作者	所属机构
《助推粤港澳大湾区打造人才高地的税收政策研究》	15	黄英	广东省税务局
《粤港澳大湾区人才协同发展的理论构建与推进策略》	47	周仲高、游霭琼、徐渊	广东省社会科学院
《粤港澳大湾区教育和人才合作机制研究》	35	陈文理、何玮	中共广东省委党校
《粤港澳大湾区背景下高校艺术类高层次人才建设研究》	1	雷艳	星海音乐学院
《粤港澳大湾区打造世界一流创新人才高地的思考》	30	阎豫桂	国家发展和改革委员会办公厅
《国际三大湾区科技人才发展经验对粤港澳大湾区的启示》	20	余碧仪、黄何、王静雯	广东省技术经济研究发展中心
《世界三大湾区人才发展对粤港澳大湾区人才战略高地建设的启示》	9	王磊、何思学	广州工商学院
《粤港澳大湾区如何共筑人才高地》	3	张雄	佛山市人力资源和社会保障局
《借鉴英国创新人才培养经验　打造粤港澳大湾区创新人才高地》	3	李志清	中共广州市委党校

创新驱动发展战略背景下粤港澳大湾区高水平人才高地建设
——以完善区域创新生态为视角*

徐万君[1]　伍　庆[2]

（1. 广州市社会科学院城市国际化研究所；
2. 广州市社会科学院）

摘要： 本研究从完善区域创新生态的角度出发，构建政策体系、金融支持、国际联通、创新氛围及综合服务等要素在内的理论分析模型。通过总结新形势下人才跨境流动的趋势特征，分析粤港澳大湾区建设高水平人才高地的优势机遇及面临挑战等，同时对比分析国内其他创新属性充足的区域引才、聚才、用才的创新举措，并从政策创新、协同发展、拓展网络、营造氛围、提升专业服务能力等五个方面，提出粤港澳大湾区完善区域创新生态、持续提升人才高地竞争优势的对策建议。

关键词： 粤港澳大湾区；人才高地；创新生态

　　深入实施科技创新发展战略是推动经济结构优化、提升核心竞争能力、实现经济高质量发展的关键支撑。在全球化进程失速、全球经济治理格局深度调整的背景下，以科技创新水平的提升强化经济发展的核心原动力显得尤为重要。人才作为知识资本流动的载体，国家间关于人才，

---

　　* 课题项目：广州市哲学社科规划 2023 年度课题 "广州市大力引进海外高层次人才的问题及对策研究"（项目编号：2023GZYB85）。本文感谢中国地理研究学会 "2024 年中国城市与区域管理青年学者论坛" 专家的建设性意见。文责自负。

尤其是科技型人才的竞争变得比以往更加激烈。通过汇聚来自全球范围的科技型人才，推动本国劳动力结构优化、提升科技创新水平、助推产业迭代升级，已成为全球化背景下经济发展的普遍范式。

一 创新生态系统理论内涵、运行机制及经验介绍

（一）理论综述

创新生态系统研究本质上属于组织生态学的一个分支，主要运用生态学的概念、模型、理论和方法对组织结构及其所受环境的影响进行研究。近年来，创新生态系统概念不断发展，国内外学者对其的内涵界定也存在差异。不同的视角下，创新生态系统的范围、运行机制、推动经济增长的方式等均存在差异。学者认为创新生态系统应存在一定的地理边界，根据分析对象的不同可以区分为国家创新生态（Acs et al.，2017）、区域创新生态（Brown & Mason，2017）等。创新生态系统运作良好，则区域内创新及创业活动频繁发生，进而驱动经济增长；而区域内创新资源丰富，也为创新活动的开展提供了基础环境，即创新生态系统和区域经济之间形成了互为因果的关系①。从要素构成上来看，由于研究对象、区域范围等情况不尽相同，创新生态系统的构成要素也存在较大差别。狭义的创新生态系统指的是创新活动发生的外部环境，即区域是否能够提供充足的资金、政策等支持；广义的创新生态系统涵盖了外部环境与创新活动的实施主体两部分的内容，彼此依存、相互影响，共同形成了一个动态平衡体系，通过两个构成部分之间复杂的交互作用，整体上提高区域的科技创新水平②。

（二）创新生态系统运行机制

汇聚资源，助力创新项目良性成长。作为准备行动的创业者或者刚刚成立的新创企业，缺乏在市场上稳定经营的经验、技能、客户联系等

---

① Mack，E.，& Mayer，H.，"The evolutionary dynamics of entrepreneurial ecosystems"，*Urban Studies*，Vol. 53，No. 10，Aug 2016，pp. 2118-2133.

② 周小虎、毕轲：《创业生态系统对海归创业人才效能的影响——以江苏省为例》，《技术经济》2017年第8期。

重要资源，良好稳定的创新生态系统能够在很大程度上解决这一问题。价值交换，促进构成主体协同发展。新创企业识别机会、开发创新项目，实现市场成长的过程中，也在不断与系统内的其他组织进行价值交换，这一过程以创新活动为中心进行整合，从而维系整个创新生态系统的运转。平衡调节，保障区域创新稳定发展。创新生态系统内要构成要素彼此依存，相互影响，有序流动形成动态平衡。在平衡状态下，整个区域范围内创新活动呈现出稳定发展的整体特征。

（三）代表性城市完善创新生态的经验介绍

北京、上海、杭州等国内城市结合自身的城市资源优势，持续出台系列措施，充分发挥政府部门、多元化载体、专业化服务机构与社会大众等主体的作用，不断优化国际人才生活、工作和创业环境，加速集聚国际人才，为其他城市做好新形势下的国际人才工作提供了有益的实践参考和经验借鉴。

1. 北京：依托首都科研资源优势集聚国际人才

北京依托丰富的科技创新资源和全球影响力，各类交流活动在规模、体量和影响力上都具有其他城市不能比拟的优势，城市创新创业氛围优势十分充足。中关村论坛、中意创新合作周、全球能源转型高层论坛、北京国际学术交流季等科技交流活动，打造品牌化国际交流平台，吸引来自全球的高层次人才。其中中关村论坛以"创新与发展"为永久主题，自 2007 年举办首届论坛以来，历经十余年发展，已建设成为全球性、综合性、开放性的科技创新高端国际论坛。论坛聚焦国际科技创新前沿和热点问题，每年设置不同议题，邀请全球顶尖科学家、领军企业家、新锐创业者等共同参与，纵论创新，交流分享，引发各界广泛关注，不断传播新思想、提炼新模式、引领新发展，在全球范围内的高层次人才当中具有广泛影响力。

2. 上海：发挥超量科创资源优势集聚海归人才

上海城市国际化建设步伐走在全国前列，城市经济社会发展成果突出，城市商业气氛浓厚，城市科技水平建设投入规模巨大，集聚国际人才的能力要明显优于我国其他城市。近年来，上海着力推进国家重大基础设施建设步伐，在集聚包括行业领军人才及团队、海外院士等在内的高层次国际人才的同时，也提升了城市在全球前沿科技领域开展科研攻关的软实力。截至 2023 年底，上海市已建成和在建的国家重大科技基础设施 20 个，初步形成了规模位居全球前列、研究类型种类丰富、综合实力强劲的重大科技基础设施群①。新建和集聚了李政道研究所、上海脑科学与类脑研究中心等一批代表世界科技前沿发展方向的高水平科研机构。全球高水平科研机构使得上海在承接全球顶尖科研人才和团队的同时，也提升了相关研究领域对其他层次国际人才的需求，形成了顶尖引领带动的引才模式。

3. 杭州：发挥城市特色产业优势集聚国际人才

杭州在全国率先提出建设数字政府，将政府治理和数字技术深度结合。随着数字化管理措施的不断深化，面向国际人才的各类政务服务也呈现"一体化、精准化、数字化"的趋势。为吸引行业领军人才及团队，杭州组建了一支服务人才的"店小二"（代办员）队伍，实行重点人才服务项目代办，明确代办事项清单，实现便捷快速的精准服务；通过建立信息化人才服务平台，依托杭州党建微平台、服务专窗网上服务平台等信息化手段，打造线上"人才之家"；统筹整合有关人才的服务项目，推出"人才 e 卡（码）通"，为人才提供集成式、智慧化、全流程的优质服务。杭州是互联网头部企业所在地，通过多元化的海外人才创业平台向国际人才创业团队及项目提供丰富的创新资源助力创业企业成长。全球顶尖企业助力城市集聚国际人才成效明显。

二　创新生态系统要素构成及分析

代表性的关于创新生态系统的研究，虽然要素构成数量存在差别，但普遍涵盖政府政策、资金支持、以创新文化为代表的软环境氛围和专业化的服务等四个部分。考虑到国际人才普遍具有双重社会网络、国际化视野和背景，基于前述分析，本研究构建包含政策体系、金融支持、

---

① 《支持国家重大科技基础设施建设发展　保障设施稳定运行和开放共享　上海 14 条新举措服务科技创新》，2023 年 12 月 20 日，上海市人民政府网，https://www.shanghai.gov.cn/nw4411/20231220/1e1c351d7dae4c8d9c2080a05d4b44e7.html。

国际联通、创新氛围及综合服务在内的五维度区域国际人才创新生态系统模型，分析不同构成要素对创业行为的影响。

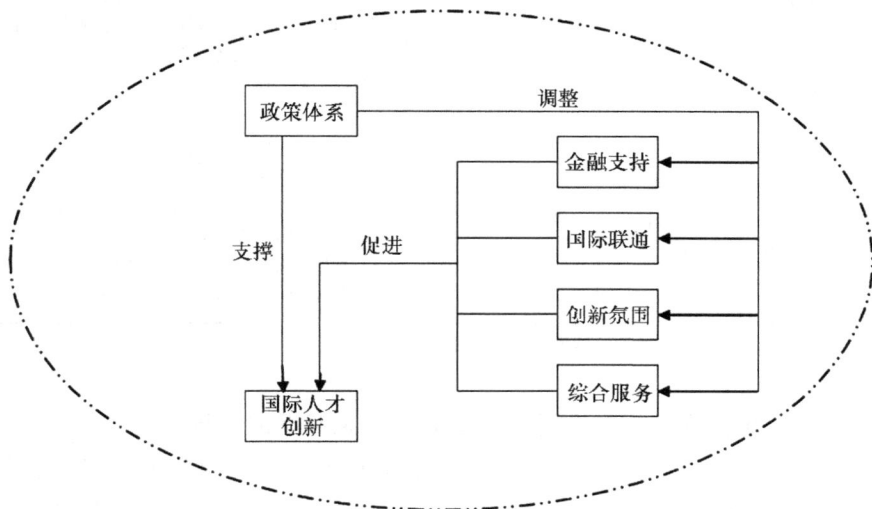

图 1　区域创新生态系统示意

（一）政策体系：优化配置行政资源，动态调整全域要素

政策是影响区域创新活动的关键因素。国际人才，尤其是外籍人才，对本地市场了解不充分，支持政策通过合理的资源配置和有力的执行，为国际人才开展的系列创新活动（包括创业）提供良好的政策支持环境。我国各级政府部门制定并实施了一系列政策措施，鼓励国际人才参与我国经济建设。中央层面政策核心目标是提升整体科技水平，如人力资源和社会保障部制定的"海外高层次留学人才回国资助计划"、中国科学院实施的"引进国外杰出人才计划"等。国家层面的国际人才引进计划面向的多是面向世界科学前沿和国家战略需求，目的是提升国家整体的国际科技影响力。在国家政策的指引下，各级地方政府和用人单位引才项目相继推出，如北京市"海聚工程"、上海市"3100工程"、广东省"珠江人才计划"等，央地两级政策体系形成了吸引潜在国际人才、助力创新水平提升的全方位政策支撑体系，详情见表1。

表 1   央地两级海外引才政策体系

层级	政策目标	引才对象	代表性引才项目
中央	关键领域实现核心技术突破、解决"卡脖子"问题，提升整体科技水平	行业领军人才、海外知名学者等	"海外高层次留学人才回国资助计划"；"中国留学人员回国创业启动支持计划"；"引进国外杰出人才计划"；"创新引智计划"等
地方	以国家政策为指引，结合本区域发展规划，制定相应引才措施	各类海归人才	北京市："海聚工程"；上海市："3100 工程"；江苏省："万名海外人才引进计划"；广东省："珠江人才计划"；广东省广州市："广聚英才计划"；广东省深圳市："孔雀计划"等

资料来源：课题组根据公开政府工作报告整理。

（二）金融支持：资金需求贯穿始终，来源渠道有待拓宽

学术界关于创新生态环境分析体系所涵盖的要素内容差异显著，但金融支持都是不可或缺的组成部分。尽管从中央到地方各层面分别出台了一系列鼓励创新的财政金融支持措施，同时国际人才自身也拥有优异的资源禀赋，但是融资活动对他们来说仍然是首要挑战。资本市场是理性的，在回报率不能得到保证的前提下，仅依靠国际化背景是很难获取资金支持的。从国际人才创业获取资金的来源来看，政策性支持资金的规模小、覆盖面窄、标准严格，并不能从根本上解决资金问题。出于风险控制、资金流动性和成本的考量，对于缺少可抵押的有形资产、资金占用时间较长、对国内商业经济形态缺少了解的海归创业企业，商业性金融机构向其发放贷款的意愿并不强烈。

（三）国际联通：汇聚全球创新资源，保障体系持续运转

国际人才具有双重社会网络的特征，在本地开展创新活动可以通过联通国际创新资源实现核心技术突破、助力初创企业成长。国际联通性是指创新生态系统吸引、汇聚全球范围内的科技、产业资源的能力，特别是能够吸引、汇聚高精尖技术及人才。创新生态系统内各要素之间通过互动实现动态平衡，这个平衡状态是处于动态调整过程中的。国际连通性保证了创新生态系统具有较强的开放性，使得系统能够与外部环境

之间进行资源和信息的交换，通过不断吸收系统外的各类创新资源以保持系统内创新及创业活动的持续运转。创新生态系统吸收到的外部资源和信息，需要有承载能力和空间将其转化利用。在评价地区综合发展能力的硅谷指数中，就把全球链接能力作为考量地区发展与支持创新的重要指标。

（四）创新氛围：提供公共科技服务，开展创业交流活动

区域创新氛围代表城市对创新活动的支持认可程度，对失败的容错能力，是创新生态系统中重要的构成要素。浓厚的创新氛围会吸引国际人才集聚、带动相关产业领域发展，实现区域内高科技人才规模和企业创新活动协同增长，关键技术取得突破、高科技成果产出增加并最终提升城市科技竞争实力。区域创新氛围表现在两个方面：高校和科研院所等创新载体，提供科研空间和设备等硬件设施；各类创新创业活动的场次规模和品牌建设，如创业大赛、国际创新交流节等，展现的是支持创新的整体氛围。近年来为吸引来自全球的创新资源服务本地经济发展，各地纷纷通过开展创新创业大赛、国际创新交流节的方式，优选创业项目，匹配企业需求，提供资金支持，服务初创企业成长等，通过配套媒体宣传、品牌化运营等方式提高知名度，向国际人才展现城市支持创新的创业氛围，从而实现国际人才创业群体集聚。

（五）综合服务：平台汇聚创新资源，中介提供专业服务

由于在海外生活工作多年，国际人才对国内的社会环境和商业生态缺乏了解，开展科研攻关、落地创新项目等存在管理经验不足的问题，在政策、法律、会计审计等方面亟须专业服务。面对国际人才在创新及创业过程中对政策、资金、成果转化、市场拓展等方面的复杂需求，政府提供高效的公共服务尤为重要。建设和完善创业服务平台功能是地方政府服务国际人才创新创业的有效途径。创新活动对细分领域的专业服务具有很高要求，以世界知名的高科技产业集聚区硅谷为例，行业细分现象十分突出，有大量的科技中介组织，如律师事务所、管理咨询机构、人才服务机构等，凭借强大的网络渠道、聚集专业化人才并提供配套服务，帮助科技创新企业获取并配置技术、人才、资本和信息等资源，提高了创新的效率。

三　粤港澳大湾区城市完善区域创新生态的现实实践——广州案例

粤港澳大湾区凭借其独特的制度安排、雄厚的经济实力、突出的科技创新能力及深度融入全球网络的前沿优势，成为国际人才开展创新创业活动的集聚地。作为我国三个国际科技创新中心之一，粤港澳大湾区的全球创新综合排名持续提升，在 2023 年国际科技创新中心指数（GIHI）排名第 6 位，不及北京（第 4 位），优于上海（第 10 位）。粤港澳大湾区城市群制度环境、经济结构、资源禀赋、发展成就等存在较大差异，本部分选取粤港澳大湾区核心增长极之一的广州，介绍其完善区域创新生态、集聚国际人才、助力粤港澳大湾区人才高地建设的实践经验。

（一）政策支撑体系完备，宣传覆盖有待加强

从顶层制度设计到区域发展规划，央地两级政策叠加为广州集聚国际人才带来了充足的政策支撑空间。广州深度融入国家发展大局，服务建设粤港澳大湾区高水平人才高地，在国家和省级政策指引下，结合城市发展规划，制定了一系列引才、用才、留才的政策措施。广州实施的"广聚英才计划"因体系清晰、覆盖面广、支持力度强、成效显著，成为全国各大城市引才计划中最为知名的计划之一。2019 年 6 月，广州市委、市政府发布《关于实施"广聚英才计划"的意见》，一方面优化整合提升产业领军人才、高层次人才支持政策、"人才绿卡"制度、"菁英计划"留学项目等现有市级人才项目；另一方面提出一系列创新举措，重点集聚一批粤港澳大湾区发展需要的高端专门人才，增强人才与现代化经济体系匹配度。

政策效用得以有效发挥的关键在于执行，知名政策学家艾利森曾指出，"在实现政策目标的过程中 90% 取决于有效执行"①。对政策缺乏充

---

① Allison, G. T., *Essence of Decision: Explaining the Cuba Missile Crisis*, Boston: Little, Brown and Company, 1971, p. 176.

分了解一直是影响国际人才来华、归国的重要影响因素。课题组在一项以海归人才为对象的访谈调研中了解到，多位受访的归国留学生表示对相关海归优待政策"不了解/没听说过"，类似问题在诸如杭州、长沙等城市的海归人才中也普遍存在。《2022 中国海归就业创业调查报告》显示，超过六成的受访者认为在计划归国发展的过程中遇到最突出的问题是"不了解当前对海归人才的政策"。在当前关于国际人才竞争已趋白热化的阶段，引才、用才政策已十分优厚，而如何提升政策的知晓度和覆盖面，是各地普遍面临的问题。

（二）资金支持力度大，获得途径有待进一步拓宽

以产业为导向，广州围绕区域重点产业发展规划，为引进行业领先人才、相关项目落地转化提供了种类丰富且具有较强竞争力的财政与金融支持。优化完善区域科技金融服务，已建立起科技型中小企业信贷风险补偿资金池，每年开展科技型中小企业的评价工作，对具有国际化背景（管理团队的国际化背景、市场运营面向海外等）的企业有适当倾斜。通过政府引导的方式撬动社会资本对具有国际化背景的创新创业项目提供资金扶持，设有科技创新母基金、人才引导基金等，在重点发展领域设立子基金，提供专项支持。2023 年南沙国际化人才特区 9 条措施发布，对领军人才、杰出人才、高层次人才创新团队等分别给予不同额度的资金扶持。

而对于创新人才及团队来说，如何精准有效获得资金补贴是一个重要的问题。尤其是在项目落地初期，由于前景尚不明朗，商业机构能够提供的资金支持极为有限。以生物医药科技产业为例，通常具有研发周期长、启动资金需求量大的特征，投资的风险性极高。从资金的提供方来看，如何准确识别创新项目的发展前景，实现财政资金、运作资本的有效利用，也是重要的课题。

（三）国际科技合作渠道丰富，网络覆盖面有待提升

在外部环境不确定性增加，与传统科技大国（如美国、欧盟国家）的合作前景不明朗的背景下，广州积极拓展国际科技合作来源，与俄罗斯、乌克兰、白俄罗斯、新加坡、英国等国家的科技合作不断深化。此外，广州充分发挥民间组织的桥梁纽带作用，采取灵活、多元的模式，与有导向性的地区开展合作，推动重大合作项目落地，促成国际人才来华、归国，在此过程中涌现出了广东科技企业合作促进会（亦即"广东—独联体国际科技合作联盟"，面向东欧独联体国家如白俄罗斯等）等一批代表性的国际科技合作联络机构。

在全球经济发展朝向数字化、绿色化发展的趋势下，与相关领域的研发水平居于全球前沿的国家和地区开展合作，是快速提升行业竞争能力的重要途径。在"一带一路"倡议建设的指引下，我国企业不断拓展海外布局，与共建国家开展科技创新合作，在拓展合作渠道的同时，也能够提升企业的海外运营水平。共建国家范围广泛，不同国家国情差别巨大，企业开展国际合作需要准确识别市场机遇风险，有针对性地开展海外布局。

（四）城市创新氛围浓厚，区域竞争日趋强烈

通过积极搭建创新活动展示平台，举办具有全球影响力的论坛、赛事和交流展示会议，积极对接国际创新资源，吸引国际人才与项目落地开展创新创业活动，形成了广州浓厚的城市创新氛围，如中国海外人才交流大会（海交会）、中国创新创业成果交易会、全国科普讲解大赛等高水平会议活动等。其中，海交会自1998年成立至今已有25年的发展历史，从最初的303人到现在逾50000人的参会规模，从聚焦广州到服务全国、面向全球，从中国留学人员广州科技交流会（留交会）升级为中国海外人才交流大会暨中国留学人员广州科技交流会（海交会），成为中国规模最大、层次最高、影响力最强的海外人才创新创业交流平台。

以创新创业大赛、成果交易会等为代表的活动赛事，已逐渐成为各地吸引集聚国际人才的重要抓手，城市间的竞争愈发激烈。仅粤港澳大湾区内部，除广州之外，深圳凭借创新型城市建设，近年来高规格召开了系列面向全球集聚创新资源的交流活动与赛事，如中国深圳创新创业大赛。此外，连接香港特区的优势又赋予深圳可便利对接香港特区的创新资源，并以此为窗口面向全球延揽人才。

（五）专业服务精准高效，品牌化建设亟待加强

广州近年来加快科技成果转化基地建设、加大赛事交流活动中成果转化环节支撑力度、推进科技企业服务平台建设，为国际人才的科技创新活动提供全方位服务支持。截至 2022 年底，全市共有人力资源服务企业 2398 家，从业人员近 5.8 万人，发展规模和质量居全省首位，走在全国前列。广州较早即开始布局集聚各类创新资源的孵化育成载体，是全国最早一批布局以海归人员为核心建设孵化载体的城市之一，成立于 1999 年的留学人员广州创业园是科技部、教育部、人事部和外国专家局联合认定的国家留学人员创业园建设示范点。截至 2023 年 3 月，广州市各类孵化载体数量达 787 家，其中国家级孵化载体 114 家，新增国家级孵化器数量连续三年排名全国第一，国家级孵化器绩效评价也连续多年排名前列①。

虽然建设起步较早，且已形成了多元主体参与的专业服务体系，但在国际人才科技创新领域广州尚未形成具有鲜明城市特色的标杆型机构，以科技项目的孵化育成载体为例，大部分载体高度同质化，行业竞争激烈。北京、上海和江浙等创新优势明显的地区，已形成一批具有较高行业知名度的品牌，如启迪、银江、创客邦、泰智会、优客工场、氪空间等，在服务当地创新创业发展的同时，还面向全国乃至全球进行孵化输出，将成熟模式复制到全国，从服务内容、孵化案例、市场营销、关系网络多维度构建孵化器的品牌，凸显品牌效应。

四　进一步加强创新生态建设的对策建议

（一）加强顶层工作设计，提供精准有效的政策支撑

创新科技体制改革，打造先行示范区，完善创业支持政策，鼓励各类国际人才在我国开展创新创业活动。加强政策前瞻研究和协调审查，完善科技创新政策评估体系，综合考量国际人才创业趋势特征和特殊需

---

① 《广州市科技企业孵化载体"四化"榜单发布》，2023 年 3 月 20 日，南方网，https://news.southcn.com/node_d75048eff3/eca705c559.shtml。

求对政策措施实行动态调整优化。充分发挥各类制度型创新重点载体平台的政策先行优势，探索建立与国际人才跨境流动与执业相适应的管理机制。探索国际人才协同发展政策人才引育协同创新机制，借助粤港澳大湾区人员流动优势和港澳制度特点，搭建国际人才经由港澳"向北融"的直通桥梁。

（二）拓展金融支持服务能力，形成全生命周期资金支持

鼓励金融机构设立科技专营机构，开发适合国际人才创新创业特性的融资服务产品，完善金融机构支持科创企业成长机制。鼓励社会资本设立创业投资、股权投资和天使投资，围绕全产业链布局"创业—成长—退出"的全周期资金链。优化科技信贷风险补偿运作机制，引导和鼓励银行增加科技信贷供给、适当降低资金池补偿门槛、扩大覆盖面，拓宽融资渠道。推动银行、证券公司、担保公司、信托公司等开发银政合作产品，探索创新信贷产品，提高金融精准服务水平。

（三）统筹利用国际国内资源，加快融入全球创新网络

以科技创新融入、支持国内国际"双循环"新发展格局为导向，积极在海外创新高地和"一带一路"重要节点布局建设海外创新孵化中心、研发中心、联合实验室等国际化创新载体平台，构建联通全球的科技创新合作网络。主动与外方联合开展技术研发、成果示范等科研合作计划，加强国外高新技术引进消化再创新，抢占技术前沿，占领国际市场。培育一批从事国际技术转移业务的中介服务机构，带动境外优质创新资源流入，提高区域科技创新国际化水平。

（四）优化社会环境，营造包容开放的国际化城市氛围

营造宽松和鼓励创新（创业）的整体氛围，放大赛事活动、创新（创业）交易会面向全球的宣传推广。加强整体国际化文化宣传，设立国际礼仪宣传周，开辟国际文化风俗小课堂，精心策划文化风情周、中外结好纪念等主题文化活动，提高市民国际化素养。营造沟通畅顺的国际语言环境。加强公共空间外语规范，分类制定和更新地方外语标识标准，重点推进交通、文化旅游、体育、商业等国际生活高频场所多语种

覆盖和更新。

（五）增强专业机构能力：健全国际人才发展的服务支撑

以协同发展的方式推动区域整体科技创新能力与综合服务水平的提升。在区域经济一体化加速发展的背景下，城市依托自身资源禀赋、发展方向与功能定位，以协同的方式错位发展。围绕资源汇聚、要素覆盖、影响力提升等核心目标，依托区域重点产业发展规划，打造一流科技产业创新平台，完善平台政策宣讲、资源对接、咨询展望、市场拓展等功能。提升国际人才的管理服务水平，建立互联共享、高效便捷的外国人才管理服务体系。

参考文献

Acs, Z. J., Szerb, L., & Lloyd, A., *Global Entrepreneurship and Development Index* 2017, Washington, U. S., Springer International Publishing, 2017.

Brown, R., & Mason, C., "Looking inside the spiky bits: a critical review and conceptualization of entrepreneurial ecosystems", *Small Business Economics*, Vol. 49, No. 1, Jun 2017, pp. 11-30.

McAuliffe, M. and A. Triandafyllidou eds., *World Migration Report* 2022, *International Organization for Migration* (IOM), Geneva, 2021.

陈强、刘云飞：《区域创业生态系统构建趋势及启示》，《科学管理研究》2019年第3期。

李学明：《新发展格局下我国人才流动的发展趋势》，《中国人事科学》2021年第9期。

卢晓中、宁云华：《高等教育集群何以促进人才高地建设——基于粤港澳大湾区与旧金山湾区的比较》，《国家教育行政学院学报》2023年第10期。

吴瑞君、陈程：《我国海外科技人才回流趋势及引才政策创新研究》，《北京教育学院学报》2020年第4期。

赵涛、刘文光、边伟军：《区域科技创业生态系统的结构模式与功能机制研究》，《科技管理研究》2011年第24期。

建设粤港澳大湾区高水平人才高地的战略思考

林　晨

［江门市发改局（江门市粤港澳大湾区办）发展推进科］

摘要：2023 年 4 月，习近平总书记在广东考察时强调，"粤港澳大湾区在全国新发展格局中具有重要战略地位"，要使粤港澳大湾区成为新发展格局的战略支点，要推进粤港澳大湾区人才高地建设，形成高端科创人才聚集效应。今年是《粤港澳大湾区发展规划纲要》实施五周年，《横琴粤澳深度合作区建设总体方案》《全面深化前海深港现代服务业合作区改革开放方案》实施 3 周年，《广州南沙深化面向世界的粤港澳全面合作总体方案》实施 2 周年，《河套深港科技创新合作区深圳园区发展规划》于去年 9 月发布实施。随着重大政策密集落地，重点项目加快推进，粤港澳大湾区人才高地建设各项工作将迎来新的发展机遇与势头。人才因事业而聚，事业因人才而兴。粤港澳大湾区建设人才高地优势明显，但也存在短板挑战，本文旨在从战略的高度，为打造粤港澳大湾区科创人才高地建言献策，为建设世界一流粤港澳大湾区赋能增势。

关键词：粤港澳大湾区；改革；创新；人才高地

一　人才集聚呈现磁场效应，"智"汇高地建设成效明显

经过 5 年努力，粤港澳大湾区人才高地建设基本实现了《粤港澳大湾区发展规划纲要》提出的到 2022 年粤港澳大湾区"创新能力突出"

"要素流动顺畅"的发展目标，对全球人才的吸引力不断增强，为建设高水平人才高地提供了充足的人才储备和供给。

（一）人才集聚态势加快形成

随着高水平人才高地建设推进，产业发展、科技创新、载体建设、人才新政叠加化学反应，粤港澳大湾区人才汇聚效应保持强劲，人才队伍实现量质齐升，为高水平人才高地建设打下坚实的人才基础。

人才规模大幅增加。统计数据显示，2023 年广东省技能人才总量达 1979 万人。其中，高技能人才 690 万人，居全国前列；研发人员数量从 2013 年的 65.24 万人，提高到 2023 年的 135 万人，约占全国 1/7，连续七年全国第一；广东新增"两院"院士 13 人，迎来"大丰收"，目前，全职在粤"两院"院士已超 150 人；全省在站博士后超 1.3 万人，博士后人才建设走在全国前列，规模稳居全国第一。去年全省 28 所高校的 220 个学科入围 ESI 全球排名前 1%、27 个学科入围前 1‰，华南理工大学、南方科技大学获批建设国家卓越工程师学院。全省高层次、高技能人才分别达 94 万人、690 万人，有效持证外国人才达 4.5 万人，一大批海内外人才纷至沓来。

人才集聚力维持强势。高水平科学家、科技人才集聚加速，根据 2022 浦江创新论坛成果发布会上发布的《2022 "理想之城"全球高水平科学家分析报告》，深圳是近 10 年高水平科学家人数增加最多的五个城市之一，人才流入位居第 4 位。据任泽平团队和智联招聘联合发布的年度中国最具人才吸引力城市 100 强排名，除肇庆、江门，2019—2022 年粤港澳大湾区内地有 7 个城市的人才吸引力排名进入前 50 名（见表 1），进入前 50 名的城市数量占珠三角城市总数 77.8%，分别比长三角、京津冀、长江中游、成渝城市群高出 4.7 个、54.7 个、66.7 个、65.3 个百分点。人才呈持续集聚态势，近四年深圳、广州人才净流入占比保持平稳，从表 2 可以看出，尽管 2022 年深圳、广州人才净流入占比较 2021 年均略下降 0.3 个百分点，但近 4 年来的人才集聚维持强劲态势。

表 1　　　　2019—2023 年粤港澳大湾区内地九市在中国最具人才
吸引力城市 100 强中的排名

城市年份	2019 年	2020 年	2021 年	2022 年	2023 年（95 后人才吸引力城市 50 强）
广州	4	5	4	4	4
深圳	2	4	3	3	2
佛山	17	14	14	15	10
东莞	15	23	16	17	14
珠海	24	21	26	25	12
中山	37	31	33	33	25
惠州	30	45	35	38	36
肇庆	93	—	—	—	—
江门	85	70	66	66	—

资料来源：根据智联招聘和任泽平团队联合发布的 2019—2023 年中国最具人才吸引力城市 100 强数据以及任泽平团队发布的中国城市 95 后人才吸引力排名整理。

表 2　　2019—2022 年深圳、广州与北京、上海人才净流入比情况（%）

城市年份	2019 年	2020 年	2021 年	2022 年
北京市	-3.9	0.2	1	1.5
上海市	0.5	1.2	2.1	1.9
广州市	0.6	0.9	1	0.7
深圳市	0.2	1.3	1.4	1.1

资料来源：根据智联招聘和任泽平团队联合发布《中国城市人才吸引力排名：2023》数据整理。泽平宏观，2023 年 5 月 31 日。

（二）人才流动呈现新格局

"问渠那得清如许，为有源头活水来"，水不流动，无以成江河大海，同样的道理，人才要流动才能促进地区间的平衡、打破城乡间的二次元结构、促使国家经济可持续发展。粤港澳大湾区一直以来积极探索"一试双证""一试三证"人才资格互认，深入实施"软联通"，推动人才双向流动。

人才双向流动趋势增强。据广东人力资源和社会保障厅统计，在粤工作港澳居民已突破 20 万，获得内地执业资格港澳专业人士有 3232 人，报考粤港澳大湾区内地城市事业单位港澳居民达 3000 多人次，在粤参加养老、失业、工伤保险 34.4 万人次，其中 3.55 万人享受在粤社保待遇。截至 2023 年底，已有超过 380 名港澳律师领取粤港澳大湾区律师执业证书，先后被 100 多家律师事务所聘用，实现在粤港澳大湾区内地 9 市全覆盖，弥补了粤港澳大湾区内地涉外律师人才缺口。自 2022 年香港特区推出六项优化输入人才安排以来，截至 2023 年底，香港特区入境事务处所批复的各类超 5 万宗人才入境计划申请中，来自内地的申请约占 2/3。

人才要素流量创历史新高。截至 2023 年，广东省引进创新创业团队数百个、领军人才近千名，每年驻留广东工作的境外人才超过 15 万人次，占全国总数的近五分之一，港澳台人才超过 25 万人次，占全国近三分之一。同时，积极推进外籍来华工作许可、外籍和港澳台高层次人才认定等改革，推动各地市设立了"国际人才一站式服务专区"等。根据统计，2023 年"港人北上"有 5300 多万人次。周末入内地城市的港人甚至达到内地居民赴港人数的两倍。2023 年经横琴口岸出入境旅客超 1670 万人次，客流翻倍增长，创历史同期新高。

（三）人才驱动效能充分释放

粤港澳大湾区围绕全球科技创新高地和新兴产业重要策源地打造、国际科技创新中心建设，不断破除制约创新要素流动的障碍、堵点，成为中国科技创新综合实力最强、实现高水平科技自立自强的重点战略区域之一。

截至 2023 年底，全省专利授权总量 70.37 万件，居全国首位，其中，发明专利授权量 14.31 万件，增长 24.4%。全年《专利合作条约》PCT 国际专利申请量 2.37 万件，居全国首位。全省发明专利有效量达 66.56 万件，连续 14 年保持全国首位，其中，高价值发明专利有效量 26.07 万件，占全国的 19.69%，居全国首位。每万人口发明专利拥有量 52.59 件，是全国平均水平的近 5 倍，深圳每万人口高价值发明专利拥有量更是达到全国水平的 9 倍。据《全国科技创新百强指数报告 2023》，广东有 102 家企业上榜全国科技创新企业 500 强，上榜企业数仅次于北京，全国第二，广东区域创新综合能力连续 6 年居全国首位。2022 年，珠江三角洲 R&D 经费达 4220.3 亿元，占地区生产总值比重达 4.03%，超过全国水平 1.49 个百分点。其中，深圳投入强度达 5.81%，仅低于北京。据《2023 理想之城——迈向教育、科技与人才高度发展的全球城市》调查报告，深圳、香港特区分别位列全球主要城市中教育、科技、人才综合发展的"理想之城"第 2 和第 13 位。《2023 年全球创新指数》报告显示，深圳—香港特区—广州集群位居全球科技集群第二，反映了粤港澳大湾区科研创新活跃度高。

表 3　　　　　　　　　2022 年广东、全国主要创新指标

指标	全国	广东	广东占比（%）
发明专利有效量（万件）	421.2	53.92	12.8
高价值发明专利有效量（万件）	132.4	26.07	19.69
每万人口高价值发明专利拥有量（件）	9.4	42.51	—
PCT 国际专利申请量（万件）	27.81	2.43	8.7
注册商标（万件）	617.7	114.39	18.52

资料来源：央广网，2023 年 1 月 16 日；广东省统计局、国家统计局广东调查总队：《2022 年广东省国民经济和社会发展统计公报》，广东统计信息网，2023 年 3 月 31 日。

（四）高质量人才发展呈现新生态

广东省 2024 年政府工作报告提出，优化实施省市重大人才工程，引进培育一批战略科技人才、科技领军人才、青年科技人才和高水平创新团队，加强国际科技合作，推进外籍"高精尖缺"人才认定标准试点，壮大高水平工程师和高技能人才队伍。近年来，粤港澳大湾区人才重磅利好政策密集出台，粤港澳三地规则衔接、资格互认加速，粤港澳大湾区人才流动中户籍、身份、学历等障碍被打破，人才发展制度环境不断优化，更具国际竞争力的人才政策体系逐渐形成。

税负环境更具吸引力。近年来，为支持人才高地建设，粤港澳大湾区珠三角九市普遍实行了个人所得税优惠政策，按内地与香港特区个人所得税税负差额，给予在粤港澳大湾区工作的境外（含港澳台）高端人才和紧缺人才补贴，补贴免征个人所得税，基本实现湾区内地与港澳个税税负趋同。实际上，横琴、前海、南沙、河套等四大合作平台的个人所得税政策更加优惠，对鼓励类产业企业按 15%税率征收企业所得税。

人才发展载体功能层级更加多元。5 年来，围绕综合性国家科学中心建设，粤港澳大湾区已建成 34 家国家级、71 家省级国际科技合作基地，27 家高水平创新研究院、277 家新型研发机构以及一批省级技术创新中心、工程技术中心；鹏城、广州 2 家国家重点实验室，10 家广东省实验室、31 家全国重点实验室/国家重点实验室、430 家省重点实验室、20 家粤港澳联合实验室、4 家"一带一路"联合实验室以及高级别生物安全实验室体系基本建成，建设了 989 家科技企业孵化器、986 家众创空间。以广深港、广珠澳"两廊"和深圳河套、珠海横琴"两点"为中心的高端创新载体空间布局基本形成，为人才创新创业聚集发展搭建了多功能多层级平台载体。广东以粤港澳大湾区创新创业孵化基地为龙头的"1+12+N"体系基本建成，粤港澳大湾区内地 9 市已建成港澳青年创新创业基地 84 家，其中粤港、粤澳分别共建青年创新创业基地 18 家、5 家，吸引大批港澳青年来粤发展，累计孵化港澳项目近 5000 个。

类港澳工作生活社区环境不断优化。近年来，粤港澳大湾区内地城市紧扣港澳专业人士在内地发展面临的紧迫需求，从便利港澳人才在本地学习、工作、创业、生活等方面不断创新政策举措，让港澳居民享有"市民待遇"。横琴合作区立足琴澳居民需求，实施"澳门新街坊"综合民生示范工程，推进医疗、养老、社区服务等公共服务和社会福利与澳门特区衔接，"以点带面"打造类澳门特区优质生活工作环境。南沙通过建立健全人才安居保障体系，为在南沙工作生活的港澳人士提供趋同港澳公共服务，打造港澳青年安居乐业"南沙样板"，成为港澳青年在粤港澳大湾区安居乐业的新家园①。

二　完善创新人才培育机制，促进高端人才融合发展

《规划纲要》实施以来，粤港澳大湾区围绕制约人才发展的紧迫急需问题，在国家相关部委支持下，粤港澳强化协同，以横琴、前海、南

---

① 游霭琼：《粤港澳大湾区人才高地建设报告》，载郭跃文、王廷惠主编《粤港澳大湾区蓝皮书：粤港澳大湾区建设报告（2022）》，社会科学文献出版社 2023 年版，第 128—145 页。

沙、河套四大平台为依托，以"湾区通"工程为抓手，不断破除人才流动面临的阻碍，持续推进基础设施和规则机制衔接联通，深化民生领域合作，畅通人才发展要素流动，人才发展与协同治理机制不断创新完善，为人才一体化发展营造了良好环境。

（一）科技赋能打造人才通关新模式

实施便利通关模式。不断加强规则机制衔接，持续优化通关环境。扩大通关岸点，便利湾区居民就近跨境通关，相继开通莲塘口岸、新横琴口岸、青茂口岸，实行"一地两检""合作查验、一次放行"等便利通关模式，近七成出入境旅客可自助通关，过关时间缩短到 30 分钟内。实施"跨境一锁""一单两报"等货车快速通关模式，让粤港澳大湾区物流更便捷、更高效。

试点人才签注和"白名单"制度。2023 年 2 月 20 日起，在粤港澳大湾区工作的杰出人才、科研人才、文教人才等 6 类内地人才可申办 5 年内不限次数往返港澳人才签注，为粤港澳大湾区人才开展科研学术交流合作提供便利。海关总署、国家移民管理局先后出台政策，支持横琴合作区建立生物医药研发的跨境物品"白名单"制度，促进琴澳民生物资等各类要素便捷流动；深港监管部门在加强信息共享互认基础上，河套合作区深圳园区对产业、机构和个人实行"白名单"制度，实施"一、二线"分线管理，为科创人才、车辆、科研设备、相关物品进出合作区提供便利。

实行"澳车北上""港车北上"政策。2023 年 1 月 1 日、7 月 1 日，"澳车北上""港车北上"政策相继实施，大批港澳居民开启了自驾入粤旅游、商务、探访、交流"人车自由行"模式，行经港珠澳大桥的港澳车辆大幅攀升。据港珠澳大桥海关统计，4 月 1 日，海关监管进出境车辆超 1.95 万辆次，创下口岸开通以来历史新高。"澳车北上""港车北上"政策的实施，推动港澳居民融入粤港澳大湾区"一小时生活圈"，提升了粤港澳大湾区互联互通水平。

（二）大力提升跨境执业实现高度便利化水平

持续扩大备案制范围，放宽跨境执业条件，推动港澳专业人才参与粤港澳大湾区建设。根据 2023 年 8 月 31 日前海管理局与香港特区发展局签署的合作意向书，经备案的香港特区专业机构，在前海可独立或联合方式参与前海建设项目，以总包或分包形式全过程参与项目建设，为香港特区建设领域专业人才在前海创业就业搭建平台、提供执业便利等全链条服务。截至去年 7 月，50 家香港特区建设领域专业机构、444 位香港特区建设领域专业人士在前海完成备案，在前海独立承接项目的香港特区专业企业达 10 家，参与前海项目建设的香港特区建设领域专业人士有 74 人。新出台的《前海总规》目标到 2025 年引进、培育前海全球服务商 40—50 家，涉外法律服务机构 60 个，港资、外资金融机构 300 家，境外专业人士备案执业人数 1000 人。2023 年 9 月 4 日，横琴粤澳深度合作区试行新规，对专业人士适当放宽在横琴粤澳深度合作区的执业备案条件及执业范围，已提供相关证明材料的港澳规划服务专业机构、专业人士无须备案即可在合作区进行规划服务。截至 2023 年上半年，来自建筑、旅游、医疗等领域在横琴合作区跨境执业的澳门特区专业人士达 1200 多人。2023 年 9 月 1 日，国务院决定将粤港澳大湾区内地九市开展的香港特区法律执业者和澳门特区执业律师取得内地执业资质和从事律师职业试点工作期限延长到 2026 年 10 月。

（三）真金白银护航港澳青年就业创业

为促进港澳青年更好融入国家发展大局，增强来粤港澳大湾区内地城市创业就业意愿，粤港澳高度重视促进港澳青年在粤港澳大湾区就业创业创新工作。广东推出 17 项支持港澳青年在粤港澳大湾区就业创业补贴政策，给予在粤港澳大湾区内地城市就业创业的港澳青年配套人才绿卡、落户奖励、安家补助、项目奖励等同等的就业创业补贴补助、报考粤港澳大湾区内地九市事业单位，享受同等的参保、社保待遇。据了解，近年来前海为香港特区青年创新创业积极提供各项支持保障，累计发放港澳青年专项扶持资金超亿元，顺利完成前海深港青年梦工场扩建工程，创业办公空间由 4.7 万平方米拓展至 14 万平方米。在日前国务院新闻办公室举办的新闻发布会上，深圳市市长覃伟中也表示前海合作区 1/3 新出让产业用地，将面向港资、港企，不难预知未来前海将出台更多的扶持政策吸引港资企业入驻。截至 2023 年底，前海入驻港资企业超 1.2 万家。南沙全区累计入驻港澳台侨青创企业（项目团队）近 600 个，带动 4000 多名粤港澳大湾区青年来南沙创业就业。香港特别行政区政府则在 2021 年初推出"大湾区青年就业计划"，鼓励在香港特区及粤港澳大湾区内地城市均有业务的企业，聘请、派驻香港特区青年到粤港澳大湾区内地城市工作，并在 2023 年将此计划常态化。香港特区还推出一揽子政策，助力香港特区青年"北上"就业创业，如在"青年发展基金"下推出"大湾区青年创业资助计划"，助力青年创业。"大湾区青年就业计划"实施以来，已有 400 多家企业参与，累计聘请、派驻 1000 多名香港特区青年到粤港澳大湾区内地城市工作。三地政策、服务、资源协同利好释放，"人才通、就业通、社保通、治理通"创新实施，创新要素跨境便利流动政策加持，让越来越多港澳青年开启了筑梦粤港澳大湾区航程。据毕马威发布的就业趋势调研报告，2022 年香港特区受访者愿意移居粤港澳大湾区其他城市的比例达 72%，比 2019 年高 20 个百分点。

（四）以规则"软联通"推动人与人"心联通"

持续加强港澳人才在粤生活社保、住房和子女教育等方面的政策扶持，以粤港澳大湾区"社保通"覆盖范围，以科技赋能推进跨境申请、不出门申请。粤港澳大湾区居民可通过广东政务服务网的湾区社保服务通专区，快捷办理待遇申领、资格认证等高频公共业务，港澳居民在粤港澳大湾区办理社保业务实现"一网通办"。香港特区居民可通过"i 深圳"App 港澳服务专区，办理在深社保、公积金、预约挂号等服务。澳门特区居民可通过"粤澳社保一窗通"办理广东 76 项、澳门特区 13 项社保服务，实现澳门特区社保服务"跨境办"。粤澳社保还在香港特区开设 7 个广东社保服务点。前海出台的"金融支持前海 30 条"，明确为香港特区居民在前海开立内地银行账户、香港特区专业人士执业等提供便利，促进深港民生金融、金融市场互联互通；横琴合作区出台促进发展条例，对合作区便利澳门特区居民生活就业等作出规定，出台澳门特区医疗人员、药学技术人员在横琴执业的管理规定。民生领域规则衔接的不断拓展，让粤港澳大湾区居民"心联通"更加紧密，为港澳人士到内地城市就业创业和生活拓展了空间。

（五）　加快基础设施建设全面提升"硬联通"水平

目前，广深港轨道交通已进入高铁时代，列车运行实现了"公交化"，列车每10—15分钟一班次、客流高峰期每5分钟一趟。继广深港高铁、港珠澳大桥、南沙大桥建成通车，澳门特区轻轨延伸横琴线项目海底隧道贯通，澳门特区大学连接横琴口岸通道桥顺利合龙，深中通道、南珠（中）城际、"广深第二高铁"建设加快，跨珠江口通道将增至9条，港深西部铁路和时速650公里、以广深港为主轴、实现半小时通勤圈的粤港澳大湾区磁悬浮交通的谋划建设，广深港澳将实现半小时同城化。随着"澳车北上""港车北上"政策的相继实施，粤港澳大湾区主要城市间"一小时生活圈"目标的实现，"轨道上的大湾区"加速成形，为粤港澳大湾区人才流动、协同创新、成果转化和港澳深入融入全国发展大局提供了硬支撑。同时，以香港特区、深圳港、广州港为核心差异化世界级港口群建设也加快推进，不论是机场群旅客吞吐能力（超过2.2亿多人次）还是港口集装箱年通过能力（近8500万标箱）均居全球四粤港澳大湾区之首，联通全球的高效畅通运输网络俨然形成。粤港澳大湾区大流量、高密度现代化综合交通运输体系"1-2-3-12交通圈"的加快推进，极大地拓展了人才发展的产业空间和区域空间，为放大人才高地辐射带动效应奠定了良好的物理基础①。

三　坚持人才引领驱动，加快建设世界重要人才中心和创新高地

高水平人才高地是以高端人才为主体的人才聚集地。对照党中央赋予的世界重要人才中心和创新高地战略支点的粤港澳大湾区高水平人才高地要求，粤港澳大湾区的高端人才规模仍然偏小，特别是战略科学家和高水平基础研究人才严重不足，高学历科技创新人才缺口大，人才创新能力和水平仍偏低，高端人才发展环境仍有待进一步优化。必须从更深层次去思考如何促进粤港澳大湾区人才一体化发展实现从"加法"到

---

①　徐向梅：《协同推进粤港澳大湾区建设》，《经济日报》2022年8月24日第11版。

"乘法"的跃升，才能推进高水平人才高地加快建设。

（一）深化改革破除制约"壁垒"

在合作体制机制方面，湾区高端人才自由流动、智力共享的制度体系与交流机制还在探索之中，团队合作的集团攻关优势有待进一步发挥，粤港澳智库人才"旋转门"机制还有待探索。一是积极争取国家部委支持。利用中央赋予的清单式申请授权政策，赋予四大重点合作区充分的改革创新自主权，支持其对标国际最好最优，拓展与港澳民商事规则衔接、标准对接，推进民生领域高频事项"跨境通办"和社会治理相互衔接，扩大职业资格互认，在"一事三地""一策三地""一规三地"等方面推出更多战略性、创造性、引领性改革，并将行之有效的经验做法以合作区条例立法固化下来，进行复制推广，推进粤港澳人才发展各环节联通、贯通、融通，加快形成粤港澳大湾区人力资源统一大市场。二是促进区域要素顺畅高效流动。围绕"封关运作"目标，四大合作区要稳妥有序推进跨境通关分线管理，做好"一线""二线"政策法律、基础设施、交通优化、综合治理等重点领域的统筹协调，建立健全分线管理体系，为人才及其发展要素提供更多"无感通关"便利，促进区域要素顺畅高效流动。三是营造良好的人才成长土壤和发展氛围。适应科技合作日趋密切和常态化，人才流动进入新阶段需要，积极利用并推动人才出入境的制度创新，顺畅机构间的人才交换渠道，促进思想者与行动者之间的有序流动，为学者、公职人员和业界人士提供访问、访学、挂职、互聘机会，加快形成粤港澳人才智库"旋转门"，营造良好的人才成长土壤和发展氛围①。

（二）凝聚合力提升协同引才育才水平

随着粤港澳大湾区产业水平梯级差异小，对产业人才需求趋同度大，导致粤港澳大湾区各城市间人才竞争压力持续增大，人才流动主要在粤港澳大湾区城市间流动，特别是深圳、广州互为人才来源地的特征比较

① 《人才政策持续推动"软联通"——粤港澳合力构筑"人才湾区"》，中国经济网，http://www.ce.cn/xwzx/gnsz/gdxw/202302/27/t20230227738413837.shtml，2023年2月27日。

突出。需要粤港澳大湾区各地深刻领会新时代高水平人才高地建设的使命和任务，树立大人才观，聚焦国家所需、发挥自身所能，协同港澳开展"湾区人才"发展重点行动，形成强大的推动高水平人才高地建设合力。一是联合开展招才引智行动，协同推进战略人才力量建设。利用粤港澳大湾区已形成的高端产业优势、高水平重点实验室和科研机构等高端创新资源优势，香港特区发挥好"超级联系人"作用，澳门特区建好、用好中国与葡语系国家科技交流合作中心，抓住粤港澳大湾区、深圳先行示范区"双区"和横琴、前海、南沙、河套四大平台建设机遇，加大战略科学家、战略科技人才、一流科技领军人才、青年优秀人才和创新团队引育。二是联合实施人才培养强基工程，提升人才供给自主可控能力。高校、科研院所、实验室等是人才培育交流的主要平台。粤港澳大湾区城市人才交流平台布局呈现"单中心"集聚现象，深广两地高校与科研院所数量占粤港澳大湾区总量的70%左右。联合实验室作为人才交流合作的重要载体，其分布同样呈现"单中心"集聚特征。人才交流平台布局不够均衡，压缩了粤港澳三地人才交流空间，弱化知识、信息及技术等要素的广泛流通。要加强教育合作人才共育，继续鼓励粤港澳高等院校开展办学、人才联合培养、职业教育合作，持续推进三地姊妹学校建设，支持教师协作与培训交流等，合力做大做强基础人才储备，为高水平人才高地建设提供源源不断的人才供给。三是联合实施青年科技人才托举行动，培养和用好青年科技人才。青年科技人才是人才队伍中最具创新活力的群体，是粤港澳大湾区战略人才力量的源头活水。加大对青年科技创新人才的支持力度，创新培育青年科技创新人才的体制机制。给予青年科技人才长期稳定的科研支持，赋予更大的科研自主权，加大生活服务保障力度。四是联合实施制造业人才培育行动，建设结构合理、规模宏大的高素质产业人才队伍。围绕粤港澳大湾区制造业高质量发展需要，支持制造企业发挥人才引育主体作用，依托制造业龙头骨干企业、制造业创新中心、企业技术中心、行业协会等组建重点产业人才联盟，促进产才融合发展。建好用好佛山、东莞两家国家卓越工程师创新研究院，创新协同育人模式，培养先进制造业拔尖创新人才。

(三) 用心用力搭建人才施展才华大舞台

科研创新活跃度高、创新动力旺盛、创新竞争力强、人才价值实现通道顺畅有效是人才高地的标配。粤港澳大湾区要抓住国际科技创新中心、综合性国家科学中心、国家技术创新中心建设机遇，服务国家战略，聚焦粤港澳大湾区高质量发展关键领域，进一步深化粤港澳科创协同，加强科技攻关、成果转化合作。一是深化跨境科创体制机制改革。借鉴同行评议制、项目负责制、业主制、揭榜挂帅制等全球科研规则，强化粤港澳科创规制对接，形成接轨国际的科技创新管理机制。建设国际数据专用通道，开展"白名单"制备案管理试点。完善科技信贷、科技保险、投贷联动、知识产权金融服务体系，充分激发粤港澳大湾区科技创新活力。二是联合开展科技联合攻关项目。围绕量子科技、人工智能、生物医药、半导体器件和集成电路等战略性新兴产业梳理和布局研发计划，从企业需求、市场需求中凝练技术需求、创新需求，聚焦产业链关卡，设立粤港澳大湾区基础研究联合基金，联合组织实施一批战略导向的体系化基础研究项目、前沿导向的探索性基础研究项目、市场导向的应用型基础研究项目，谋划实施一批国际或国家级大科学工程（计划）、重大科技项目，以项目为依托推动粤港澳大湾区大协同创新攻关，建立海外专家动态跟踪体系，积极从海外引才引智，增进与世界级湾区智库界的联谊和交流，为服务粤港澳大湾区发展提供更加充沛的思想动能。三是共建共享高水平科创和成果转化平台。围绕战略性新兴产业、未来产业发展新建一批国家重点实验室、广东省实验室、粤港澳联合实验室、制造业创新中心、国家认定企业技术中心等国家级创新平台，加快建设标准验证与检测等国家级公共服务平台体系，高质量谋划、建设一批科创新成果转化基地、国际一流中试转化服务平台、国际协同创新区，协同建设世界级"科创—制造"产业平台。全面提升粤港澳联合实验室创新效能，推动粤港澳大湾区重大科技基础设施、大型科研仪器设备的开放共享。四是高水平推进广深港、广珠澳科创走廊建设。高标准建设好河套深港科技创新合作区，推动科创"两廊"与河套深港科技创新合作区开展科创全方位、全链条合作，推动科创"两廊"、河套合作区与南沙、东部枢纽、中新广州知识城、广州科学城、广州人工智能与数字经济试验区、海龙围广佛高质量发展科创区、大学城粤港澳大湾区创新创业集聚区等重大创新平台的链接，营造"科研在港澳、转化在内地"协同科创生态，形成区域特色明显、协同发力的科创生态空间格局①。

（四）以互联互通护航国际一流湾区建设

互联互通是建设高水平人才高地的前置条件。对标国际一流湾区建设要求，粤港澳大湾区互联互通仍存在短板，联通效应尚未得到充分释放。未来，粤港澳要携手深化实施好"湾区通"工程，全面提升互联互通水平和质量，为人才发展要素流通提供高效顺畅服务。一是突出"轨道上的大湾区"建设。弱化行政边界约束，强化顶层设计、统筹谋划，软硬联通并举，进一步加强基础设施规划对接、机制衔接，打通"断头路"，打破"瓶颈路"，强化各类交通有机驳接，提升"硬联通"水平和质量。加快港深西部铁路、香港特区北环支线等项目的论证规划，推进黄茅海跨海通道、深珠通道建设，提升粤港澳大湾区珠江东岸、西岸通道能力。加快广中珠澳高铁、广清永高铁、广佛江珠城际、深珠城际等规划建设，增密城际连接线，实现粤港澳大湾区核心城市交通直连直通，提升粤港澳大湾区综合交通体系整体效能。二是突出"数字湾区"高标准建设。利用粤港澳大湾区信息化产业、数字经济产业优势，强化科技赋能，加快数字"新基建"建设，推进传统交通、城市管理、教育、医疗、社保等公共服务数字化、智慧化，携手建设智慧城市群。三是突出公共服务高水平融合发展。政府兜底与发挥市场作用相结合，不断提高基本公共服务供给能力和质量。加强规则衔接，促进公共服务融合发展、共建共享。进一步加强教育资源流通共享，鼓励港澳优质教育机构到内地城市开办分支机构、分校，扩大职称、职业资格、教育学分互认领域，加大推进职业技能"一试三证"互认力度。四是突出国际（港澳）人才社区高标准建设。以人才需求为中心，谋划新建一批高标准国际人才社区，着力提升现有国际（港澳）人才社区、青年人才社区创新创业服务水平，形成包容、开放、多元的国际文化氛围，以优质的生活、工作、

---

① 卞德龙、钟哲：《省科技厅党组书记龚国平：加强区域创新体系建设，提升自主创新能力》，《南方日报》2023年5月20日第6版。

文化和社会治理营造"类海外"社区环境，让人才在粤港澳大湾区安居乐业。

　　站在新的历史起点上，粤港澳大湾区人才高地建设应聚焦时代之问，紧密对接国家战略部署，积极落实《粤港澳大湾区发展规划纲要》，依托粤港澳大湾区人才评价中心凝聚合作共识，坚持湾区意识与国际思维相结合、整体推进与重点突破相结合、应用决策导向与基础理论导向相结合、研究属性和行动属性相结合的原则，探索更为有效的合作路径，以集群化、协同化为方向，强化价值认同，创新模式，整合资源，明确定位，多领域多举措推动开放共享、互联互通，加快形成粤港澳人才高地，提升湾区的发展水平与发展质量。

海外高端人才引育与新质生产力开发研究

——以粤港澳大湾区的经验为例

钟洁华[1]　简浩贤[2]

（1. 澳门特区理工大学；

2. 澳门特区专才发展学会；研究与发展中心）

摘要：人才是新质生产力的重要支撑。本研究以粤港澳大湾区的发展经验为例，探讨海外高端人才引育与新质生产力开发之间的内在联系与互动机制。首先，研究概述了当前全球范围内高端人才竞争的现状以及新质生产力的内涵和特征，分析了海外高端人才引进对提升新质生产力的重要作用，包括技术创新、管理优化和国际视野拓展等。其次，阐述了粤港澳大湾区的海外高端人才引育策略，如税收优惠、人才补贴、签证便利化和职业发展服务等，并分析了粤港澳三地海外人才引育政策的差异性和实际效果。最后，基于粤港澳大湾区的案例，总结海外高端人才引育成功的经验，提出政策建议，以期为我国新质生产力开发提供人才支持和智力保障。

关键词：海外高端人才；新质生产力；人才引育；粤港澳大湾区

2023 年 9 月，习近平总书记在黑龙江召开新时代推动东北全面振兴座谈会时，强调要积极培育战略性新兴产业和未来产业，加快形成新质生产力，增强发展新动能①。2024 年 1 月 31 日，在中共中央政治局就扎

---

① 《新华述评：坚持科技创新引领发展——加快形成新质生产力系列述评之一》，2023 年 9 月 18 日，中国政府网，https://www.gov.cn/yaowen/liebiao/202309/content_6904805.htm。

实推进高质量发展第十一次集体学习中，习近平总书记再次强调要加快发展新质生产力，并进行了系统阐述。① 2024 年 3 月 5 日，政府工作报告将"大力推进现代化产业体系建设，加快发展新质生产力"列为首项任务。② 由此，"新质生产力"成为国内外学术研究的热点。这一概念的提出，是辩证唯物主义认识论的重要推进，是指导我国实现高质量发展、引领新一轮产业和科技革命的理论基础。作为一个复合型概念，"新质生产力"包含了创新、协调、绿色、开放、共享的新发展理念，其中，人才起到了要素支撑作用。只有做好人才引育工作，才能充分激发新质生产力。为此，本研究基于粤港澳大湾区的人才引育经验，集中探讨海外高端人才引育工作与新质生产力开发之间的关系，在此基础上总结经验、提出建议，以期为我国的新质生产力开发提供人才支持和智力保障。

一 新质生产力开发中的人才保障

"新质生产力"是一个新的重要概念，因此首先要明确什么是新质生产力？新质生产力包括哪几个部分？有什么重要作用？并结合本文内容，研究人才引育与新质生产力之间的关系。

（一）新质生产力：概念与内涵

生产力即"社会生产力"，反映人们在生产活动中运用并转化自然的物质力量，以满足社会需求。揭示了人与自然相互作用的过程，并象征着人类对自然界进行改造与利用的实际能力与技术水平。③ 构成生产力的基本要素包括劳动者、劳动资料和劳动对象，伴随着生产力水平的提升，对劳动者的知识、技能水平要求更高，劳动资料更先进，劳动对象也会发生转变，进而推动生产力的进一步发展。④ "新质生产力"正是

---

① 《新华社评论员：推动新质生产力加快发展》，2024 年 2 月 2 日，中国政府网，https://www.gov.cn/yaowen/liebiao/202402/content_6929560.htm。
② 《李强在政府工作报告中提出，大力推进现代化产业体系建设，加快发展新质生产力》，2024 年 3 月 5 日，中国政府网，https://www.gov.cn/yaowen/liebiao/202403/content_6936331.htm。
③ 姜长云：《新质生产力的内涵要义、发展要求和发展重点》，《西部论坛》2024 年第 2 期。
④ 肖巍：《从马克思主义视野看发展新质生产力》，《思想理论教育》2024 年第 4 期。

在这种对生产力的动态理解中提出的。在 2024 年 1 月 31 日的中共中央政治局推进高质量发展第十一次集体学习中，习近平总书记就指出"新质生产力是创新起主导作用，摆脱传统经济增长方式、生产力发展路径，具有高科技、高效能、高质量特征，符合新发展理念的先进生产力"。①从这一定义中，可以看出新质生产力是由技术革命性突破、生产要素创新配置、产业深度转型升级而催生，以劳动者、劳动资料、劳动对象及其优化组合的跃升为基本内涵，以全要素生产率大幅提升为核心标志，特点是创新，关键是质优，本质是先进生产力。②

自习近平总书记明确提出"新质生产力"概念以来，引起了学界的研究热潮。现有研究主要是从以下三个方面展开：一是对"新质生产力"概念的本体性阐述，包括理论基础、概念内涵和价值意蕴。③例如周文和徐凌云认为新质生产力以新技术、新经济和新业态为核心特征；④张文武和张为付提出新质生产力的表现是要素深化、技术变迁和产业迭代。⑤二是构建新质生产力的测度指标，展开经验性研究。⑥例如张哲等人通过构建面板数据，分析我国各地新质生产力的发展程度和差异性。⑦三是将新质生产力与某一具体经验相结合，侧重分析新质生产力的某个维度。⑧例如张晓林研究了数字经济方面知识服务的新质生产力；⑨米加

①《习近平在中共中央政治局第十一次集体学习时强调加快发展新质生产力 扎实推进高质量发展》，《人民日报》2024 年 2 月 2 日第 1 版。
②张新宁：《科技创新是发展新质生产力的核心要素论析》，《思想理论教育》2024 年第 4 期。
③张林、蒲清平：《新质生产力的内涵特征、理论创新与价值意蕴》，《重庆大学学报（社会科学版）》2023 年第 6 期；魏崇辉：《新质生产力的基本意涵、历史演进与实践路径》，《理论与改革》2023 年第 6 期。
④周文、许凌云：《论新质生产力：内涵特征与重要着力点》，《改革》2023 年第 10 期。
⑤张文武、张为付：《加快形成新质生产力：理论逻辑、主体架构与实现路径》，《南京社会科学》2024 年第 1 期。
⑥孙丽伟、郭俊华：《新质生产力评价指标体系构建与实证测度》，《统计与决策》2024 年第 9 期。
⑦张哲、李季刚、汤努尔·哈力克：《中国新质生产力发展水平测度与时空演进》，《统计与决策》2024 年第 9 期。
⑧涂舒：《以新型服务外包培育新质生产力：理论逻辑和现实路径》，《当代经济管理》2024 年第 8 期。
⑨张晓林：《AI 赋能的 P4ST 决策智能分析：寻找知识服务的新质生产力》，《数据分析与知识发现》2024 年第 3 期。

宁等人探讨了算力驱动的新质生产力。①

在关于新质生产力的研究中，人才作为支撑性的生产要素，被视为激发新质生产力的关键点。从技术革命性突破角度来看，生物技术、量子技术、新材料等前沿技术和行业领域中，高水平人才提供了直接的智力资源；从生产要素创新性配置来看，人才、土地、资本、技术和数据这五大要素的优化配置能够迸发出更大的生产力效能；从产业深度转型升级角度来看，低附加值向高附加值产业的转型过程中，人才是重要的连通环节。② 因此，打造能够创造新质生产力的战略人才和熟练掌握新质生产资料的应用型人才，是新质生产力开发的重要方面。③ 基于此，本研究以海外高端人才的引育经验为切入点，探讨新质生产力开发中的人才支撑。

（二）海外高端人才引育：国际视野与中国经验

海外高端人才通常具有先进的学术背景、丰富的实践经验和创新思维方式，对于任何一个国家保持全球竞争优势、推动科技进步和促进经济社会发展都至关重要。作为重要的战略资源，发达国家大多出台有力政策争夺海外高端人才：美国通过选择性移民政策吸引国外科技人才，自 1990 年起，美国开始发放 H-1B 签证，吸引具有特殊技能的国外人才。从 1990—1998 年间，美国共引进 850 万合法移民，其中 30% 以上持有学士以上学位，大部分年龄在 22—40 岁，使得美国保持了创新活力。④ 韩国政府实施"长期回国计划""临时回归计划"和"外国学者访问计划"。以色列出台"移民研究资助计划""地区研究与开发中心吸收计划"和"技术学士计划"等吸引海外人才。⑤ 日本每年接纳大约 20

① 米加宁、李大宇、董昌其：《算力驱动的新质生产力：本质特征、基础逻辑与国家治理现代化》，《公共管理学报》2024 年第 2 期。
② 贾文娟：《新劳动的核心特质及其中国的时代呈现》，《浙江社会科学》2024 年第 3 期。
③ 王朝科：《从生产力到新质生产力——基于经济思想史的考察》，《上海经济研究》2024 年第 3 期。
④ 王媛、白华：《美国引进高层次海外留学人才政策调整动向解析——基于"多源流"理论的分析视角》，《黑龙江高教研究》2014 年第 8 期。
⑤ 李秀珍、孙钰：《韩国海外人才引进政策的特征与启示》，《教育学术月刊》2017 年第 6 期。

万以工作签证为主的临时移民，其中71%的签证给了技术人才①。英国政府发布全球人才签证政策，简化人才引进程序，吸引世界上顶尖科学家、数学家、研究人员和技术人才来英国定居②。发达国家在海外人才引育方面的有利政策，使其在人才争夺战中占据优势。

相比之下，中国在吸引海外人才归国方面长期处于劣势地位。如下图1所示，新世纪以来，我国留学出国人数不断提升，从2000年不足5万人增长至2019年的70余万人，使得我国成为世界上最大的留学生输出国。这一方面反映了我国对外开放的持续深入，另一方面则为我国积累了丰厚的海外人才库。与此同时，留学归国人才数量也持续攀升，从2000年的不足1万人，增长至2019年的接近60万人。这些留学归国人才活跃在我国各行各业，特别是高校研究机构和高新技术产业领域。但也应看到，留学归国人数与出国人数之间长期存在较大缺口，使得我国作为人才输出国在国际人才争夺战中处于劣势。

之所以出现这种现象，一方面在于我国经济社会发展落后于西方发达国家，吸引力相对较低；另一方面也与人才引进、签证落户、住房补贴等方面的政策因素有关③。随着我国经济快速发展，海外归国人才待遇得以提升，与此同时，我国在签证便利化、税收优惠、住房补贴和职业发展方面为海外人才提供诸多便利，对海外人才具有更强的吸引力。自2009年以来，我国吸引了大量海外高层次人才回国工作，其中不乏诺贝尔奖得主、院士、教授等，为我国经济社会发展注入了新的活力，为我国新质生产力开发做出了重要贡献。下面以粤港澳大湾区的经验为例展开研究。

二　海外高端人才服务粤港澳大湾区的综合评价

粤港澳大湾区包括香港特区、澳门特区和广东省珠三角九市，是中

① 郑永彪、高洁玉、许睢宁：《世界主要发达国家吸引海外人才的政策及启示》，《科学学研究》2013年第2期。

② 刘如、陈志：《引进海外高端人才的战略思考与建议》，《科技中国》2021年第9期。

③ 林琳：《公共政策与海外人才引进——发展中国家及新兴工业经济体的经验比较》，《华中师范大学学报》（人文社会科学版）2013年第4期。

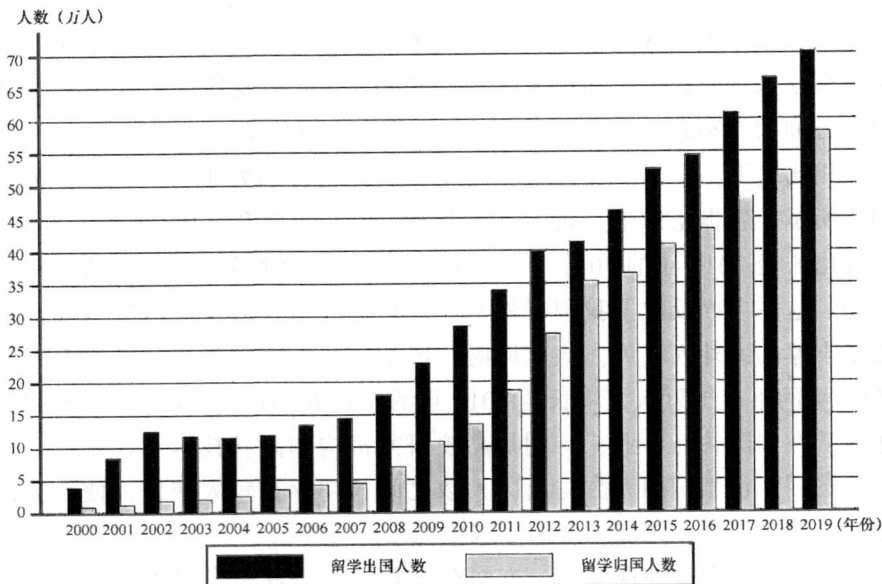

图 1　2000—2019 年中国留学出国人数与归国人数变化

国对外开放的前沿阵地，该地区一直以来都十分注重吸引海外高端人才，成为我国重要的人才高地。2017 年以来，国家深化粤港澳大湾区合作发展，为吸引海外人才注入了新的动力。

（一）粤港澳大湾区吸引海外高端人才的政策评价

粤港澳大湾区吸引海外高端人才政策经历了一个从无到有、从有到优的过程。（1）香港特区实施海外高端人才引育计划的时间最早：1999 年香港特区政府针对内地高端人才出台"输入内地优才计划"；2003 年为吸引境外投资出台"投资移民计划"；2006 年为吸引全世界优秀人才出台"优秀人才入境计划"；2015 年以来开始整理以往的人才引进政策，出台"高才通"计划。（2）澳门特区自 2007 年关闭人才移民政策后，2023 年通过《人才引进制度法律》，首次出台海外人才引进计划，分为"高端人才计划""优秀人才计划"和"高级专业人才"三个层次。（3）广东省的海外人才引育计划开始较晚，但发展迅速，主要包括针对海外人才创业的"红棉计划"、针对海外高科技人才的"岭南英杰计划"以及针对留学人才的"菁英计划"等。下面从税收优惠、签证便利、住房补贴、职业发展四个层次进行概述：

表 1　　　　　　粤港澳大湾区吸引海外高端人才的部分代表性政策

政策	具体措施
税收优惠	（1）外籍个人津补贴个人所得税优惠政策：享受个人所得税专项附加扣除；（2）粤港澳大湾区境外高端紧缺人才个人所得税优惠：在粤港澳大湾区工作的境外高端人才和紧缺人才给予补贴；（3）横琴粤澳深度合作区境内外高端紧缺人才个人所得税优惠：个人所得税负超过 15% 的部分予以免征
签证便利	（1）在粤港澳大湾区工作的科研、文教、卫健、法律等六类人才可向公安机关出入境管理部门申请 1—5 年人才签注，且不受往来次数限制；（2）广东允许外籍华人办理 5 年以内签证、居留证件，降低外国投资者申请绿卡的难度，优化出入境、停居留和永久居留制度；（3）香港特区出台"高端人才通行证计划"，便利高端人才签证落户；（4）澳门特区对海外人才参观横琴粤港澳深度合作区实施签证便利政策，其在全球 140 多个国家和地区享有免签证或落地签证待遇，具有很强的吸引力
人才补贴	（1）广东对于符合条件的留学归国人才提供每人 10 万元的住房补贴、优先提供人才公寓，并提供相应的人才补贴；（2）香港特区和澳门特区对海外人才没有制定额外的人才补贴政策，但港澳地区高水平的社会福利对海外人才有较高的吸引力
职业发展	（1）广东省制定高层次人才评价标准、简化高层次人才评价认定程序，优化高层次人才创新创业环境，推动人才资格互认，下放职称评审权；（2）香港特区对海外人才无特殊的职业照顾，但香港特区无外汇管制，有利于境外人士创业就业

表 1 是从税收优惠等 4 个方面对粤港澳地区吸引海外高端人才政策的概述。总的来看，粤港澳大湾区深度合作启动以来，该地区对海外人才的政策支持不断增强，政策环境持续改善。但粤港澳三地海外人才支持政策的侧重点存在明显差异：香港特区和澳门特区由于经济发展水平较高、社会福利事业较为完善、营商环境优良，其本身对于海外人才就有较强的吸引力，因此两地主要是靠对人才落户和签证政策的调整来引进海外高端人才，重点在于赋予海外人才公民身份，在人才补贴、税收和职业发展方面并未进行专门照顾。而广东九市尽管在签证便利化等方面进行了改革，但受体制所限，签证落户政策一直是短板。因此，广东

九市主要是从提供人才补贴和税收优惠、改善职业发展环境等方面提高对海外人才的吸引力。

（二）粤港澳大湾区吸引海外高端人才的效果评价

总的来看，粤港澳大湾区在税收优惠、人才补贴、签证便利和职业发展等方面不断发力，不断推动海外高端人才的引育工作，取得了巨大成就，并对粤港澳大湾区的新质生产力开发起到了推动作用。

从香港特区来看，截至 2024 年初，香港特区所有海外人才计划共收到 25 万多宗申请，其中获批准的有 16 万宗，已有超过 10 万名海外人才来港工作。在所有的海外人才计划中，"高才通"计划成效最为显著，为香港特区带来了约 4 万名海外高端人才。这些海外人才的平均年龄中位数仅为 35 岁，远低于香港特区平均年龄中位数的 48.5 岁，他们主要投身于金融服务、创新产业、资讯科技、商贸等行业，从事管理和专业技术工作，月薪中位数高达 5 万港币，远高于香港特区当地水平。由此可见，香港特区通过出台海外人才支持计划，吸引到的人才具有年轻化、高水平、创新能力强等特点，是新质生产力的典型群体，为香港特区的经济可持续发展带来了巨大动力和潜力。

从澳门特区来看，截至 2024 年，澳门特区政府推出的新一轮海外人才引进计划共收到 1137 宗申请，其中 282 人被纳入建议引进人才名单，包括高端人才 21 名、优秀人才 65 名和高级专业人才 196 名。此外，随行家属有 429 人，包括 238 名未满 18 岁的儿童和 191 名配偶，其中 124 人具有硕士或以上学位。总的来看，澳门特区吸引海外人才的力度和效果在粤港澳三地是最弱的，但对于澳门特区的人口和经济体量而言，这一数字仍比较可观，且这种"在精不在多"的引进策略，符合澳门特区的现实需要。为促进澳门特区"1+4"经济适度多元发展创设更多良好条件，助力粤港澳大湾区高水平人才高地的建设，澳门特区政府结合国家政策，将精准对接产业发展需求，积极引进和培养本地各类人才，贯彻落实"人才培养、人才回流与人才引进"并行的政策，组建一个结构良好、质素优良的人才梯队，为澳门特区的经济社会发展提供强大的人才保障。

从广东九市来看，其对海外高端人才的吸引力快速提升，是粤港澳三地中进步最快的地区。尽管缺少具体数据，但从一些新闻报道中可见一斑：2022 年，在中国城市外籍人才吸引力指数榜上，广州位列第三，仅次于北京和上海；2023 年在广州举办的中国海外人才交流大会上，吸引了 5000 家高校、科研院所和企业参与，带来合作项目 1300 多个，超过 15000 个海外人才需求岗位，累计 3.5 万人次参会。海外人才集聚，使得珠三角地区成为我国的重要人才高地。

粤港澳大湾区大力推动海外高端人才引育，对新质生产力开发起到了重要作用。在整个粤港澳大湾区，海外人才主要集中在金融（20.16%）和互联网（18.01%）等行业，使得这些新兴战略产业成为地方经济新的增长点。目前，香港特区加快布局金融服务、贸易物流、人工智能、医药疗养等行业，澳门特区夯实博彩、旅游和新型加工产业，珠三角重点发展新能源、高端装备制造和医药健康等产业，这些行业明显区别于传统产业，人才资源在其中发挥着突出作用，成为新质生产力开发的关键。

三　海外高端人才引育与新质生产力开发

（一）经验总结

新质生产力秉持创新、协调、绿色、开放、共享的新发展理念，是实现我国经济高质量发展、引领新一轮科技与产业革命的基点。其中，人才是激发新质生产力的支撑，为经济社会发展提供重要的智力资源，而高端人才发挥了尤为重要的作用，因此对海外高端人才的引育工作是新质生产力开发的应有之义。当前，世界面临新一轮产业变革，各国对于高端人才的争夺日趋激烈，我国要提高人才吸引力，不仅要留得住本国人才，还要能够引进国外高端人才，使我国在国际人才争夺战中占据重要位置。

粤港澳大湾区的经济、科技与人文实力雄厚，也是我国重要的人才高地，在海外高端人才引育方面有着成熟经验，能为我国其他地区的相关工作提供借鉴价值。总的来看，粤港澳大湾区在海外人才引育方面做了许多工作，注重政策引导和提供实际支持，能够根据地方实际需要和未来发展调整人才引育方向，使得引进的海外人才能够较好地服务于地方经济、科技和社会发展。香港特区的"高才通"人才计划、澳门特区的"高端人才计划"和广东的"岭南英杰计划"是粤港澳三地吸引海外高端人才的代表性政策，主要瞄准的是海外高科技、高知识和高资本人才，能够改善粤港澳的人力、资本等要素的投入和配置结构，激发新质生产力。但粤港澳三地在吸引海外人才方面也存在很大差异：广东九市经济体量庞大，经济与科技实力进步明显，对海外高端人才的需求量较大，因此在完善人才支持政策、提供物质支持方面表现积极，搭建了较为完整的税收优惠、人才补贴和职业发展政策体系，对海外人才提供全方位的支持。但受制于我国的落户、居留和签证制度，海外人才服务于地方社会还受到一定限制，在便利度方面有所不足。香港特区出台海外人才支持政策的时间较早，且引育海外人才的规模较大，对特区经济的持续发展提供了重要支撑。但由于特区本身的吸引力较强，其并未到物质层面提供较多支持，政策支持主要体现在签证便利化和居住便利化方面。澳门特区由于人口规模和经济体量较小，吸引海外人才的力度也相对较弱。澳门特区 2023 年最新出台的海外人才引育政策中，体现了层级化支持特点。

目前来看，粤港澳大湾区引育海外高端人才还存在一些问题：一是高质量海外人才供应与地方产业需求方面存在错位现象。在房地产、金融、广告传媒、农林牧渔等行业中，海外人才供给超过实际需要，而互联网、汽车制造、电子通信、医疗制药、能源环保等行业中，海外人才供给又显不足，这种情况导致海外人才服务于地方经济发展的能力受到一定限制。二是高学历、高水平的海外人才相对不足。尽管粤港澳大湾区在吸引海外人才数量方面快速增长，但其中硕博学历比重不高，低于北京和上海等地区，真正的高端人才有所缺失。三是出现了明显的虹吸效应。广东九市中，海外高端人才主要集中在广州和深圳，其他地市引进海外人才的压力较大。四是不同城市之间存在人才竞争内耗的现象。特别是香港特区与广东九市之间在人才引进方面竞争大于合作，导致政策出现内耗，这也表明粤港澳大湾区的人才引进一体化水平不高。

（二）政策建议

对于以上出现的问题，应该从以下几个方面着手解决，以提高粤港澳大湾区引进海外高端人才的效率，满足地方经济社会发展的需要，更好地催生出新质生产力。

一是绘制人才地图，打造粤港澳大湾区海外人才聚集高地。需紧密围绕该区域内各城市的国家经济与社会发展计划中的关键产业和领域。此外，需考量企业对各类专业技术人才的需求状况及其服务需求，从而编制人才引进指导目录，并清晰界定各行各业中需求量大但短缺的人才类型。通过联合行动，积极开展全球招揽人才活动。同时，制订针对性的政策措施，旨在提升人才吸引力和发展条件，建立更宽广的引才平台，精确识别并引进急需的顶尖人才，以此大幅提升招贤引智的实效。

二是与时俱进打造城市名片，提升区域竞争力。多渠道向海外市场投放广告，宣传粤港澳的发展潜力，介绍粤港澳大湾区人才引育政策，打响城市知名度。向海外知名新媒体平台（如 Tiktok、Facebook 等）投放粤港澳城市发展宣传片，介绍当地人才支持政策；开展政府组团、企业组团海外联合招聘，积极了解海外人才信息，解决关键行业、关键领域的人才卡点问题。利用好自身优势，重点关注留学生、华侨华人等群体，提高引育成功率。

三是探索多层次引才机制，优化高端人才吸引机制。针对粤港澳大湾区对多级人才的特定需求，不断更新引入人才的策略。实施灵活的引才模式，包括人才兼职、合作研究、学术交流等，以引进顶尖专才。拓展多样化的人才吸纳途径，通过举办专场招聘、在线招聘等。优化粤港澳大湾区关键产业和紧缺专业领域的人才需求与供应匹配，达成多方式的人才招揽。

四是搭建人才引育协同机制，为促进主导产业的进步与转型，重视培养与引进人才两手抓。紧扣产业需求培育专业技术人员，发挥学校作用，深化院校与地方、企业的合作关系，推动校地、校企一体化交流与合作，以此激发产业发展与科研教育的互动。系统构建行业人才培养机制，巩固人才成长的阶梯式结构，创建人才鉴定体系，助力人才能力提升，增强职业生涯发展的连续性，确保人才可以在更广域内施展拳脚，消除地区间人才流动障碍。

新质生产力何以驱动高质量发展

——人工智能与新型劳动者队伍建设视角

耿子恒[1,2]　李晨阳[3]

（1. 河北经贸大学管理科学与信息工程学院；

2. 河北经贸大学大数据与产业智能发展研究中心主任；

3. 河北经贸大学管理科学与信息工程学院）

摘要： 发展新质生产力是以中国式现代化引领的新发展阶段的首要任务，是促进高质量发展的重要着力点。新型劳动者是发展新质生产力的决定性组成要素。本文尝试从新质生产力内涵理解出发，分析新质生产力形成过程及其驱动高质量发展的理论机制，阐述数字经济推动新质生产力重要作用。以发展新质生产力和驱动经济高质量发展两个视角，描绘新质生产力形成、数字经济创新发展这一数字化新质生产力"催生点"以及经济高质量发展所需的新型劳动者队伍特征，进而提出新质生产力和高质量发展要求的新型劳动者队伍建设策略，为推动我国高质量发展提供人才新动能。

关键词： 新质生产力；数字经济；人工智能；新型劳动者；高质量发展

2023 年 9 月，习近平总书记在黑龙江省考察时首次提出"新质生产力"。这一理论指出"发展新质生产力是推动高质量发展的内在要求和重要着力点"，要"大力推进现代化产业体系建设"，"以科技创新推动产业创新"，"因地制宜发展新质生产力"。这表明新质生产力不仅是推动经济发展质量跃升的核心力量，更是破解我国当前经济周期性和结构性矛盾的关键战略。而新质生产力如何形成以及如何驱动经济高质量发展，都离不开生产力决定性要素——劳动者。因此，深入分析在培育和发展新质生产力及其驱动高质量发展过程中，新型劳动者队伍特征及其建设等问题，对于实现我国所锚定的"高质量"发展目标，推进中国式现代化建设具有重要意义。

新质生产力是通过劳动者知识（技能）的更新、劳动对象配置的创新、劳动资料的革新及生产关系与生产力全新适配，使生产力结构中各要素水平实现"质"的迭代，进而以创新起主导作用，以颠覆性技术和前沿技术为引领，使传统产业升级，优化战略性新兴产业发展，前瞻布局未来产业，全面提升全要素生产率，具有高科技、高效能、高质量特征的非升级而跨质（代）的新型先进生产力。

一　新质生产力的驱动经济高质量发展的理论机制

熊彼特创新理论认为，经济发展是不断创新打破均衡的结果，从而引起利润、资本、信贷、利息和经济周期的变化，而经济增长是由人口和资本增长所导致的，没有在质上产生新变化的一种现象（徐泽荣，2006）。那么，需要通过质量变革、效率变革和动力变革，推动经济由高速增长向经济的高效率和高效益发展转变，以实现经济高质量发展（孙学工，2020）。新质生产力本身作为"高质态"的生产力将会引领质量变革、效率变革和动力变革，从而助力经济实现高质量发展。因此，分析新质生产力对经济高质量发展的作用机制，需要从"质量变革、效率变革和动力变革"三个维度展开。

（一）新质生产力提升要素质量，推动经济高质量发展的理论机制

要素投入质量决定着中间品投入和最终产品产出的质量，而中间品投入质量决定着最终产品是否能产出或者产出质量是否具有高水平，最终产品或服务的产出质量直接决定着产品国际竞争力和居民消费质量，这都对经济发展效益是否能取得高质量结果具有基础性作用。由此可见，劳动、资本和技术要素投入的质量对驱动质量变革至关重要。对劳动要素而言，新质生产力会以科技新方式和管理新机制更新劳动者知识和技

能，进而改善劳动者素养，促使劳动要素供给质量水平会实现提升。对资本要素而言，新质生产力会在产业间及内部，以及企业内部促使土地、劳动、技术和管理等生产要素配置到具有较优经济绩效或者生产技术改造需求的部门，进而引致资本要素被市场机制引导在新的经济部门发挥作用，以实现资本要素的高质量价值。对技术要素而言，新质生产力自带科学技术属性，其推动布局的前瞻性或战略性新兴产业所输出的创新性技术要素，将进一步提高各经济部门的技术要素供给质量。例如，数据要素、数字基础设施和交易机制合力释放数据潜力，并在实践上实现数据配置，为未来新兴产业持续提供支撑，以从各个层面和阶段发挥促进新质生产力发展的作用。因此，新质生产力可以通过提高劳动、资本和技术要素供给质量，助力经济发展的质量变革，进而推动经济高质量发展。

（二）新质生产力提高技术效率和要素配置效率，推动经济高质量发展的理论机制

经济高质量发展的核心要义之一是经济发展效率高。因此，推动效率变革以使全要素生产率获得提升是经济高质量发展的重点之一。这与发展新质生产力的目标相一致。新质生产力可以提高要素供给质量，并使要素之间分配和投入比例得以优化，从而实现在同样规模的要素投入下增加生产的最大产出量，致使生产可能性边界向外推进。可见，新质生产力可以使全要素生产率的最重要部分，即技术效率实现提升，进而提高其对全要素生产率的贡献。此外，在具有科学技术内核的新质生产力加持下，能够提高企业打破规模报酬递减规律的可能性，使其在大规模、复杂化和个性化的生产组织模式下，优化组织、要素和生产的多方面协同性，从而提高包括要素配置效率在内的组织效率，使实际产出尽可能距离生产可能性边界更近，进而使技术效率结果应用最大化，助力经济实现效率变革。

（三）新质生产力加大科技创新和体制改革力度，推动经济高质量发展的理论机制

新质生产力促使劳动要素"质"的提升将会给科技创新带来新影

响。劳动者在新知识和技能赋能下，不仅其创新素养将会持续提高，还会与其主观能动性相配合，催生其生产与创新潜能。这种新型劳动者使人力资本质量实现跃升，将会成为促进科技创新最活跃的新动力。

新质生产力以要素配置优化为起点，推动科技创新体系改革。新质生产力在不断优化要素资源配置，引致战略性新兴产业和未来产业，这将引致创新要素在多元化产业间或企业间游走，激发更多科技创新主体单元，甚至打破创新主体单一模式，拓展其规模和边界，进而形成以产业链为基础的更具凝聚力的创新网络，以提升科技创新的实力。

经济发展总是与一定的社会关系发展相协调。发展新质生产力，必须进一步全面深化改革，形成与之相适应的新型生产关系，反之，在发展新质生产力的过程中，也必然引致新型生产关系变革，以推动优质生产要素流向新质生产力的创造端。那么，其中新型生产关系的具体表现就是体制机制与生产力发展的协调性，伴随着新质生产力的培育、成长与发展，以制度创新为抓手的体制机制变革具有必然性。

二　数字经济创新发展是催生新质生产力重要举措

更高技术含量的劳动资料是新质生产力的动力源泉（习近平经济思想研究中心，2024）。数字技术是支撑我国经济高质量发展的最重要技术集群。加快发展新质生产力，需要落实深入推进数字经济创新发展措施（政府工作报告，2024），即全面部署包括基础层、技术层和应用层在内的体系化数字经济战略。具体而言，从落地方式看，要大力推进数字产业化和产业数字化；从实施路径看，要继续深入推进数字经济与实体经济深度融合发展，开展"人工智能+"行动，加快数字化转型工程；从技术角度看，构建能力强、安全性高和覆盖面广的工业互联网，适度超前建设数字基础设施，形成全国一体化算力体系。可见，数字经济能够引致高质量发展的动力变革、质量变革和效率变革，促进新质生产力培育和发展，推动高质量发展。

（一）数字经济助力劳动者跃升
劳动者通过付出体力和脑力劳动获取物质资料，即劳动者需要具备劳动所需的知识、技能和素养，才能够对生产力发展起到最根本的作用。在劳动者个体维度上，其知识需要习得，技能需要实践，素养需要教育。那么，数字经济助力劳动者跃升体现在：一是将以数字化方式为劳动者提供更加系统、便捷和前瞻性的知识；二是以数字化的方式为劳动者技能训练和实践提供新场景和新方式；三是教育方式数字化转型，为教育质量、数量、渠道等各方面提供价值性，强化劳动者个体知识学习效率和自驱力培养效果。

（二）数字经济助力劳动对象跃升

劳动对象是劳动者把自己的劳动加于其上的自然物和物质资料。那么，数字经济助力劳动对象跃升体现在：一是数字技术应用能够促进劳动对象的创新性配置，从宏观上推进不同经济部门间劳动对象的合理配置，从微观上推进劳动对象在产业和企业内部的高效利用。二是算力与算法技术自身及其衍生的拓展性、连接性和智能性，作用于数据要素这一新型劳动对象，将打破时空限制，促使物流、信息流和资金流加快流通，推动经济循环效率提升，实现生产要素的有效配置，助力生产力跃迁。

（三）数字经济助力劳动资料跃升

劳动资料是使人的劳动与劳动对象相连接的媒介物，最重要的是生产工具。从传统的手工小规模生产模式到蒸汽、电力和机器助推的大规模生产模式，直至现在人类经历互联网革命后所处的数字时代，生产工具已经实现了多个"代际"的跃升，即实现了"质"的变化。那么，数字经济助力劳动资料跃升体现在：数字技术赋予了生产资料的数字化属性，即科学技术赋能劳动资料实现技术革新，创造"新"的生产工具。数字经济时代，智能传感设备、工业机器人、光刻机、云服务、工业互联网等数字化劳动资料（戚聿东和徐凯歌，2024），以及数字技术推动传统产业转型升级，引致多行业创造新型生产工具。这将有利于加速推进高质量发展进程。

三　新型劳动者队伍促进新质生产力形成，推动经济高质量发展

新质生产力和经济高质量发展要以基础研究和关键技术创新，构建国家创新生态，以培育新产业和赋能传统产业升级，构建现代产业体系，以适配新质生产力、数智化新质生产力和经济高质量发展要求，构建新型劳动者队伍。

（一）　构建适配新质生产力发展的新型劳动者队伍

1. 注重培养新型劳动者思维、知识和技能三重进阶

首先，要为劳动者提供具有新质生产力高技术特征的前瞻性知识、技术和工具。其次，帮助劳动者习得新产业、新业态和新场景下的劳动技能。最后，应以渗透方式持续释放新型劳动者自我更新、自我革新、自我发展的理念，助力构建劳动者队伍创新思维，以适应经济社会发展变革，引领"新"的生产力。

2. 注重培养基础研究和关键技术创新人才队伍

首先，要建立基础研究引导机制。从基础教育开始培养学生基础学科学习兴趣，构建兴趣为主的自主学习选择机制，引导和延伸学生主动选择基础学科学习与研究。其次，发挥举国体制优势，在国家部门协同下联合国家级科研院所、研究型高等院校、科技型头部企业围绕基础技术与高新技术开展研究，提高基础技术与未来技术创新人才的能力和产出水平。最后，注重有效投资促进作用。加强对关键性技术创新人才的资金投入，实现各类创新主体间资金链、人才链和创新链融合，加快培育有价值、大量的、适配的高技术人才发展。

3. 注重人才培养体系创新和适配性生产关系建设

首先，转变人才培养理念。要把人才培养看成一个长期性工程，需建立一个从幼儿教育到终身教育的整体教育体系。持续性地把基础学科学习与研究、科学技术兴趣培养与研究、创新思维与理念培养等作为人才培养重点，为新质生产力发展培养高素质人才。其次，健全职业教育体系。在学历教育中，要优化学科设置，创新人才培养模式；在非学历

教育过程中，持续为各类劳动者提供知识技能更新的课程和培训，以培育掌握现代技术研发、应用能力的新型科研人才、新型技术人才和新产业人才。最后，强化科学技术人才培养。加快完善科技研发与创新人才培养制度，在高校内围绕高科技建立相应学科，强化产学研合作，助力创新人才培养与集聚；同时，建立科研人才创新激励机制，提高科技创新人才活力。

（二）构建适配数字化新质生产力发展的新型劳动者队伍

人工智能是新质生产力发展的重要引擎。数字化新质生产力发展的重要内容之一是"人工智能+"行动。要推动人工智能技术赋能产业高质量发展，以及使人工智能技术与产业场景创新应用共同发展，实现技术与经济共同跃升。因此，不仅要大力推进人工智能产业化，输出更加适合赋能经济高质量发展的人工智能技术，而且要进一步深入推进人工智能技术与实体经济融合发展，推动产业高质量发展。

人工智能产业属于战略性新兴产业，是新质生产力的重要组成部分。人工智能产业发展质量代表着人工智能技术的质量、人工智能产品和服务的质量，其发展质量的优劣代表人工智能技术水平和输出能力的高低。因此，人工智能产业化发展水平会对我国产业发展质量产生影响。然而，人工智能产业高质量发展离不开高技术新型劳动者。可见，适配人工智能产业化发展的新型劳动者队伍建设对培育和发展新质生产力，推动经济高质量发展具有重要作用。

1. 我国人工智能产业生态发展态势

将全要素生产率作为人工智能产业发展质量的衡量指标，从微观层面入手，使用我国人工智能板块上市公司数据（截至 2020 年），探究人工智能企业发展质量及其影响因素。研究发现：

（1）我国人工智能企业全要素生产率呈现上升趋势，已初步形成区域性良好人工智能产业生态，但是，全国人工智能产业发展水平存在异质性。具体是，京津、长三角、珠三角区域具有人工智能产业集聚土壤，在这些区域聚集了 61 家人工智能上市企业，并且长三角区域发展效率明显高于其他区域，北京、湖北、贵州、深圳等地紧随其后。

（2）我国基础层、技术层、应用层等人工智能产业生态所有企业

TFP 指数均大于 1，都具有较优的经营效率，并且所有企业都存在技术效率提高，但是，基础层掌握关键核心技术的企业与应用层实现最终产值的企业均不存在技术进步改善，只有处于技术层的软件服务等通用信息技术服务行业的企业实现了技术进步。

（3）智力强度、盈利能力对全要素生产率、技术效率、技术进步均有显著正相关关系，资本投入对全要素生产率提升具有显著正相关关系，企业规模对全要素生产率、技术效率均有显著负相关关系，同时对技术进步具有不显著负相关关系。

表 1　　　　　　　　按 AI 上市公司所在地区全要素生产率测算

地区	企业数	BCC 模型下的 纯技术效率		CCR 模型下的 技术效率		全要素生产率变动 （DEA-Malmquist）	
		均值	标准差	均值	标准差	均值	标准差
北京	14	13.6315	9.4904	0.1197	0.1824	1.0729	0.3324
天津	2	28.4867	18.1264	0.1402	0.2583	1.5582	1.7352
上海	4	11.8849	9.6609	0.1286	0.1568	2.0391	5.4997
浙江	10	16.8181	12.2536	0.0681	0.0408	1.0796	0.4103
江苏	7	7.5116	5.2782	0.1895	0.1508	1.0616	0.334
安徽	3	20.8903	6.1495	0.0452	0.0171	1.1143	0.2548
杭州	1	24.9329	7.5332	0.0368	0.0115	1.1028	0.1888
河南	1	26.4124	8.3015	0.0358	0.0101	1.0599	0.2346
湖北	4	21.4463	11.8915	0.0716	0.074	1.3782	2.2385
湖南	2	20.9621	15.4768	0.0638	0.0481	1.0582	0.2207
山东	4	12.0604	7.1298	0.121	0.1635	1.1363	0.3547
广东	12	18.7953	10.1099	0.0618	0.043	1.0396	0.2867
深圳	11	13.7422	9.571	0.0957	0.1631	1.0816	0.36
福建	1	24.0431	4.9725	0.0367	0.0056	1.034	0.1583
新疆	1	22.0788	3.3903	0.038	0.0064	0.984	0.151
甘肃	1	31.3448	8.7798	0.0274	0.0071	1.059	0.1669
四川	3	23.8954	15.5288	0.0486	0.0295	1.0749	0.2193
重庆	1	5.4169	1.1828	0.119	0.0262	0.9758	0.2134

地区	企业数	BCC 模型下的纯技术效率		CCR 模型下的技术效率		全要素生产率变动（DEA-Malmquist）	
		均值	标准差	均值	标准差	均值	标准差
贵州	1	2.5271	1.485	0.3811	0.1058	1.2281	0.5264
辽宁	2	22.7243	5.2645	0.0371	0.0093	1.0261	0.0855

资料来源：耿子恒：《人工智能：数字时代产业发展的新动能》，社会科学文献出版社 2023 年版。

2. 人工智能产业人才发展建议

人工智能产业发展态势是技术输出能力的直接表现。产业优，则技术优，不但对于人工智能产业自身的"新""质"发展具有促进作用，而且对于赋能我国传统产业转型升级，摆脱低效率发展方式也具有积极作用。因此，现基于我国人工智能产业生态发展态势及其差异性，提出以下人工智能产业人才发展建议：

（1）我国应持续增强京津冀、长三角和粤港澳大湾区人工智能产业投资，集聚更多优质企业，吸引更多优秀人才扎根，做强做优产业生态；同时，就粤港澳大湾区而言，因排名位于全国第五位，建议要以战略视野从产业政策和人才政策上协同发力，加大对高端技术人才的引进力度，特别要做好人工智能产业技术人才的培养、引进和激励工作，以进一步推动人工智能产业发展效率提升。

（2）人工智能基础层和应用层对产业生态构建具有重要价值。基础层决定着人工智能产业生态的技术进步效率，应用层决定着产业收益与反哺机制实现。因此，我国需要进一步加大对人工智能基础层和应用层企业的政策、资金和人才支撑，做好相应类别人才的培养、引进和激励工作，促使人工智能生态逐步优化和完善。

（3）智力强度、盈利能力对全要素生产率、技术效率、技术进步均有显著正向影响，而企业规模对三者具有负向影响。可见，高端人工智能人才、资本运营和资金管理能力、企业适度规模是影响人工智能产业发展优劣的因素。因此，我国应注重人才链、资金链和产业链融合发展，指导人工智能企业要控制规模，在盈利能力和人才发展协同下适度发展，以保持人工智能产业生态平衡与优化。

（三）构建适配经济高质量发展的新型劳动者队伍

1. 人工智能对我国产业高质量发展的影响

人工智能技术对我国产业发展质量影响具有异质性。通过人工智能影响三次产业的升级的实证分析，研究发现：从全国范围看，放松时间限制，人工智能技术在一定程度上表现出对农业产业升级的显著正向影响，对于制造业升级、服务业升级具有显著性向影响。从区域范围看，人工智能技术对西部地区服务业升级，具有很强的正向影响，每提升人工智能技术成熟度 1 个单位，可以提升西部地区服务业升级水平 11.66%。

2. 产业高质量发展的人才发展建议

经济高质量发展的重要组成部分是传统产业转型升级。产业智能化发展是传统产业升级的有效途径，是新质生产力所孕育的人工智能技术提供的新型生产工具。因此，产业智能化人才是我国经济高质量发展的重要支撑力。

（1）从人工智能对我国三次产业发展质量影响结果来看，我国应更加重视农业智能化人才的培育和使用，引导人工智能技术人才理解农业产业实践，为其提供在农业产业场景应用人工智能技术的土壤，推动人工智能在农业场景的高水平应用。通过这种实践培育方式，推动农业智能化人才队伍的批量化、专业化、高质量构建。同时，继续补充和完善制造业和服务业智能化转型发展人才队伍，巩固人工智能对二、三次产业转型升级的效果。

（2）经济高质量发展不仅需要赋能传统产业升级，还需要培育新产业。新产业的主阵地在战略性新兴产业和未来产业两个方向，因此，在培育适配发展新质生产力新型劳动者队伍基础上，应注重新质生产力包含的高技术赋能节能环保、信息、生物、高端装备制造、新能源、新材料、新能源汽车业高质量发展的产业人才，以推动新质生产力创新性与战略性产业融合，为经济高质量发展提供可靠动力。

（3）数字革命时代需要统筹数字人才发展。在推动数字技术与产业深度融合发展过程中，不仅要注重数字技术人才培养，还需要注重数字与产业融合发展的人才培养，以推动发展机制、发展模式和发展制度创新，创造适配数实融合发展的生产关系，以推动数字化新质生产力发挥助力经济高质量发展的作用。

3. 新质生产力、新型劳动者队伍与高质量发展的政策建议

面临未来新技术对劳动力就业总量和结构冲击的演变情境，我国应抓住新技术对劳动力就业冲击尚未产生颠覆性变革，而处于持续性、逐步性、进阶性的调整阶段的关键时期，以国家政府部门协同为基础，构建全社会行业职业发展目录，进一步翔实摸清劳动力就业底数，瞄准未来职业发展需求，以更加精准的方式进行前瞻性人力资本投资，确保掌握新技术对我国劳动力就业影响的主动权，把握劳动者培养方式、节奏、渠道和内容等，确保构建新型劳动者队伍，促进新质生产力形成，进而推动经济高质量发展。

（1）构建国家政府部门间协作机制。国家劳动就业、科学技术、宏观经济、工业和信息化等部门协作联动，在明确新技术发展速度、技术水平、扩散范围和应用领域等方面进行深入而细致的分析，动态预测哪些行业中哪部分劳动力将在短期、中期和远期中被替代，或又有哪些行业中会被新技术引致新的劳动力需求，为做出劳动力能力提升、转型发展或就业安置等决策提供科学依据。

（2）制定全行业职业目录。根据新技术发展阶段以及劳动力替代和新岗位被创造的预测情况，国家劳动就业部门需统筹全行业中涉及新技术应用领域的微观主体企业制定职业目录。在职业目录中，重点明确职业名称、职位对应的任职资格条件、需求数量等量与质的问题，为从实践性角度提出劳动力培训提升和转职发展决策提供指引。

（3）构建劳动力数据平台。加强各经济部门间劳动力数据联动，特别是，要建立劳动者知识、素养和技能地图。把劳动力大数据应用放在首位，为职业目录完善、劳动力供需预测和培训转职发展提供坚实的数据基础。

（4）加大高等教育和职业技能教育精准投入力度。根据国家预测的新型劳动力需求和企业发展所需新型工作岗位，高等院校、职业教育院校和社会类培训机构加大对应新技术渗透行业所要求的知识、技能和素养的教学投入，强配师资、设备、教学环境等软硬件，统筹产学研模式施教，助力培养适应新质生产力发展、产业转型发展、未来产业和战略

性新兴产业发展所需的新型劳动者。

参考文献

《习近平在中共中央政治局第十一次集体学习时强调：加快发展新质生产力　扎实推进高质量发展》，2024 年 2 月 1 日，中国政府网，https://www.gov.cn/yaowen/liebiao/202402/content_6929446.htm。

任保平、王子月：《新质生产力推进中国式现代化的战略重点、任务与路径》，《西安财经大学学报》2024 年第 1 期。

周文、许凌云：《论新质生产力：内涵特征与重要着力点》，《改革》2023 年第 10 期。

胡莹：《新质生产力的内涵、特点及路径探析》，《新疆师范大学学报》（哲学社会科学版）2024 年第 2 期。

杜传忠、疏爽、李泽浩：《新质生产力促进经济高质量发展的机制分析与实现路径》，《经济纵横》2023 年第 12 期。

钞小静、王清：《新质生产力驱动高质量发展的逻辑与路径》，《西安财经大学学报》2024 年第 1 期。

张林、蒲清平：《新质生产力的内涵特征、理论创新与价值意蕴》，《重庆大学学报》（社会科学版）2023 年第 6 期。

令小雄、谢何源、妥亮等：《新质生产力的三重向度：时空向度、结构向度、科技向度》，《新疆师范大学学报》（哲学社会科学版）2024 年第 1 期。

耿子恒、汪文祥、郭万福：《人工智能与中国产业高质量发展——基于对产业升级与产业结构优化的实证分析》，《宏观经济研究》2021 年第 12 期。

粤港澳大湾区人工智能人才
培养现状与建议[*]

何珍妮[1]　　彭祥佑[1]　　简浩贤[2]
（1. 澳门特区理工大学；
2. 澳门特区专才发展学会研究与发展中心）

摘要： 粤港澳大湾区作为中国人工智能产业发展的重要高地，人工智能人才的培养尤显重要，然而当前关于如何培养人工智能人才的研究较少。本研究采用文献回顾与网络调研的方法，从人才供需平衡的视角出发，详细分析了粤港澳大湾区内 7 家企业和 13 所高校的人工智能人才需求与培养现状，并探讨了相关的政策背景。研究发现，在政策的积极推动下，该区域的人工智能教育快速发展，但人才供给与企业需求之间存在不匹配问题。当前企业对人工智能人才的需求持续增长，特别是研发类与商务类岗位，招聘条件上对学历背景和行业经验的要求较高。另外，高校在人工智能学科建设进度上有所差异，且研究类顶尖人才较少。鉴于这些问题，本文提出通过政策引领、促进校企合作、推动产教融合以及加强跨学科教学等建议，以提升粤港澳大湾区人工智能人才培养的质量与效率，更好地满足科技人才队伍建设的需求。

关键词： 人工智能教育；人才培养；课程比较；粤港澳大湾区；高等教育

---

　* 基金项目：本研究由澳门特别行政区政府澳门特区基金会资助（项目编号：G-XXX-00238-2308-288）。

一　问题的提出

当前，以人工智能生成内容（Artificial Intelligence Generated Content，AIGC）为代表的生成式通用人工智能（Artificial General Intelligence，AGI）技术的突破，让人工智能教育领域与学科迎来大发展机遇①。2022年，ChatGPT（智能聊天机器人）的风靡，点燃了 AIGC 行业之火。由于 AIGC 具有效率和可扩展性、帮助科研、优化搜索引擎、克服写作障碍的优点，能让工作效率高、成本效益好而越来越受人们的欢迎②。AIGC 不仅在媒体和广告领域引发了巨大变革，还在教育、医疗、金融等诸多领域得到了应用，该技术已经成为人工智能应用领域的一个重要趋势，因此，有必要培养人工智能专业人才。然而，目前中国大部分高校的人工智能课程杂而不精，课程内容与人工智能学科的核心有所偏差③，在如今时代，学习者是否需要比以前更精通算法、自然语言处理（NLP）、深度学习、神经网络等学习内容，从而将其知识应用于实际业务场景中以适应市场需求？我们不得而知。

另一方面，技术的革新势必会引起教育转型升级，AIGC 技术为人工智能教育领域带来了机遇，但同时也带来了挑战，其中人才问题尤为突出，这对院校的人才培养提出了更高要求④。粤港澳大湾区（后文简称粤港澳大湾区）作为中国开放程度最高、经济活力最强的区域之一，能提供人工智能产业良好的发展环境，也日益需要能够应对"AIGC 技术挑战"的高素质人才。因此如何培养高层次学科专业人才，以迎合人工智能技术日新月异的时代背景下的人才需求，是目前我们需要关注和亟待解决的新问题。

---

① 彭绍东：《AIGC 时代基于双向赋能的人工智能教育创新框架》，《教育文化论坛》2023年第 4 期。

② Wu J., Gan W., Chen Z., et al., "AI-Generated Content（AIGC）: A Survey", *ArXiv.org*, 2023.

③ 曾婷：《高校人工智能专业建设的现状分析与问题的思考》，《计算机产品与流通》2019年第 12 期。

④ 方中雄、吉利、程聪：《我国人工智能产业的人才需求分析》，《北京工业职业技术学院学报》2022 年第 2 期。

　　然而，目前粤港澳大湾区人工智能人才培养的研究相对较少，从现有的文献来看，研究集中在高职院校，本科院校中研究较少。加之，粤港澳大湾区港澳两地与内地存在差异化教育环境，随着合作进程加快，人才需求冲突日益明显，这点更是证明了解决人才问题需要教育的积极参与①。根据 2020 年发布的《粤港澳大湾区人工智能发展报告》中显示，粤港澳大湾区各地陆续落实人工智能产业扶持政策，粤港澳大湾区 AI 企业数量已超过 200 余家，聚集效应正逐步凸显②，呈现出粤港澳大湾区的人工智能产业蓬勃发展之势，但人工智能人才却严重不足③。因此，高校如何适应时代需要，推进新兴专业建设显得非常重要。本文从人才供需平衡的视角出发，以政策背景、人才需求、人工智能课程比较方面进行梳理和分析，以试图回答以下 3 个方面的问题：①人工智能人才培养有哪些政策保障？②粤港澳大湾区人工智能人才需求现状如何？③粤港澳大湾区高校人工智能人才培养现状如何？以期发现粤港澳大湾区人工智能人才培养矛盾所在，提出建议，为粤港澳大湾区人工智能教育人才培养提供启示与借鉴。

二　粤港澳大湾区人工智能人才培养政策演进

　　面对人工智能这样的新兴尖端领域，专业人才培养是其发展的核心所在，所以人工智能人才培养已逐渐上升成为政府发展的积极事项。2017 年，国务院发布的《新一代人工智能发展规划的通知》中提出，要"完善人工智能教育体系，加强人才储备和梯队建设"；2018 年，教育部制定《高等学校人工智能创新行动计划》强调了要完善人工智能人才培养体系，加快人工智能领域学科建设、专业建设以及多层次教育体系；随后，在 2019 年，教育部发布《关于公布 2018 年度普通高等学校本科

---

① Zhang Z., Li J., Chen Y., et al., "Mapping the educational Frontier: Unleashing the Potential of artificial intelligence talents through cooperative planning in the Guangdong-Hong Kong-Macao greater bay area", *Heliyon*, Vol. 10, No. 2, Jan 2024, pp. 24-168.

② 中国信息通信研究院广州分院发布：《粤港澳大湾区人工智能发展报告》，广东工业互联网创新中心公众号，2020 年 11 月 27 日。

③ 徐萍、蔡昭权、董鹏中等：《粤港澳大湾区高职院校 AI+X 复合型人才培养路径探索》，《职业技术教育》2021 年第 17 期。

专业备案和审批结果的通知》，有 35 所高校首批获得人工智能专业建设资格。同年，习近平总书记在国际人工智能与教育大会的致信中指出，中国应该积极深入探讨人工智能发展的思路和举措，加大力度培养人工智能相关产业所需的高端人才，再次突出对人工智能人才需求的紧迫性；2020 年澳门特区政府发布《澳门高等教育中长期发展纲要（2021—2030）》，文件中鼓励及支持高等院校配合社会发展需要，开办新领域的理工及资讯科技课程，共同构建应用型人才培养体系；同年，香港特区政府发布《香港智慧城市蓝图 2.0》提出培育人工智能青年人才。广州亦在此年份出台了《广州市关于推进新一代人工智能产业发展的行动计划（2020—2022）》，鼓励高校开设人工智能相关课程，引导企业及院校机构建设人工智能人才培训基地，为推进创建国家级人工智能创新试验区和先导区引导人才；2022 年，广东省科学技术厅与省工业和信息化厅印发了《广东省新一代人工智能创新发展行动计划（2022—2025）》，围绕完整 AI 产业链，包括软硬件开发、核心技术研发、行业领域智能化来部署 AI 创新链，强调高层次人才建设，培养技术、产业、商业跨界复合型人才；2023 年，广东省人民政府针对 AGI 发布《关于加快建设通用人工智能产业创新引领地的实施意见》，再次强调要建设高水平人才集聚地，吸引海外人才在粤港澳大湾区落户，鼓励粤港澳联合办学、产学合作、举办赛事，提出完善人工智能人才职称评价体系。

我国各级政府从规划和行动上表现了对人工智能人才培养的重视，从而促进人工智能产业的发展。一般方法为提供激励措施（如人才补贴、个税优惠、职称优待），聚集科技企业，鼓励粤港澳学校之间、学校与企业之间交流合作，给人才提供从教育到就业的系列保障。同时，高校方面也积极响应号召，从 2019 年教育部批复开设第一批人工智能本科专业开始，现粤港澳大湾区已有 28 所院校开设人工智能本科专业。粤港澳大湾区拥有众多高新企业及优质教育资源，作为全球唯一一个拥有"一国两制"的湾区，既能与国际接轨，又具有较好的政府政策支持，在人工智能人才培养上提供了有利的条件保障。

三　粤港澳大湾区人工智能人才需求现状

　　人工智能产业迅猛发展的同时亦带来了大量企业对人工智能人才的需求。本文根据相关文献①及教育部学生服务与素质发展中心对人工智能专业就业情况获取职位关键词，并参考广东省科学技术厅与省工业和信息化厅发布的《广东省新一代人工智能创新发展行动计划（2022—2025）》和毕马威联合中关村产业研究院发布的《人工智能全域变革图景展望：跃迁点来临（2023）》报告，选取了粤港澳大湾区的15家代表性企业进行数据采集，根据本文研究需要，在各家企业官网的招聘页面筛选职位名称包含"人工智能"或职位职责要求包含"人工智能"的岗位，限制招聘条件为"本科应届毕业生"，工作地点为"广东、香港特区、澳门特区"以进行统计，最后剔除无相关岗位的企业，最终统计结果为7家企业。将各家企业所提供的岗位划分为技术岗和非技术岗，其中技术岗包含研发类（如算法、工程、数据）、应用类（如提示工程师、AI工具应用），非技术岗包含商务类（如项目管理、业务拓展）、运营类（如高级管理、售后服务），最终统计结果见表1。

表1　　**粤港澳大湾区代表性企业的人工智能人才需求职位类别**

企业	技术岗		非技术岗	
	研发类	应用类	商务类	运营类
华为	AI工程师、云计算工程师、自动化控制工程师、算法工程师（媒体算法、射频算法、软件算法）、软件开发工程师	精密装备开发与自动化工程师	客户经理、华为云BD、芯片与器件销售经理	云计算服务工程师、知识产权工程师、网络安全与隐私保护工程师

---

　　①　方中雄、吉利、程聪：《我国人工智能产业的人才需求分析》，《北京工业职业技术学院学报》2022年第2期。

企业	技术岗		非技术岗	
	研发类	应用类	商务类	运营类
腾讯	技术研究—推荐算法方向	财经线培训生—分析类	平台型产品经理（技术背景）、云计算产品经理、解决方案—行业咨询方向、解决方案—技术咨询方向	
中国平安	NS管培生（算法工程师）			
商汤科技	算法研究员（多模态大模型）、3D视觉算法开发工程师		AIGC产品经理	AIGC C端产品运营
云从科技				人工智能售后工程师
小马智行			项目经理	
文远知行	算法工程师			

资料来源：

　　从岗位数量上看，华为和腾讯两家企业提供了更多的工作机会。另外，研发类和商务类的岗位数量居多，表明企业对新型人才的要求，不仅需要技术能力，还需要有业务敏感度。从岗位名称上看，算法工程师需求最大，可以得知该岗位是人工智能企业的核心岗位之一。个别岗位出现了行业名称，近两年火热的名词"AIGC"也出现在岗位名称中，说明企业不仅需要应聘者懂算法，还需要拥有一定的行业背景知识。

　　综上可以发现，人工智能岗位需要应聘者掌握数理知识和IT知识，更需要拥有跨学科能力。这种跨学科的能力使得技术人才不仅能够理解人工智能相关的专业知识，还能针对具体行业的需求进行优化和创新。并且，随着AGI的日益成熟，AI应用类人才缺口将变得更大，企业会越来越重视那些能够进行技术创新、开发新应用、优化现有解决方案的复合型人才。因此，未来的人工智能岗位不仅仅局限于技术实现，也需要在商业策略和技术实施之间架起桥梁的职业要求，可能会有更多应用类与商务类岗位。这些类岗位需要了解市场动态，能够根据市场需求调整技术应用策略，也算为人才就业拓展了职业选择。

四　粤港澳大湾区高校人工智能人才培养现状

要推进培养社会急需的人工智能人才，高校是落实计划的关键一环。本文根据《软科 2023 年中国大学专业排名》公布的人工智能专业排名，从中选取了广东 9 所高校作为样本学校。港澳地区根据《QS 世界大学亚洲地区排名》选取了开设人工智能专业本科层次的高校作为样本学校，其中香港特区 2 所，澳门特区 2 所。通过收集各校官方网站中对专业人才培养方案、课程建设等内容进行分析和比较，得出粤港澳大湾区高校人工智能专业课程开设的大致情况，见表 2。

表 2　　　　　　　**粤港澳大湾区高校人工智能专业开设情况**

学校名称	院系名称	学位名称	学分要求	研究生设置
广东省				
中山大学	人工智能学院	工学	175	硕士、博士
华南理工大学	未来技术学院	工学	158.5	无
暨南大学	智能科学与工程学院/人工智能产业学院	工学	160	硕士
广州大学	计算机科学与网络工程学院	工学	160	无
华南师范大学	人工智能学院	工学	168.5	硕士
华南农业大学	电子工程学院	工学	165	硕士
广东财经大学	信息学院	工学	161	无
北京师范大学—香港特区浸会大学联合国际学院	理工科技学院	工学	148	无
广东技术师范大学	计算机科学学院	工学	165	无
香港特区				
香港特区大学	理学院	文理	150	硕士

学校名称	院系名称	学位名称	学分要求	研究生设置
香港特区中文大学	工程学院	工程	123	硕士
澳门特区				
澳门特区科技大学	创新工程学院	理学	135	博士
澳门特区理工大学	应用科学学院	理学	126	无

资料来源:

　　在粤港澳大湾区，广东、香港特区较早开设人工智能本科专业，有3所院校于2019年起开始招收学生，其中华南师范大学是广东第一所开设人工智能本科专业的高校。2020年，广东呈现剧增态势，且每年都有新增，澳门特区直至2023年才首次开设人工智能本科专业，见图1。这一趋势反映了粤港澳大湾区高校在政策推进速度上出现差异，结果会导致人工智能专业建设出现差异化，且发展不均的现象。

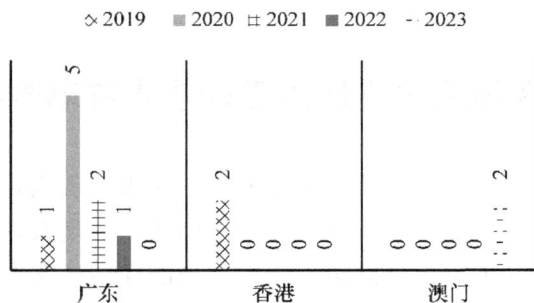

图1　粤港澳大湾区高校人工智能本科专业首次招生年份与数量

　　从表1院系名称上看，粤港澳大湾区已有3所高校新开设了人工智能学院，1所高校新开设了未来技术学院，且排名靠前，说明单独开设相关院系有助于课程体系专业化发展。其余高校将人工智能专业设置在计算机、电子、信息科学、工程相关的院系下，尤其是与"工程学院"名称相关的居多，说明人工智能专业更偏向培养学生的工程实践能力，这在专业的学位类型设置上也有所体现。在学位类型的设置上，广东高校一致设置为工学，澳门特区设置为理学，香港特区较为特殊，有文理和工程两种类型，说明粤港澳大湾区三地在培养目标上有所差别。广东高校因受内地政策影响，各高校的人工智能专业建设方案需要参考教育部发布的《普通高等学校本科专业类教学质量国家标准》，因此在学位类型上表现统一。这一结果也突出了广东高校更强调技术和工程实践能力的培养，澳门特区更侧重理论研究和基础知识的学习，香港特区旨在满足不同学生的兴趣和职业发展需求，侧重于人工智能学科的跨学科特性。在毕业条件的学分要求上，广东省的高校要求较高，平均需要修满162分，香港特区平均需要修满136.5分，澳门特区平均需要修满130.5分。从具体的培养方案得知，造成这样的差距是教育体系和培养目标差异所致。广东省高校的通识课占比较港澳地区高校更高，且单独设置了实训课程学分，在专业课程设置上更加全面，占据了较多学分。香港特区在第二专业上设置了相应学分，鼓励学生选修第二专业，教学模式更为灵活。从进修机会上看，有6所高校设置了人工智能专业硕士，拥有博士点的仅有2所，说明高校供给给社会的研究创新类的顶尖人才还较少。

五　粤港澳大湾区人工智能人才培养建议

综上分析，粤港澳大湾区三地发展机制还未实现真正的协同。当前粤港澳大湾区人工智能人才需求存在以下问题：一是人才供需结构不匹配，人才供给与企业需求之间出现错位。当前社会已存在人工智能专业毕业生，然而在企业招聘信息中，学历要求大多为计算机科学专业，该专业如"万金油"般适用于各个岗位，提到人工智能专业的岗位甚少，就连企业类型定位为人工智能的企业，在岗位招聘中都少有提到人工智能专业，那么人工智能人才的竞争力何在？这是值得思考的。二是人才供需质量不协调，高层次人才需求凸显，出现"人才有供给，但企业招人难"的现象。随着产业结构升级，当前人才质量难以满足企业需求，大多人工智能相关岗位开放给具有硕士研究生、博士研究生学历的学生，或是拥有工作经验的工作者，同时还要求符合企业行业背景，这对本专科应届生提出了很大的挑战；三是人才供需区域不均衡。当前粤港澳大湾区的人工智能企业主要集中在广州和深圳，人工智能人才主要聚集在广州、深圳、香港特区、澳门特区，其他城市相对分散。对于澳门特区来说，珠海及其周边城市相对其他城市的地理位置更便于就业，然而珠海人工智能企业较少，人才需求量相较其他城市较小。基于以上分析，本文从政府、企业、高校三个角度提出人工智能人才培养的对策建议：

（1）谋划顶层设计，推动多方协同献力

政府的政策引领在人工智能人才发展和培养中具有关键作用。政府可以通过谋划粤港澳大湾区人工智能发展战略，为人工智能企业出台保护性的政策，提供良好的发展环境；为高校人工智能专业提供资金扶持，推动课程改革创新和相关科研工作；除了提供资金支持和政策引导外，政府可以组织构建一个多方参与的平台，以促进教育、产业、研究机构以及非政府组织之间的合作。如鼓励高校与企业共同开展人工智能相关的研究项目，同时为参与合作的企业提供税收减免等激励措施。

此外，加大奖励措施，吸引国际化的高层次、顶尖人工智能人才到粤港澳大湾区工作；建立组织机构，统筹粤港澳三地人工智能人才发展管理；政府还可以通过立法手段，确保人工智能教育的质量和标准，并开放人工智能数字资源，鼓励各行各业参与人工智能教育和人工智能伦理教育，向大众提供人工智能基础知识普及，提高人民群众的人工智能素养。通过自上而下的政策引领，多方参与，多方献力，为培养多层次人工智能人才营造良好条件。

（2）创建人工智能产教联盟，探索产教融合新模式

产教联盟的建立是实现产教融合的关键。当前，大部分校企合作存在表面化、形式化问题[①]，想要促进校企实质性的协同育人与协同创新，粤港澳大湾区企业之间可以联合粤港澳三地高校组成人工智能产教联盟，联盟可以由区域内的主要人工智能企业、高校、研究机构以及行业协会共同组成。通过开展高水平学术交流活动、创建创新平台、设立实习和实训项目、开办企业大学[②]等举措，为学生提供在企业中实践的机会，同时为企业输送人工智能行业的专业人才，实现在人工智能领域的创新

---

① 茹宁、王建鹏、苏明：《基于供需矛盾分析的高校人工智能专业人才培养策略》，《高等职业教育探索》2021年第6期。

② 刘晖、肖喜明：《粤港澳大湾区大学协同创新能力评价：基于四大湾区的比较研究》，《教育发展研究》2024年第1期。

研究，推动产学研聚合，驱动新质生产力（2023 年 9 月习近平总书记在黑龙江考察期间首次提出，新质生产力是以新产业为主导的生产力，特点是创新，关键在质优，本质是先进生产力）。例如斯坦福大学的人工智能实验室①便是企业与高校合作的成功案例，以及全球 50 多家企业、学术机构与美国政府部门联合建立的"人工智能联盟"②，都体现了校企合作与建立联盟对发展人工智能的重要作用。

另外，企业作为人工智能专业毕业生的主要出口，其对人才的具体要求会影响着高校的人才培养方向，因此企业在招聘人工智能相关岗位时，可以根据岗位需要，针对性地提出对人工智能专业人才的具体需求。例如，在学历要求处增加对人工智能专业的招聘需求，而不是将计算机专业等同于人工智能专业。因为具体的需求不仅能让高校明确市场需求，也让人工智能专业的学生能明确学习目标，提升个人技能，做好就业准备。更重要的是，这种"明确"能增强学生对专业的信心，让学生感受到职业前景，和社会对该专业的认可。

（3）推进跨学科合作，培养 AI+X 的复合型人才

在人工智能领域，跨学科合作是培养复合型人才的有效途径。粤港澳三地因政治制度不同，教育体系也有所差异，导致在人工智能课程建设上各具特色，如广东和澳门特区更注重扎实专业基础技术，香港特区更具跨学科思维。因此，建议广东和澳门特区的学校可以考虑开设跨学科课程，鼓励学生选修不同领域的课程，比如结合计算机科学提供与药物、心理学、情报学等学科相关的选修课程。国际上较好的案例有英国爱丁堡大学人工智能专业，以培养学生多种能力发展为导向目标③，实现人工智能与其他学科交叉融合；还有美国卡内基梅隆大学人工智能专业，以多学科核心课程为中心并提供 7 板块 32 门课程的选修课可选④。另外，三地的 AI+X 学科建设不应只局限于本校内部的跨学科合作，亦

① 黄蓓蓓：《改革与创新：斯坦福大学人工智能人才培养的特征分析》，《电化教育研究》2020 年第 2 期。
② 孙成昊、张丁：《美国构建人工智能联盟的动因、路径与影响》，《当代美国评论》2024 年第 1 期。
③ 徐玲、钱小龙：《爱丁堡大学人工智能本科人才培养》，《高教发展与评估》2021 年第 1 期。
④ 季波、李魏、吕薇等：《人工智能本科人才培养的美国经验与启示——以卡内基梅隆大学为例》，《高等工程教育研究》2019 年第 6 期。

可挖掘三地高校优势之处，跨境合作办学，共建课程、实验室、研究中心，共享人工智能资源。抑或提供港澳与内地学生的交流机会，如开设暑期夏令营，学期或学年的交换生项目，让港澳学生和内地学生有互换的学习机会，深入地体验不同地区的教育模式和文化差异，从而增强其全球视野和跨文化交流能力。通过系列举措，从而促进粤港澳大湾区高校在人工智能专业建设上的优势互补，协同创新。

除此之外，高校还可以与企业合作，作用一是开发以项目为基础的学习模块和课程，让学生在解决实际问题的过程中，学习和应用多学科知识。作用二是为学生提供社会实践的机会，如工作坊、企业实习等，在提升学生职业技能的同时，也为学生提供了职业规划咨询和就业指导。

为了进一步促进跨学科合作，高校内部还可以组建跨学科师资队伍，吸纳优秀企业或专家学者来补充师资力量[①]，探索"双师"互动的教学模式[②]，共同开展研究和教学研讨活动，以提高专业教学与产业的匹配度，培养社会需要的复合型人才，解决"毕业就业难，难就业"的问题。跨学科合作是一个长期的过程，还需要高校持续的规划和改进。

---

① 李拓宇、张瑜、叶民：《"AI""AI+"还是"+AI"？人工智能人才培养的模式构建与路径分析》，《高等工程教育研究》2024年第2期。
② 周文科：《产教融合人工智能专业人才培养模式探索》，《计算机与网络》2021年第21期。

国家服务与管理战略人才开发：
相关问题与机制创新

王建民[1]　萧鸣政[2,3]
（1. 北京师范大学；
2. 广东财经大学人力资源学院；
3. 北京大学政府管理学院）

摘要：服务与管理战略人才队伍，在国家战略人才力量建设中发挥着主导性和决定性作用。新时代新征程对服务与管理战略人才提出新要求：一是作为国家工作人员的政治立场、思想品德和知识与经验的基本素质要求；二是胜任工作岗位达成高绩效目标的专业能力要求。源于认识和实践的原因，对这支重要战略人才队伍的开发严重不足，存在公共价值使命与目标不一致、宏观视野与社会治理能力不达标等五方面的问题。创新服务与管理战略人才资源开发机制，既要优化和建立学历教育机制培养具备胜任能力的未来工作者，又要精准设计和实施在岗工作人员的能力提升计划，提出了五项政策建议。

关键词：战略人才；服务与管理战略人才；国家战略人才力量；人才资源开发；人才强国战略

加快建设国家战略人才力量，是实现中国式现代化建设战略目标的物质基础与必要条件。培养和造就战略人才——"大师、战略科学家、一流科技领军人才和创新团队、青年科技人才、卓越工程师、大国工匠、高技能人才"①，凝聚成实施国家战略的强大力量，是长期的、复杂的社会系统工程。

在建设国家战略人才力量的系统工程中，服务与管理战略人才队伍发挥主导性和决定性作用。面对新时代新征程的新要求，用体现中国价值和中国学术贡献的知识体系，用具有科学性、国际先进性和中国有效性的技术方法，高质量、高水平建设好服务与管理战略人才队伍，对于落实国家人才强国战略目标，实现中国式现代化建设使命任务，具有现实必要性和历史必然性。

本文拟从新的视角深化对服务与管理战略人才的认识，明确新时代新征程的新要求，回顾服务与管理战略人才的主要来源与开发方式，审视开发中存在的问题与原因，提出创新开发机制的思考与建议。

一　对服务与管理战略人才的认识与分析

什么是服务与管理战略人才？这是基于我们在相关专业领域近 30 年的工作与思考，领会新时代新理念与新挑战提出的新概念。

服务与管理战略人才是肩负国家战略人才服务与管理工作的专业人才队伍。这一概念的内涵可以界定为：在国家战略人才力量建设中，发挥人才规划制定、政策落实、条件保障、指导监督等主导性、主体性和战略性作用的国家工作人员，即在各级国家机关、事业单位和国有企业的干部、人事、人才部门，从事中高层次人才服务与管理公务工作的人员。

定义中"国家工作人员"和"公务工作"关键词，界定了服务与管理人才队伍的政治性、组织性、战略性和公务性。意味着这是一支在"党委统一领导，组织部门牵头抓总，有关部门各司其职、密切配合，用人单位发挥主体作用、社会力量广泛参与"②的党管人才工作系统中发挥作用的人才队伍；在中央和地方各级党委人才工作领导机构"管宏

① 习近平：《高举中国特色社会主义伟大旗帜　为全面建设社会主义现代化国家而团结奋斗——在中国共产党第二十次全国代表大会上的报告》（2022 年 10 月 25 日），人民出版社 2022 年版，第 36 页。
② 丁小溪、范思翔：《聚天下英才而用之——党的十八大以来我国人才事业创新发展综述》，2021 年 9 月 27 日，新华网，http://www.news.cn/politics/2021-09/28/c_1127910252.htm。

观、管政策、管协调、管服务"统一指挥、协调下，为实现国家科教兴国战略、人才强国战略、创新驱动发展战略目标，贯彻落实中央领导讲话精神和制度化人才政策，在国家战略性人才资源的开发、获取、配置、使用与激励等环节，承担专业化服务与管理职责。

党的十八大以来，以习近平同志为核心的党中央"统揽伟大斗争、伟大工程、伟大事业、伟大梦想"，"广开进贤之路、广纳天下英才"，领导推动新时代人才工作取得历史性成就和变革。一是全国人才资源总量快速壮大，成为全球规模最宏大、门类最齐全的人才资源大国；二是人才素质整体提升；三是人才发展与科技创新相互成就，取得一批重大科技创新成果；四是人才国际竞争优势稳步增强。[①]可以肯定，新时代国家人才工作取得的历史性成就和变革，主要归功于人才工作领导者、执行者、管理者和作业者在服务与管理工作中做出的贡献。

在党的二十大报告中，习近平总书记提出"深入实施人才强国战略"，"坚持党管人才原则"，"加快建设世界重要人才中心和创新高地"，"加快建设国家战略人才力量"，[①]对国家战略人才工作的服务与管理者提出了更高要求，以实现新时代新征程国家战略人才力量建设新目标。

我们对服务与管理战略人才的新要求进行了研究，认为分为两个方面。一是作为国家工作人员的政治立场、思想品德和知识与经验的基本素质要求，二是胜任工作岗位达成高绩效目标的专业能力要求。基本素质要求主要包括三点：（1）政治立场。爱国，拥护中国共产党的领导；坚持以习近平新时代中国特色社会主义思想为指导；牢固树立"四个意识"，坚定"四个自信"；坚定拥护"两个确立"，坚决做到"两个维护"。（2）思想品德。有强烈的事业心、责任感和使命感，公道正派，勤政廉洁，"忠诚、干净、担当"；有群众意识和公共服务意识；爱岗敬业，遵纪守法。（3）知识与经验。具备前沿性和基础性通用性人力资本（知识、技能和能力），内容较丰富、质量较高；具有中级或相当于中级以上任职资格的相关工作经验。

---

① 习近平：《高举中国特色社会主义伟大旗帜　为全面建设社会主义现代化国家而团结奋斗——在中国共产党第二十次全国代表大会上的报告》，2022年10月25日，中国政府网，https://www.gov.cn/xinwen/2022-10/25/content_5721685.htm。

专业能力要求包括六个维度。第一，政策执行能力。准确理解中央和地方基于新时代新征程实施人才强国战略而制定的各类各项人才政策，明晰制度边界，高效贯彻落实，认真遵照执行，及时反馈评估。第二，调查研究与学习能力。积极主动"深入实际、深入基层、深入群众"，"听真话、察实情"，"运用党的创新理论研究新情况、解决新问题、总结新经验、探索新规律"；善于自觉、有效地发现和获取工作相关知识、理论和方法等。第三，跨文化沟通与协调能力，即善于同价值观念、行为方式和生活习惯有所差异的重要人才交流，有效协调各方主体的权利与义务，实现人才价值创造与利用目标。第四，宏观人才规划与开发能力。全面了解和深刻认识在国家、区域和地方层级进行宏观人才战略规划与开发的意义、作用、理论和方法，熟练应用于实际工作中。第五，微观人才服务与管理能力。深度理解和熟练掌握在微观组织层面开展人才服务与管理活动的主要理论、重要方法和前沿技术。第六，国际（境外）人才开发能力。善于发现、识别、谈判和引进国际（境外）高价值人才，解决基础研究和突破性技术创新领域人才短缺问题。

二　服务与管理战略人才开发相关专业设置的演进与特征

根据我们长期以来对工作在中央和地方国家机关、国有企业、高等学校、研究院（所）组织（人事、人才、人力资源）部门从事高层次人才服务与管理公务工作人员的调查与访谈，我们对研究中的服务与管理战略人才队伍的知识与技能的构成与开发的主要方式可以作出一个基本判断，即约80%的工作人员没有接受专门的人力资源（人才）开发与管理专业学习，在工作中"边干边学"摸索前进；约20%人员接受了相关专业学习，但所学的主要是基于劳动经济学和工商管理营利最大化逻辑的知识与能力体系。

回顾20%服务与管理战略人才资源开发相关专业的创始与发展，等同于对我国人力资源管理专业人才培养30多年发展历程的考察。我们选择直接参与建设或长期关注的四所学校的人力资源管理专业发展情况作为实例来讨论。一是中国人民大学劳动人事学院，我国人力资源管理专

业建设的开创者与发展的引领者。根据中国人民大学 2023 年硕士和博士
生招生专业目录，劳动人事学院招收的硕士研究生和博士研究生的代码
是 1202Z1，属于工商管理类（1202）；中国人民大学公共管理学院招收
代码为 1204Z2 的"公共组织与人力资源"专业博士生，属于公共管理
（1204）学科。① 二是北京师范大学政府管理学院（原管理学院），从
2002 年开始招收工商管理类人力资源管理专业本科生，后在行政管理专
业下设人力资源管理方向培养学术硕士和博士研究生。2013—2022 年
间，由公共管理、理论经济学和心理学三个一级学科联合，自主设立的
交叉学科人力资源管理硕士、博士点（1204J1）；2023 年开始，调整为
公共部门人力资源管理。三是首都经济贸易大学劳动经济学院，1993 年
国内第一批建立人力资源管理本科专业，现设有人力资源管理系（在职
教师 17 名）和人力资源开发与人才发展系（在职教师 7 名），在应用经
济学（0202）设二级学科人力资源开发与人才发展（0202Z1）专业培养
硕士和博士研究生，在工商管理（1202—企业管理，120202）专业招收
组织行为与人力资源方向博士生。② 四是北京大学政府管理学院，在行
政管理学科设人力资源开发与管理方向培养硕士生和博士生。

根据我们长期的实践与研究，可以认为人力资源管理专业人才培养
模式在中国人民大学等四所高等学校的形成与发展，具有国内标志性和
典型性，可以从中概括出过去 30 年来与服务和管理战略人才资源开发直
接相关的专业人才培养的基本特征。就学科归属和专业基础而言，本科
生培养都属于工商管理学科，研究生培养设置在劳动经济学、应用经济
学、工商管理或公共管理学科。根据我们对培养方案的比较研究，发现
各学校人力资源管理本科专业所开设的课程大体上一致，一般主干课程
包括经济学、心理学、管理学、组织行为学、战略管理学等基础课程，
以及人力资源管理模块战略规划、招聘选拔、绩效管理、薪酬福利等专
业方向课程。在研究生培养方面，各学校所学内容大同小异，但在毕业
论文选题方面体现导师团队的研究方向和学术特点。就专业教材而言，

---

① 《2023 年博士生招生专业目录》，2022 年 12 月 21 日，中国人民大学研究生招生网，https://
pgs. ruc. edu. cn/info/1063/3055. htm。

② 《首都经济贸易大学劳动经济学院"学院介绍"》，2023 年 9 月 11 日，首都经济贸易
大学网，https://sle. cueb. edu. cn/xygk/xyjs/index. htm。

一直以来主要采用从国外（主要是美国）引进的教科书，或者国内学者主编的教材，少数教材是国内外专家合作编写。国内出版的教材，通常在实例或案例素材方面能够体现本土化、时效性，但大多数教科书明显的特征是仿照国外教材的内容体系、沿用概念框架和理论模型、转引其中的企业实践和管理经验等。

三　服务与管理战略人才开发中的问题与原因

毋庸置疑，我国人力资源管理专业人才的开发历经 30 年的发展，在数量、质量、层次和结构等方面持续优化，为满足国家经济和社会发展需求，做出了重要贡献。但是，如果我们按照新时代新征程对服务与管理战略人才胜任能力的新要求和高标准来判断，现行的相关专业人才资源开发模式，难以满足目标人才队伍开发需求。按照我们的理解，存在的问题主要有五个方面。

第一，创造公共价值的使命与目标，难以在实现经济利益最大化目标的专业教育与培训中得到有效发展。

服务与管理国家战略人才能力建设与发展事业的战略人才，立业的使命是国家利益至上、人民利益至上，从业的目标是创造公共价值——国家价值、社会价值、组织价值，职业生涯中始终不能把追求经济利益、个人利益放在优先位置。工商管理类的专业教育与培训，以及在经济类学科设置的人力资源管理相关专业教育，开发人力资源的基本逻辑是服务企业战略、满足人力资本需求、实现组织发展目标，为企业的利益相关者创造经济价值。管理类专业教育与培训活动所传授的方法与技术"硬度"有限，存在的基础与效用的条件，通常强烈地受到人性假定、文化背景和社会环境等因素的影响，同时深刻地影响着学习者。接受实现个人或私营组织经济利益目标的教育与培训，可能像"第一粒纽扣"一样，限制或不利于年轻学习者国家战略性、价值公共性和行为公益性理念的养成与发展。

第二，聚焦市场微观组织与个人行为的学习与研究，难以成就学习者的宏观视野与公共服务和社会治理的能力。

根据我们长期的实践与调查，迄今为止，包括人力资源管理在内的管理类大学专业教育，仍然停留在微观组织管理层面。凡是翻译版本的境外教材（主要来自美国），或者国内出版的沿用国外教材概念框架和逻辑体系的教科书，都是讨论一个组织（比如企业）内发生的管理问题。聚焦市场微观主体中个体和组织的管理问题，符合美国以组织为基础的分散决策情境和文化，但不符合中国国情和人才开发需求。仅仅聚焦微观组织，只见树木、不见森林，难以培养和造就需要具备宏观视野和公共服务与社会治理能力的服务与管理国家战略人才的战略人才。正如一位教授所言，需要在国家经济和社会发展大海中驾驭大船的人才，只懂得如何摇橹小舢板是不够的。

第三，在西方国家情境中基于工商管理逻辑发展的实务技术与方法，难以塑造本土人才的政治素质、文化要素和工作胜任力。

鉴于美国社会工商组织（私人部门，营利组织）、公共组织以至"第三部门"治理结构和运营模式的相似性或一致性，发展于工商组织（营利组织）的管理技术与方法，往往可以在非营利的公共部门或第三部门组织中获得适用性和有效性。但是，如果把这个逻辑简单应用到中国情境，则难免发生"误导"效应。[①] 现行在主流渠道传授的人力资源管理技术与方法，呈现的还是源于西方（主要是美国）出版的工商管理教科书的底色。这种底色的教科书，可以肯定其具有技术性、有效性和通用性的借鉴意义，但是不可否认的是嵌入其中的人性假定，经济、政治和社会等制度因素，尤其是涉及价值观念和意识形态等话题的内容，有必要细致甄别，有取有舍，有所学有所不学。有鉴于此，可以认为仅仅通过基于西方教科书中工商管理逻辑发展的实务技术与方法，难以满足本土目标人才对政治素质、文化要素和工作胜任力综合塑造与成就的需求。

第四，教材中体现的学科范式确定性、准确性程度不高，创新性、本土化、现实性有所不足。

在长期的教学与研究中发现，在人力资源管理专业所开设的各类专业基础必修课和专业选修课教材中，存在比较突出的学科范式不统一问题。不论是国外教材的中文版，还是国内专家编写的教材，不同的作者

---

① 王建民：《政绩考核模式"误导"中国》，《人民论坛》2012 年第 21 期。

往往采用不同的概念定义，对同一个英文术语采用不同的译法。此外，受教材版本更新相对滞后，翻译或引用境外教材中实例、案例等因素影响，加之现实中组织在激烈的市场竞争中快速变化，以致出现所学技术、方法、理论以及所讨论的案例等方面，前沿性、先进性、现实性等的内容不能满足需求等问题。

第五，在学术论文和毕业论文的研究与撰写中，采用微观组织和个体行为实证化研究方法的趋势明显，简单套用西方文献中的模型、量表以及数据采集方法不当等问题有所出现。

在多年教学研究实践和参与国内研究生论文评审、答辩中注意到，人力资源管理专业本科生、硕士生和博士生，包括 MPA、MBA 等专业学位研究生，在毕业论文或学术论文的研究与撰写中，采用组织行为学实证研究（empirical research）方法的情况越来越普遍。这一方面能够体现对学习与研究的规范化与学术性要求，但另一方面也可能因为简单化、过度模型化和数据化带来风险。调查发现，有不少论文在文献回顾不充分和理论依据不足的情况下简单提出假设和构建模型，在没有充分考虑研究对象和本土情境相似性与适用性的情况下套用西方文献中的模型和量表，在数据采集、分析与模型检验中出现缺乏可靠性等问题。

探寻上述五方面问题的原因，有助于解决服务与管理战略人才资源的开发与供给制度创新问题。第一，战略性人才资源开发主体对发展规划的战略性与未来供给的市场适应性重视不够或落实不到位。调查发现，不少培养单位在专业设置和培养方案的制定中，存在因人设事（设课），熟人专家评审专家方案，忽视人才市场需求变动等情况。第二，对服务与管理战略人才资源开发在公共价值观、政治立场与思想品德等方面的塑造与培育的专用性与必要性认识不足。基于成本—收益经济逻辑追求利益最大化的工商管理人力资源专业人才培养，不符合服务与管理战略人才创造公共价值的开发目标。第三，人力资源管理学科在概念、理论和方法等方面的自主性、原创性高质量创新成果较少，国内学者创建的人才学、人才管理学、人才战略学等自主创新学术成果在人才培养中的应用严重不足。第四，引进、学习、借鉴美国等西方国家相关学科和专业的概念框架、理论模型、实证方法、实务技术等有余但消化、吸收、创造不足。受采用了美国等西方国家学术发表标准和量化绩效评价等因素的影响，弱化了我国中青年研究者尤其是高校教师开展基础性研究和取得教学和科研突破性创新成果的动机和激励，低成本照搬国外的理念、模型、量表等情况比较普遍，对在校学习和在职培训学员获得符合时代胜任素质要求和本土情境的知识、技能和能力造成困难。

四 创新服务与管理战略人才开发机制建议

加快服务与管理战略人才资源开发机制创新，具有战略性、必要性和紧迫性。开发机制创新，既要优化和建立学历教育机制培养具备胜任能力的未来工作者，又要精准设计和实施在岗工作人员的能力提升计划。根据中共中央 2023 年 10 月印发的《干部教育培训工作条例》，服务与管理战略人才属于第四条规定的培训对象。[①] 针对干部教育培训制定的《全国干部教育培训规划（2023—2027）》[②]，为通过"边干边学"开展工作的服务与管理战略人才的能力建设提出了要求和指引。

通过上述对相关问题的讨论，参照全国干部教育培训规划要求，以满足近期和未来国家战略人才力量建设需求为目标，提出基于自主知识体系建设的数字化开发机制创新思考和加快服务与管理战略人才开发的政策建议。

（一）基于自主知识体系建设的数字化开发机制创新思考

服务与管理战略人才开发机制的创新，应该在党的中央和省级人才工作领导机构的决策、指导、监督下实现。国家和地方政府高等教育和学位与研究生教育主管部门作为政策执行主体，完成制定发展规划、批准设置本科和研究生专业、审定学位授予资格等工作，学生的招收与培养工作，应该由通过专家评审并经主管部门批准的公立大学承担。

学习内容的建设应该以我国学者创立的人才学知识体系为基础，开发出不同于源自西方的工商管理学科人力资源管理专业的系列课程和教

---

① 《中共中央印发〈干部教育培训工作条例〉》，2023 年 10 月 15 日，新华网，http://www. news. cn/politics/zywj/2023−10/15/c_1129917575. htm。
② 《中共中央印发〈全国干部教育培训规划（2023—2027）〉》，2023 年 10 月 16 日，新华网，http://www. news. cn/politics/2023−10/16/c_1129919310. htm。

材。中国学者耕耘 40 多年，在人才学领域概念框架和理论体系建设中贡献了丰硕的成果。根据王通讯研究员的回顾，重要论著有《人才学概论》《人才学通论》《人才学基础》《人才经济学》《人才资本论》《人才预测学》《人才地理学》《人才市场学》《人才教育学》《人才管理学》《人才开发学》《人才战略学》《人才战略论》《人才优先发展战略研究》等。① 在《中华人民共和国国家标准·学科分类与代码》（GB/T13745—2009）（2012 年 3 月 1 日实施第一号修改单，2016 年 7 月 30 日实施第二号修改单）中，代码"630 管理学"一级学科，下设"630.55 人力资源开发与管理"二级学科；在 630.55 二级学科之下，设三级学科"630.5510人力资源开发战略""630.5521 人才开发与管理"和"630.5599 人力资源开发与管理其他学科"。在"840 社会学"一级学科下，设二级学科"840.72 人才学"，并设立"840.7210 人才学理论""840.7225 人才经济学""840.7250 人才管理学""840.7255 人才战略学"等 10 个三级学科。② 中国学者自主开创的人才学知识体系，得到了国家学科分类标准的确认，为国家服务与管理战略人才开发中的内容创新与知识供给奠定了坚实基础。

在职人员履职能力提升和在校学生的专业教育，可以在四个维度有所创新。一是在现有中央部门设立的学习培训平台（比如"学习强国"、国家高等教育智慧教育平台等）提供讲座和开放课程，供在职人员在方便的时间和空间自主选学，完成学习获得一定学分，纳入任职绩效考核项目管理。二是在《普通高等学校本科专业目录》中，研究、设置"人才开发与管理"本科专业；按照该专业人才培养目标为服务国家战略人才开发、创造公共价值的性质，应该在"管理学"门类的"公共管理"专业类设置，授予管理学学士学位。工商管理类设置有"12206 人力资源管理"本科专业，相应地可以在公共管理类设置"人才开发与管理"专业，各方面的条件完全具备。三是在现有的"1252 公共管理"专业硕士人才培养制度安排中，设置"战略人才开发与管理"方向，授予公共

① 王通讯：《四十年人才研究　垒土成塔》，《中国人力资源社会保障》2018 年第 8 期。
② 王建民：《2022 年人力资源管理学科回顾与展望》，载中国人力资源管理年鉴编辑委员会编《中国人力资源管理年鉴·2023》，中国社会科学出版社 2023 年版。

管理专业硕士学位。四是设立专门的公共管理性质的"战略人才开发与管理"硕士专业学位，为在职人员提供脱产或周末学习获得硕士学位的机会。

在人才开发中采用数字化与智能化教育技术是必然的选择。基于我国自主知识产权的算法、算力和数据而研发的教育 AI 大模型或数据库等应用，将成为未来包括人才资源开发等教育培训工作的基础设施和物质条件。随着数字经济时代的到来，全要素势必发生数字化转型，推动"生产方式、生活方式和治理方式深刻变革"。教育培训活动作为人才开发基本的和主要的方式，也必然会发生顺应新经济形态要求的数字化变革。现行的培养人才的教育模式是"工业化的翻版"——统一大纲，指定的一本纸质教科书，在固定班级、教室、时间段，大规模学生和教师集中教与学；① 这种"工业化"模式在不久的将来，会被"自主选择、多媒体海量内容、分散学习、弹性学制、个性化辅导"等模式取代。在内容创建、信息存储与获取、师生互动、答疑辅导、学习绩效评估等环节，必定建立在互联网、云计算、大数据、AI 大模型等新型生产工具与技术基础之上。

（二）加快服务与管理战略人才开发机制创新的政策建议

服务与管理战略人才资源的开发，落实到具体的教育和培训过程，可以分为对在职人员的培训和对未来从业人员的学校学历教育两部分。在教育培训中，始终把党的理论和党性教育，履职能力和专业知识培训，作为主要内容。② 同时，在优秀师资汇聚与选任，课程和教材等教学资源的设置与研发，以及数智化教育教学工具的应用等方面，都可以坚实有力的步伐向前迈进。为此，从普通高等学校教师和研究者角度，提出五点建议。

第一，加强干部教育培训高校基地建设，为在职的服务与管理战略人才工作者，开展履职能力和人才开发与管理专业知识与技能培训。根

---

① 王通讯：《大数据开启人才发展新机遇》，《中国人力资源社会保障》2020 年第 11 期。

② 《中共中央印发〈干部教育培训工作条例〉》，2023 年 10 月 15 日，新华网，http://www.news.cn/politics/zywj/2023-10/15/c_1129917575.htm。

据《干部教育培训工作条例》规定，党校（行政学院）作为干部教育培训的"主渠道"，突出发挥"党的理论教育、党性教育，加强履职能力培训"职能，在已经建立的干部教育培训"高校基地"或者以项目合作方式，可以为在职人员提供专业履职能力，特别是战略人才开发、服务与管理等方面的专业能力提升培训。择优选择学科基础厚、教学质量高的高等学校，建立更多正式的干部教育培训高校基地，或者就某一期培训班、某一门或几门课程签约委托形式，有助于强化人才资源开发能力，较快较好地解决大多数高层次人才工作从业人员专业知识和技能短板问题。

第二，举办公共管理专业类"人才开发与管理"本科专业，培养基础性专业人才。萧鸣政教授担任院长的广东财经大学人力资源学院，在国内率先培养人力开发与管理专业本科生。经过需求论证和审核程序，自2021年开始，连续三年招收了近百名"人才开发与管理"方向本科生。培养目标符合公共管理类学科，但由于本科专业目录限制，目前只能列为工商管理类人力资源管理专业的人才开发与管理方向。论证报告认为，按照一个机构增加1—2名"人才开发与管理"本科生估算，全国县级以上党政组织人事部门需要8.9万名、国有企业需要8.2万名、公立高等学校需要3000名。我们建议主管部门及时组织专家调研、论证，在教育部公布的《普通高等学校本科专业目录》中，增设公共管理类"人才开发与管理"本科专业，允许有条件的高等学校申请开办，为全国党政机关和国有企事业单位及社会组织，培养从事高层次人才服务与管理的高素质专业人才。

第三，设置"战略人才开发与管理"硕士专业学位，培养高层次专业人才。2021年属于经济学部和以劳动经济学为主要学科基础的中国人民大学劳动人事学院，获批全国第一个"人力资源开发与管理硕士专业学位"培养资格，2023年6月发布了招生公告，全日制二学年培养，收费标准为88000元/生·学年。① 以相似的制度安排和机制创新，我们认

---

① 中国人民大学劳动人事学院：《中国首家HR专硕项目招生（全日制）·人大MHR项目筑梦未来》，2023年6月4日，https://mp.weixin.qq.com/s/QBICfTF-4J7fBU9YbvQtnQ，2023年10月9日。

为，在具备较强的人力资源管理或公共部门人力资源管理、人才开发与管理专业（方向）人才培养能力的高等学校的公共管理（政府管理）学院，比如中国人民大学公共管理学院（招收公共组织与人力资源管理学术硕士、博士研究生，试点干部教育学学术硕士和博士生教育）、北京师范大学政府管理学院（招收人力资源管理专业本科生、公共部门人力资源管理学术硕士生和博士生以及相关方向 MPA 学员）、北京大学政府管理学院（招收人力资源开发与管理学术硕士生和博士生以及相关方向 MPA 学员）等，完全具备学术基础和师资条件举办公共管理类"战略人才开发与管理"硕士专业学位，培养符合国家战略目标和公共价值追求的高层次服务与管理战略人才。不同于泛化概念的公共部门人力资源管理，战略人才开发与管理硕士专业学位，专门针对国家和地方机关与企事业单位培养从事高层次战略性人才资源的开发、使用、评价、激励、薪酬和生活支持等方面政策研究制定与协调落实等方面工作的高层次专业人才（干部）。

第四，优化高水平师资和专家队伍建设机制，有组织开展教学内容数据库创建，高质量完成教育培训系统性工作。高水平师资和专家是战略人才开发中最重要也是最稀缺的资源，对人才开发工作的质量和效率具有决定性的作用。遴选具有爱国、敬业、奉献精神，学养渊深、教学有方的教授和专家，加入教材、案例、音像等教学资源数据库建设中，有效实现教育教学目标，是促进人才资源开发机制创新的必要条件。根据我们的调查和思考，以现有基础与未来目标为出发点，满足在职服务与管理战略人才工作者的培训、"人才开发与管理"本科专业和"战略人才开发与管理"硕士专业学位教学需求，有待编撰、修订的教材等教学资料，包括习近平人才工作思想、党和国家人才工作文献汇编、人才管理经济学、战略人才学概论、宏观人才管理学、微观人才管理学、人才评价的理论与应用、人才创新潜力与绩效管理、高层次人才开发与服务管理、跨文化沟通管理、数字化组织人才管理技术、人工智能大模型应用等。

第五，建立数字化和智能化教学技术与工具服务中心，为教学研究人员、在职学员和在校学生提供音像资料的获取、传输、制作、演示等咨询服务。随着数字化转型和人工智能技术的广泛应用，在学校教育和在职培训等人才资源开发活动中越来越多地使用数智技术和手段，正在成为保持和提高教学绩效的必要条件。但是，现实已经证明，不仅对年长教师和中年教师有难度，即使是新近入职的青年教师，也难以跟上数智化教育技术和工具应用的步伐，在教学中熟练使用新技术和新工具。在过去 30 年里，国内重点高等学校教室里的设备不断更新，越来越完备，但是大多数教师包括我们在内，一直以来只用来演示 PPT，通过网络获取音像、图片等电子资源的愿望难以实现。

中国科技创新人才培养研究的演进、热点与展望

马秀玲　　杨婉婕

（兰州大学管理学院）

摘要：新时代，我国要实现高水平科技的自立自强，高水平科技创新人才的培养必不可少。全面系统厘清与剖析我国科技创新人才培养理论研究发展脉络、热点演进与未来趋势有助于深入探索实施科教兴国战略，为发展新质生产力夯实理论基础。研究也能在较大程度上为粤港澳大湾区人才队伍建设提供借鉴和参考。本文对中国知网上发表的关于科技创新人才培养的主题论文进行了全面的检索与分析，从发文时间与数量、论文出处与作者特征、研究主题和研究内容、研究方法、数据类型等多个方面评估中国科技创新人才培养研究的现状与进展。研究发现热点主题集中在培养理念、培养策略、培养环境、培养内容、培养评价等方面。研究的演进既是对科技创新人才培养相关问题的回应，也是推动实践发展的直接体现。未来研究将更加重视学科交叉融合、研究方法的多样化、产学研用和产教融合，提升科技创新人才培养的科学性和有效性、增强我国科技创新人才培养的集聚效应等将会引起持续关注。

关键词：科技创新人才培养；研究热点；展望

一　数据来源及研究设计

1. 数据来源

本文以"科技创新人才培养"为主题，对中国知网（CNKI）的文献进行检索，截止日期为 2024 年 4 月 17 日，共有 1562 篇文献。为保证文

献质量，期刊类别选择北大核心和 CSSCI，得到相关文献 384 篇，通过
人工挑选，剔除会议、访谈等与主题不相关的文献，最终得到有效文献
97 篇。

2. 研究设计

本文尝试分析我国科技创新人才培养的论文，评估其研究的现状与
进展。通过使用编码簿进行评估，参照了相关学者的编码方式，在其基
础之上进行增减，不断完善，形成了本文的编码簿。主要是根据论文的
两类特征，一种是论文及作者的相关信息，如：发文时间与数量、论文
出处与作者特征；另一种是论文的内容，包括研究主题和研究内容、研
究方法、数据类型。

本文参照已有学者的编码方式，在其基础之上进行了改善，首先对
发文时间与数量进行统计，论文出处主要关注论文的期刊，作者特征主
要关注作者的学术身份①，编码为教授、副教授、助理教授、讲师、学
生、其他。根据文献进行归纳，从五个方面进行研究主题编码，即培养
理念、培养策略、培养环境、培养内容、培养评价。其中，关于培养环
境，参考了学者的分类②，具体编码为制度环境、实验环境、人文环境
和绿化环境。对于研究方法来说，依据学者的分类③，将研究方法分为
定量研究、定性研究、二者兼有、二者均无。本文对研究方法先进行分
类，再根据研究设计，分别编码定量研究和定性研究的具体分析方法。
并依据国内学者的分类④，将定量研究所采用的具体方法编码为实验研
究、准实验研究、问卷调查、二手数据、其他，将定性研究所采用的具
体方法编码为案例研究、田野调查、文本分析、其他。数据类型根据学

①　史晓姣、马亮：《中国公共管理研究的国际化：基于 2019 年英文期刊论文的分析》，
《公共管理评论》2021 年第 2 期。

②　王若斯、冯登国：《加快高水平研究型大学科技创新人才培养》，《中国高等教育》2022
年第 Z2 期。

③　Pitts D. W., Fernandez S., "The state of public management research: An analysis of scope
and methodology", *International Public Management Journal*, Vol. 12, No. 4, Oct 2009, pp. 399-
420.

④　杨开峰、邢小宇、刘卿斐等：《我国治理研究的反思（2007—2018）：概念、理论与方
法》，《行政论坛》2021 年第 1 期；Ospina S. M., Esteve M., Lee S., "Assessing qualitative
studies in public administration research", *Public administration review*, Vol. 78, No. 4, Jul/Aug
2018, pp. 593-605.

者的分类①，编码为一手数据、二手数据、二者兼有、二者均无。

二　演进脉络

（一）发文时间与数量

本研究分析了1998—2024年27年间的相关文献（见图1）。由图1可知，我国科技创新人才培养相关文献最早出现在1998年。从2009年开始缓慢地上升，到2018年达到一个小高峰，2021年和2023年又是一个小高峰。本文结合文献趋势的变化，将1998年到2024年这一段时间科技创新人才引进政策分为三个阶段，即：起步探索阶段（1998—2010）、快速发展阶段（2011—2016）、稳步提升阶段（2017—2024）。1998年，在新世纪到来之前，我国重视科技创新人才的培养工作，中央出台了一些政策，学界开始有人关注这个问题，但是当时的关注有限，因此，1998年到2010年的文献相对较少。2011年国家发布《"十二五"人才发展规划》，因此从2011年以后，文献就开始逐年上升，关注的学者也逐年增加，且随着年份的增加开始出现较为明显的波动。2017年以后，又出现了大幅度上涨，关注的学者也越来越多，文献开始激增。2021年9月，中央人才工作会议在北京召开，深刻阐述了创新人才在人才强国战略中的重要作用，引发研究热潮。

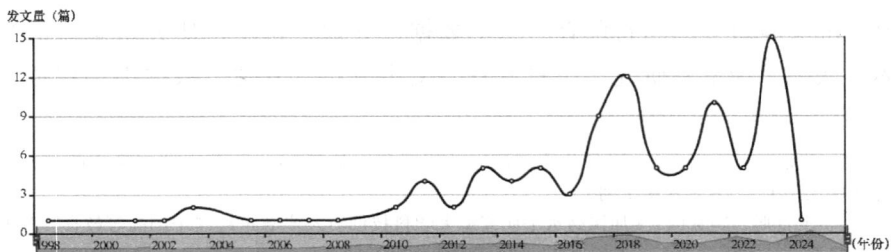

图1　发文时间与数量

① Wu X., He Y. L., Sun M. T. W., "Public administration research in mainland China and Taiwan: An assessment of journal publications, 1998-2008", *Public Administration*, Vol. 91, No. 2, Jun 2013, pp. 261-280.

（二）论文出处

本文选取了我国的 97 篇论文，涉及次数较多的来源期刊见表 1。本文通过统计期刊发表次数，可以发现我国关于科技创新人才培养大多集中在教育领域和科技领域，也涉及一些农学领域。其中，《中国高校科技》出现次数最多，我国科技创新人才培养主要集中在高等教育层面，因此《高等工程教育研究》《中国高等教育》《中国大学教育》等期刊发表的文献较多，《科学管理研究》《科技管理研究》以及《科技进步与对策》也是学者们所关注的期刊。

表 1　　　　　　　　　　　部分发文期刊

期刊名称	出现次数	占比/%
《中国高校科技》	12	12.3
《科学管理研究》	8	8.2
《高等工程教育研究》	6	6.2
《中国高等教育》	6	6.2
《科技管理研究》	5	5.2
《中国大学教育》	5	5.2
《科技进步与对策》	4	4.1
《农业经济》	3	3.1

（三）作者特征

本文选出 97 篇关于科技创新人才培养的论文，对作者的学术身份统计见表 2，研究发现，教授占比 38.7%，学生身份占比 23.6%，说明两种群体已经成为我国科技创新人才培养论文发表的重要组成群体，并且学生的占比略高于副教授发文量的占比，这表明学生得到了大量的机会，成为研究科技创新人才培养方面不可或缺的重要群体和新生力量。

表 2　　　　　　　　　　　作者的学术身份

作者学术身份	人数	占比/%
教授	41	38.7

续表

作者学术身份	人数	占比/%
副教授	23	21.7
讲师	9	8.5
学生	25	23.6
其他	8	7.5

注：有32位学者未查明学术身份，共统计138位学者。

（四）研究主题

　　97篇文献中关于研究主题的数据如表3所示。根据各个类别，统计出在培养理念中，主要强调以学生为主；在培养策略中，强调产学研深度融合；在培养环境中，注重人文环境和制度环境，为科技创新人才解决后顾之忧；在培养内容方面，重视教育，注重健全教育培养机制；在培养评价中，注重创新要素作为评价要点。

表3　　　　　　　　　　　　　　研究主题

大类别	主题	篇数	占比/%
培养理念	能力	2	2.1
	素质	5	5.2
	以学生为主	3	3.1
培养策略	多学科交叉融合	17	17.5
	产学研深度融合	28	28.9
	国际交流与合作	15	15.5
培养环境	制度环境	25	25.8
	人文环境	19	19.6
	实验环境	6	6.2
	绿化环境	2	2.1
培养内容	科技竞赛	9	9.3
	人才培养激励	17	17.5
	健全教育培养机制	18	18.6

续表

大类别	主题	篇数	占比/%
	创新要素	7	7.2
培养评价	贡献	4	4.1
	多元性	5	5.2

（五）研究方法

表 4 分析了 97 篇文献的研究方法。分析发现，定性研究和定量研究两种研究方法都未采用的文献占比最多，达到 75.3%，通过分析该类文献，发现文献多以规范研究为主，实证研究涉及较少。有 15 篇文献采用定性研究的方法，占比达到 15.5%，其中，案例分析出现次数较多，其中，有 12 篇文献采用了案例研究，有两篇文献采用了文本分析。其次，定量研究和混合研究占比较少，分别是 6.2% 和 3.1%，说明在研究我国科技创新人才培养的文献中，多采用案例研究，定量研究较少。

表4　　　　　　　　　　　**研究方法**

研究方法	具体研究方法	篇数		占比/%
定量研究	问卷调查	4	6	4.1
	二手数据分析	2		2.1
定性研究	案例分析	12	15	12.4
	文本分析	2		2.1
	其他	1		1.0
混合研究	混合研究	3	3	3.1
二者均无	二者均无	73	73	75.3

（六）数据类型

97 篇文献的数据类型如表 5 所示。研究发现，6 篇论文运用了二手数据，18 篇论文运用了一手数据，一手数据的篇数是二手数据的三倍，在我国创新科技人才培养的文献中，一手数据运用已经超过了二手数据。

表 5　　　　　　　　　　　　　　**数据应用类型**

数据类型	篇数	占比/%
二手数据	6	6.2
一手数据	18	18.6
二者兼有	0	0
二者均无	73	75.3

三　研究热点分析

（一）起步探索阶段（1998—2010）

起步探索阶段这一部分文献共 11 篇，主题见表 6。高校是我国科技创新人才培养的核心区域。1998 年，全国人大通过《中华人民共和国高等教育法》，强调培养具有创新精神和实践能力的高级专门人才是高等教育的重要任务。为了落实科教兴国战略，在 12 月制定了《面向 21 世纪教育振兴行动计划》，其中强调实施"高层次创造性人才工程"，这一时期的目标是要扫除文盲，大力推进素质教育，提高人们的科学文化素质。文件的出台为我国科技创新人才的培养工作的展开奠定了基础，使得一些学者开始关注我国科技创新人才培养。这一时期属于起步探索阶段，科技创新人才培养的政策体现在高等教育方面，对科技创新人才培养评价关注很少，因此没有涉及，比较注重人才培养的能力和素质，开始关注产学研合作，在培养环境方面关注制度环境和人文环境，培养内容方面注重自主创新、注重教育、强调深化教学改革。

在 2002 年国务院下发《2002—2005 年全国人才队伍建设规划纲要》，首次提出人才强国战略，为我国未来的人才培养奠定了总基调，学者们不断将目光聚焦到人才。2003 年，第一次召开全国人才工作会议，通过了《关于进一步加强人才工作的决定》，强调党管人才原则。2006 年国务院印发《国家中长期科学和技术发展规划纲要（2006—2020）》，对我国的科学技术发展做了重要部署，制定了未来的发展目标，支持鼓励企业成为技术创新的主体，为我国产学研合作打下坚实的基础，强调"构建有利于创新人才成长的文化环境"，促使我国进一步重视人才培养环境，鼓励创新，为我国科技创新人才培养提供良好的制度环境和人文环境，提出"充分发挥教育在创新人才培养中的重要作用"，对深化教学改革提供了指导。同年自主创新战略提出，我国政府将自主创新列为重要目标。2007年，首次将人才强国战略写入党章，党对人才的重视程度日益加深。2009年钱学森去世后，引起了人们对"钱学森之问"的关注，如何解决这一问题，学者们增强了对创新科技人才培养的关注，学者们将目光聚焦于教育，强调深化教育改革、建立创新教育实践基地。

表6　　　　　　　　　　　　　起步探索阶段的研究主题

大类别	主题	篇数	占比/%
培养理念	能力和素质	2	18.2
培养策略	产学研合作	4	36.3
	产学研联盟	1	9.1
	教师科研的提升	2	18.2
	学科交叉	1	9.1
	能位	1	9.1
培养环境	制度环境	3	37.5
	人文环境	3	37.5
	实验环境	2	25
	绿化环境	0	0
培养内容	科技平台建设	2	18.2
	深化教学改革	3	27.2
	创新教育实践基地	2	18.2
	人才培养激励	2	18.2
	科技竞赛	1	9.1
	自主创新	1	9.1

（二）快速发展阶段（2011—2016）

快速发展阶段这一部分文献共23篇，主题见表7。2010年召开了第二次全国人才工作会议，并发布《国家中长期人才发展规划纲要（2010—2020）》，提出了我国人才队伍建设的主要任务是培养创新型科技人才，组织实施创新人才推进计划、海外高层次人才引进计划等，为国家人才的交流合作打下坚实的基础，文件强调营造科学民主、学术自由、严谨求实、开放包容的创新氛围，为这一时期科技创新人才培养提供了良好的人文环境，文件为接下来的十年人才培养指明了方向，学者们掀起了研究科技创新人才发展的热潮，论文不断增加。这一时期属于快速发展阶段，各个方面都进行了完善，关注通识教育和素质教育，强调以学生为主，比较关注校企合作和产学研深度融合，培养环境方面注重人文环境，培养内容主要关注自主创新、科技竞赛，集中在教育领域，培养评价关注创新能力和工作业绩。

2011 年制定实施《国家中长期科技人才发展规划（2010—2020）》，提出创新科技人才培养开发机制，改革教学内容方法和教学模式，推动人才国际化的培养力度，推动国际间的人才交流与合作，为接下来的十年科技创新人才培养提供了指导。2012 年底召开的党的十八大提出实施创新驱动发展战略，强调科技创新的重要作用，增强我国的自主创新能力，提高我国的自主创新水平。2015 年，国务院办公厅印发《关于深化高等学校创新创业教育改革的实施意见》，同年举办首届中国"互联网+"大学生创新创业大赛，凸显了国家对双创的重视，举办竞赛，提高人们的积极性。2016 年 3 月印发《关于深化人才发展体制机制改革的意见》，贯彻落实新发展理念，提出要突出对人才品德、能力、业绩的评价，克服唯学历、唯职称、唯论文等倾向，进一步规范人才培养评价机制，朝着科学化的方向发展。同年 5 月，印发《国家创新驱动发展战略纲要》，强调组建跨学科、综合交叉的科研团队，集聚高端科技创新人才，推动我国科技创新人才的培养。

表 7   快速发展阶段的研究主题

大类别	主题	篇数	占比/%
培养理念	学生主体、教师主导	1	4.3
	素质教育	1	4.3
	通才教育	1	4.3

续表

大类别	主题	篇数	占比/%
培养策略	产学研深度融合	8	34.8
	科教融合	1	4.3
	教研融合	1	4.3
	校企合作	6	26.1
	国家交流合作	5	21.7
	多学科交叉融合	1	4.3
培养环境	制度环境	1	4.3
	实验环境	1	4.3
	人文环境	5	21.75
	绿化环境	0	0
培养内容	自主创新	1	4.3
	特色实践平台	3	13
	人才培养激励	2	8.7
	科技竞赛	4	17.3
	健全教育培养机制	4	17.3
培养评价	富有弹性	1	4.3
	创新能力、科研质量和成果转化为导向	1	4.3
	创新能力和工作业绩	1	4.3

（三）稳步提升阶段（2017—2024）

稳步提升阶段这一部分文献共63篇，主题见表8。2017年，我国发布《"十三五"国家科技人才发展规划》，提出建立以能力和贡献为导向的人才评价制度，注重提高科技人才队伍质量，为我国的人才培养评价指明了方向。这一时期是稳步提升时期，注重高素质、个性化，以学生为主，开始注重新发展理念，关注产教融合、政产学研深度融合、多学科交叉融合等方面，培养环境方面仍旧关注制度环境和人文环境，培养内容主要关注思专融合，强调以国家需求为主，人才培养激励、创新科技团队等方面，培养评价主要关注综合能力、质量和贡献。

2017年，国务院办公厅发布《关于深化产教融合的若干意见》，是首次以国务院办公厅名义发布的专门关于产教融合的纲领性文件，为我国的产教融合进一步指明发展方向。在这一时期，以武汉为代表的二线城市发布了一些人才引进的政策，开启了抢人大战的序幕，引进科技创新人才。之后越来越多的城市开始提出引进青年人才计划，吸引年轻人安家。2018 年以后，中美贸易摩擦加剧，我国在重要行业和关键领域被"卡脖子"，科技竞争是中美竞争的重要领域，我国愈加重视科技创新人才的培养，强调以国家需求为主。2018 年，习近平总书记在北京大学考察时指出"要下大气力组建交叉学科群"，多学科交叉融合提上日程。同年，发布《关于分类推进人才评价机制改革的指导意见》，突出推进重点领域人才评价改革，进一步完善我国的人才培养评价机制。2018 年北京市出台《北京市引进人才管理办法（试行）》，上海市出台《上海加快实施人才高峰工程行动方案》，广聚人才。2019 年出台《中共广州市委广州市人民政府关于实施"广聚英才计划"的意见》，从人才引育、体制机制改革、平台建设、人才服务保障、党管人才工作等五大方面提出人才培养举措，广州在全国首创"人才绿卡"制度，探索人才服务的机制，对高层次人才提供了一系列支持待遇，激发人才的活力。2020 年，国务院印发《深化新时代教育评价改革总体方案》，坚决破除"五唯"，完善我国人才培养评价体系。2021 年在党百年诞辰之际，召开中央人才工作会议，再一次重申党管人才的原则，坚持"四个面向"，加快科技创新人才的培养，提出建设世界重要人才中心和创新高地这一重要目标，以五年为节点设置小目标，并坚持营造识才、爱才、敬才、用才的环境，提出建立科学的人才评价机制，正确激励人才，提高人才的积极性和创造性。2022 年党的二十大提出科技、教育、人才是全面建设社会主义现代化国家的基础性、战略性支撑，重视政产学研深度融合，山西省印发《科技创新人才团队专项实施办法》，加强科技创新人才队伍建设。2023 年 5 月，教育部办公厅印发《基础教育课程教学改革深化行动方案》，强调推进跨学科教学，促进多学科的交叉融合，提高学生的素质。2023 年 8 月，国务院办公厅印发了《关于进一步加强青年科技人才培养和使用的若干措施》，提出合理设置评价标准，反对单纯以论文数量论英雄的氛围，更加注重人才的贡献以及综合能力，进一步提出要加大青年科技人才生活服务保障力度，为青年科技人才提供良好的制度环境和人文环境，推动青年科技创新人才的培养。2023 年 9 月，习近平总书记在黑龙江视察工作时，提出了要加快形成新质生产力，增强发展新动能。新质生产力的提出，为我国未来的产业发展和科技创新人才的培养指明了方向。2024年1月，习近平总书记在主持中共中央第一次集体学习时强调按照发展新质生产力要求，畅通教育、科技、人才的良性循环，营造鼓励创新、宽容失败的良好氛围，推动科技创新人才的培养。

表8　　　　　　　　稳步提升阶段的研究主题

大类别	主题	篇数	占比/%
培养理念	个性化	1	1.5
	新发展理念	2	3.1
	以学生为本	2	3.1
	高素质	2	3.1
培养策略	加强教师队伍建设	5	7.9
	多学科交叉融合	15	23.8
	多主体协同育人	9	14.3
	科教融合	6	9.5
	国际交流与合作	10	15.9
	产教融合	14	22.2
	政产学研深度融合	2	3.1
培养环境	制度环境	21	33.3
	人文环境	11	17.5
	实验环境	3	4.7
	绿化环境	2	3.2
培养内容	一体化衔接	1	1.6
	"思专融合"	4	6.3
	科技创新竞赛	4	6.3
	科研平台建设	8	12.6
	人才培养激励	13	20.6
	科技创新团队	5	7.9
	健全教育培养机制	11	17.5

续表

大类别	主题	篇数	占比/%
培养评价	创新要素	5	7.9
	贡献	4	6.3
	质量、时效	3	4.7
	综合能力	1	1.6
	多元性	5	7.9

四　发展趋势

（一）重视学科交叉融合

随着中美贸易摩擦的加剧，国际形势不断发生变化，我国在关键领域被发达国家"卡脖子"，这对我国的国家安全以及未来的发展产生了重要的影响，如何解决这一问题，回应"钱学森之问"，需要围绕着未来科学技术创新这一关键环节展开研究。学科交叉融合是培养科技创新人才的有效路径，我们要以现实问题为导向，不断进行多学科的交叉融合，不断地突破原有学科思维的界限，培育国家紧缺的复合型、创新型人才。美国 STEM 教育注重让学生学习跨学科的知识，扩宽视野，拥有更多的创造力[1]。习近平总书记在北京大学考察时曾指出"要下大气力组建交叉学科群"。因此，未来我国科技创新人才培养要更加关注多学科交叉融合，以国家需求为导向，在高等教育的课程设置以及培养方案等教育方面进行重点改善。

（二）研究方法的多样化

当前学者对我国科技创新人才培养的实证性论文研究探讨较少，多集中于规范性研究，对于理论性文章探讨较多，很多论文都是结合研究者自身的经验提出目前我国科技创新人才培养存在的问题以及解决措施，虽然能够对当前我国科技创新人才培养有一定的指导作用，但还是缺乏比较科学和规范的数据作为支撑。未来我国科技创新人才培养的研究还

---

[1]　陈鹏、田阳、刘文龙：《北极星计划：以 STEM 教育为核心的全球创新人才培养——〈制定成功路线：美国 STEM 教育战略〉（2019—2023）解析》，《远程教育杂志》2019 年第 2 期。

有很大空间，可以从实证方面的研究入手，利用数据增加文章的科学性与规范性，增强可信度，也可以将定性研究和定量研究结合起来做混合研究，更加深入分析我国科技人才创新培养问题，丰富该领域的研究。

（三）关注产学研用和产教融合

我国产教融合的历史由来已久，已有学者追溯我国产教融合的发展历程①，从最初的校企合作到现如今的产教融合四链衔接，教育和产业一直都是关注的焦点。美国的硅谷、我国的中关村都是产教融合的典型，现如今产教融合越来越成熟，在科技方面，浙江大学与杭州市企业进行合作，在电子信息方面电子科技大学与成都市合作，在海洋领域中山大学与珠海市进行合作，企业也是创新人才培养的重要主体②，政府、企业、高校、科研院所等多主体形成合力，推动人才的培养。党的二十大首次对教育、科技、人才进行一体化描述。法国和日本的高等教育强调大学与政府、企业建立联系，进行互动，推动教育知识转化为实践成果③，在未来的研究中，我们要进一步深化对产教融合和产学研用的认识和研究，通过多方主体协同培育科技创新人才，如何实现创新—产业—人才—教育四链有效衔接，如何将当前的理论成果科学地应用到实践中，是我们未来要考虑的重要问题。

（四）提升科技创新人才培养的科学性和有效性

科技创新人才培育的关键在于机制建设，例如广州的广聚英才计划，要健全保障机制，发挥政府的作用，促进科技创新人才培养④。健全人才培养贯通机制，实行科学的激励机制，营造良好的人文环境，增强活力⑤。

---

① 申妍瑞、胡纵宇：《新质生产力与产教深度融合双向赋能：现实困境与实践路径》，《中国高校科技》2024年第5期。

② 黄钟锁、包倩文：《我国企业科技创新人才队伍建设与培养路径》，《福建论坛》（人文社会科学版）2021年第7期。

③ 蒋瑛：《科技创新型人才培养的国际比较研究》，《学术论坛》2009年第12期。

④ 李飒：《创新发展理念下科技创新人才培养机制研究》，《中国高校科技》2018年第5期。

⑤ 李国辉、许传洲：《东北乡村振兴背景下培养农业科技创新人才的策略研究》，《农业经济》2023年第4期。

强化高校创新人才培养责任机制，发挥高校育人的作用①，健全人才培养评价制度，建立符合人才规律的评价体系。2020 年国务院印发《深化新时代教育评价改革总体方案》，坚决破除"五唯"，这为我国人才培养评价指明了方向，当前我国科技创新人才培养评价日益多元化，更加注重创新能力、质量和贡献，人才培养的科学性和有效性得到提升，科技创新人才培养评价逐渐合理，但是具体的指标选取，以及实际执行中如何落实到位，我们还有待进一步地考察。未来，我们将继续完善科技创新人才培养机制，着重探讨人才培养评价标准，深挖政策导向与实际执行过程中的矛盾点，将具体政策落实落地，激发人才创新的活力，进一步推动我国科技创新人才的培养。

（五）增强我国科技创新人才培养的集聚效应

2021 年中央人才工作会议强调加快建设世界重要人才中心和创新高地，可以在北京、上海、粤港澳建设高水平人才高地，为我国人才培养指明了方向。2016 年修订《上海市优秀科技创新人才培育计划管理办法》，设立科技创新人才培育计划进行专项资助，不仅重视青年科技创新人才，而且重视高层次科技创新人才和人才团队的培养。我国是人口大国，人力资源丰富，但是我国科技创新人才面临着人多而不精，数量大但是不强。人才高地是人才高度聚集的地方，国际上，旧金山湾区、纽约湾区、东京湾区已经发展成熟，我们要借鉴国际经验，立足自身国情，以国家产业需求为导向，完善人才培养机制，加强政策引导，提供更好的人才培养与发展环境，将政策落实到位，社会多主体共同发力，加强国际交流与合作，注重高水平人才引进的再培养，发挥人才培养的集聚效应，在重点行业和关键领域进行科技攻关，打造高水平人才高地，提升竞争力。

党中央高度重视科技创新人才培养，也出台了一系列重要举措来推动科技创新人才队伍建设，为我国的人才培养提供了支持，但是在现实生活中仍存在政策导向与实际执行过程中的矛盾点，因此具体政策如何在实际执行中落实到位还需我们进一步探究。科技创新人才的培养关系

---

① 陈景彪：《我国科技创新人才体制机制的改革与完善》，《行政管理改革》2022 年第 9 期。

我国现代化建设的高质量发展，对实现社会主义现代化强国目标至关重要，未来要继续坚持党管人才的原则，着重于战略科学家的培养，基于国家需求打造领军人才；构建长效机制，完善人才培养模式，大力培养青年科技创新人才；发挥企业培养主体的作用，围绕产业推进政产学研深度融合；加大高层次人才引进力度，构建国家高科技人才安全保障体系，不断激发人才的活力，提升科技人才供给的质量和水平，积极融入全球人才大循环，打造高层次人才集聚高地。

参考文献

覃永毅、魏锋：《科技创新人才基地的概念、载体及职能》，《科技管理研究》2013 年第 18 期。

施一公：《立足教育、科技、人才"三位一体"探索拔尖创新人才自主培养之路》，《国家教育行政学院学报》2023 年第 10 期。

谢志坚、安志超、李亚娟：《基于科技小院的农业拔尖创新人才培养模式探究》，《中国大学教学》2023 年第 8 期。

卢东祥、庞波：《新发展格局下高校青年科技创新人才培养的三重逻辑》，《江苏高教》2023 年第 5 期。

韩钰、郑丽娜、张江龙：《未来科技创新人才培养：逻辑思路与路径探索》，《高等工程教育研究》2023 年第 2 期。

马立超、路超、唐潇风：《共生理论视角下工程科技创新人才培养的产教融合困境——以集成电路行业为例》，《科学管理研究》2023 年第 1 期。

胡卫平：《聚焦必备特征：科技创新后备人才培养的路径选择》，《中国教育学刊》2022 年第 10 期。

戚蒙莎、万静、淑芸：《区（县）级医院实用型科技创新人才培养路径分析：基于临床试验违规问题》，《中国全科医学》2022 年第 34 期。

陈劲、杨硕、吴善超：《科技创新人才能力的动态演变及国际比较研究》，《科学学研究》2023 年第 6 期。

郑庆华：《打造"不设天花板"的基础学科拔尖创新人才培养空间》，《中国高等教育》2022 年第 12 期。

郑永和、王晶莹、李西营等：《我国科技创新后备人才培养的理性审视》，《中国科学院院刊》2021 年第 7 期。

张黎、周霖：《面向中国式现代化：构建高质量科学教育体系的理论辨识与战略设计》，《现代远距离教育》2023 年第 6 期。

樊哲、张志新、钟秉林：《科技创新背景下高等职业教育供给侧结构性改革的对策研究》，《中国高等教育》2020年第23期。

刘源、赵庆年：《产学研融合的创新人才培养机制构建——美国实时功能成像科技中心的案例剖析》，《高等工程教育研究》2020年第5期。

李宁、顾玲琍、杨耀武：《上海与韩国科技创新人才培养政策的比较研究》，《科技管理研究》2019年第16期。

朱长明：《科技创新助力农村产业经济发展研究》，《农业经济》2021年第12期。

卓泽林：《粤港澳大湾区高校学生创新创业教育质量满意度提升研究》，《华东师范大学学报》（教育科学版）2020年第12期。

王昆强、闫广芬：《自贸区（港）背景建设下海南高校科技创新研究》，《科学管理研究》2019年第4期。

郑秋梅、李华昱、崔学荣等：《IT类创新人才"学生自由发展"培养模式探究》，《实验室研究与探索》2017年第2期。

刘勇、曹婷婷：《金融科技行业发展趋势及人才培养》，《中国大学教学》2020年第1期。

林启湘、战仁军、吴虎胜：《军民融合式装备科研人才培养激励模式研究》，《科学管理研究》2018年第3期。

李素芳：《"互联网+"背景下大学生科技创新教育研究》，《学校党建与思想教育（下）》2017年第1期。

朱清时：《迎接知识经济时代　培养科技创新人才》，《学位与研究生教育》1998年第6期。

素质模型视角下的工程师人才的培育探讨

汤 雪[1] 万 希[2]

（1. 广东建设职业技术学院；2. 广东财经大学）

摘要：中国是工程教育大国，拥有世界上最大规模的工程专业在校生，但是中国却不是工程师强国。在新技术的不断发展下，如何实现工程师的可持续发展成为全球各国面临的挑战。文章首先通过分析国内外工程师素质能力培养的现状，指出发达国家与我国在工程师培育方面的不同之处并分析我国在工程师培育这方面作出的努力与现实存在的差距；然后梳理出工程师的职责与任务并由此提出工程师不仅是严谨的科学家而且是经济社会中敏锐的商人；随后借着针对工程师的胜任力素质模型的相关研究，指出欧洲工程师执业能力标准值得我们学习；最后提出工程师培育的三个途径，分别是加强工程师的继续教育，完善工程师的认证制度，并在工程化的过程中成就卓越工程师。

关键词：培训；素质模型；任职资格；可持续发展

一 工程师的职责及任务

工程师在应对全球人类面临的挑战方面发挥着关键作用，工程师既是社会问题的解决者，也是解决方案的提供者。王沛民（1994）指出，几乎所有国家在工程与技术领域都做出了明确的区分。在工程领域中，专业人员除需要担负技术方面的核心职责之外，还要为自己的技术决策负起经济、法律乃至道德等方面的责任。相对而言，非技术人员不需要承担这类职责，多数仅需承担较次要的技术职责。

（一）工程的特征

综合考虑工程与科学技术的内在联系、美国工程专业化初期在专业主义视角下的挑战，以及英国工程专业在利益相关者眼中的独特性，我们可以归纳出工程专业的若干特殊性质：（1）工程涵盖了丰富的工程知识和复杂的工程过程，这就要求工程师不仅需具备深厚的理论基础，还必须拥有长期积累的实践经验。此外，工程在科学与技术、技术与创新之间扮演着桥梁的角色，这种特殊性使得工程师既要有科学家的严谨思维，又要具备商人的敏锐洞察力。这是因为，工程师的试验不是在实验室，而是在市场①。美国现代工程师是在工业资本主义的社会框架下形成的。在这个社会中，工程师的工作与大型的经济性、商业性企业具有不可消解的联系。相对于企业追逐经济效益，工程师的角色也随之显示出双重的效用——技术的和经济的效用。"成本"通常作为一个"技术结果的适合度"的内在标准，工程师被期望对一个新项目的实践性和效益性进行综合性的考虑，有时候他还必须亲自实现这一活动。从另一个方面，美国工程师服务具有很强的公共效用。但早期的公共工作通常与大型工程公司（企业）相联系。因此，在反效用的进步运动期间，工程师被攻击为"为资本赚钱的科学"。甚至有学者认为："工程师的社会地位取决于他是否学会获取了'掠夺性财富'。"（2）工程师作为一个受雇于客户而不是直接接触客户的人群，使得大众往往对工程师工作性质认识不足。另外，工程师工作领域比其他职业更宽泛，而工程活动又常常表现为一个团队，所以工程决策还需要多团队协同工作。设计是一个历史过程，几乎所有的设计都可以追根溯源，并受到已用物品的成功和失败的经验教训的影响，一种全新设计的新颖产品罕见，甚至一个工程师独自完成单个项目也几乎是不能的。工程设计涉及多个学科，例如设计飞机舱门需要考虑航空工程师最了解的问题（空气动力学），还有材料工程师（材料坚固耐用程度、足够轻便）、电子工程师（舱门要自动控制系统控制）等最了解的问题。每个团队在概念设计阶段可能会有数十

---

①　[美] 爱德温·T. 莱顿：《工程师的反叛：社会责任与美国工程师职业》，丛杭清等译，浙江大学出版社 2018 年版。

个人参与，在规范测试阶段可能会有数百个人参与。如果团队由一个人领导的话，那么这个人就是设计经理，但也可能会有几个设计经理，分别监督一个复杂工程产品不同方面的工作。因此，工程设计是一个社会过程，其本质上包括团队合作、沟通和对用户的理解，而用户的问题正是工程师着手解决的。因此，相较于其他传统专业，各国对工程专业的监管既存在相似之处，也有着独特之处。然而，可以肯定的是，各国政府对工程专业的重视程度并不亚于其他任何专业。

（二）工程师的职责与任务

工程师（Engineer）的 Engine- 的语源为拉丁语的 ingenium，而 -gen- 这部分的意思是"产生"，另外还有一个语源相同的单词就是"Ingenious（独创的）"。此外，1818 年，在英国组成的世界第一个土木工程学会也将"Engineering（工程学）"定义为"驾驭天然力源、供给人类应用与便利之术"。说明当时的工程师重实践，理论尚未完善。工程师的工作广泛涉及多个行业，其主要工程职责涵盖研究、开发、设计、生产与测试、建筑施工、操作管理、销售推广、行政管理、专业咨询以及教育培训等诸多方面。要想处理好各类富有挑战性的工程问题进而让人们的生活变得更安全更方便更高效更有秩序，就需要工程师们充分发挥自身主动性，表现出自身专业性以及对工程知识进行灵活的应用。同时他们也需要有优秀的团队合作精神以及创新能力，只有这样才能够顺利完成自己肩负的任务以及挑战。

工程实践活动中的每个环节都需要工程师有效地履行其基本职能。设计阶段工程师需要依据工程目标深入调查，周密分析，然后给出可行的设计方案；在决策的过程中，他们帮助决策者从众多的选择中筛选出最合适的方案；而在实施阶段工程师更多承担着执行者的责任，需要利用专业技术、精湛工艺来保证工程进度不会被拖延、质量不会被打折，才能顺利完成工程项目。

（三）工程师的分类

在当今社会，工程师群体不仅人数众多，而且根据其职能差异，可以细分为多种类型。对工程师进行分类时，采用不同的标准会得到不同的分类结果。以工程领域为例，我们可以对工程师进行分类，例如传统的机械、电气、土木和化学工程师，还有现代新兴的电子、航空、计算机、电信和原子能工程师等。除此之外，还涵盖了如环境、能源、航天、生物学、管理学和系统工程师等多个学科领域。各国学者对于工程师的职责分类标准不尽相同，因此产生了多样化的分类方式。接下来，我们将对几种具有代表性的分类进行探讨。欧洲共同体的学者将工程师划分为三类，具体如表 1 所示。

表 1　　　　　　　　欧洲共同体学者对工程师的分类

类型	职责	分类标准
理论工程师	具备一定的抽象思维能力，能够对表面上看似无关的事物进行全面的理解，同时也具有丰富的创造性，形成并提出相关的科技理论	工程活动实践不同阶段
联络工程师	深入理解抽象的概念，并把科技的理论知识转化为具体的产品设计并付诸实践	
实施工程师	负责实施并执行理论工程师最初构思的理论，然后由联络工程师将其应用到工厂的实际工程中	

在我国，工程技术的分类是基于职称来划分的，涵盖了技术员、助理工程师、工程师、高级工程师以及教授级的高级工程师，而技术工程师这一部分则相对较少。在我国，学者们对于工程师的分类持有各种不同的观点。国内的李伯聪等人基于国家的实际情况，参考了国外工程师的各种分类经验，并根据他们的工作模式和核心职责，将工程师划分为三大类别：工程技术应用、工程科技研究与开发以及工程管理。在罗福午所写的《略论高等工程教育的教学改革》文章里，他也提到了这种分类方式，并详细描述了不同类型的工程师在总人数中所占的比例，如表 2 所示。

工程技术在我国的分类体系主要依据职称等级来划分，涵盖技术员、助理工程师、工程师、高级工程师以及教授级高级工程师等级别，但体系中未包含技术工程师这一层级。针对工程师的分类，国内学术界存在多样观点，考虑到我国的特定国情，学者如李伯聪等人，在参考国外多样化的工程师分类体系的基础上，根据工作职责的本质和核心任务，对工程师进行了详细的划分，将他们分为三个主要类型：工程技术实施型、工程研究开发型，以及工程管理型。其中，工程技术实施型工程师所占比重最大。罗福午在他的文章《略论高等工程教育的教学改革》中接受了这一分类框架，并通过表2明确展示了各种工程师在整体中的占比分布情况。

表2　　　　**工程师的类型、职责及其在工程师总数中所占的比例**

类型	职责	中国	美国	德国	澳大利亚
技术实施型	工业生产第一线从事设计、试验、制造、运行等技术工作，有善于解决工程中复杂问题的能力	60%—70%	45%	45%	40%
研究开发型	从事工程技术开发、工程基础研究，具有提出新概念，制定新规程，开发新材料、新工艺、新产品的能力	10%—15%	15%	12%	8%
工程管理型	从事以技术背景为主的策划、协调组织实施、管理、经营、销售工作，具有宽的知识面、强的组织力，对工业生产有洞察力	15%—20%	20%	35%	45%
其他	教育、咨询等	5%	20%	8%	7%

资料来源：罗福午：《关于工程师的素质培养》，《高等工程教育研究》1999年第4期。

通过对上述表格的深入分析，我们可以观察到，不同种类和职责范围的工程师在全球工程师总数中的占比存在明显的不同，这揭示了各国根据自己的实际情况对工程师种类的需求和对劳动力的特定需求。在我国的工程师团队中，技术实施型工程师占据了主导地位，其占比超过了一半，这与我国作为制造业大国的地位有着紧密的联系。不同之处在于，尽管美国和德国在工程教育方面有着显著的差异，但在技术执行型工程师的比例上却出奇地相似，两者都高达45%。但是，两国之间的主要区别是，德国的第二大工程师团队——工程管理型工程师，他们的比例高达35%。得益于这80%的工程师团队（包括技术执行型和工程管理型），

他们能够根据市场的需求进行精确的预测和技术应用，这极大地推动了
技术向实际工程产品的落地转化，进而为德国的工程行业带来了稳定的
增长。

二　工程师素质模型的相关研究

在 1993 年，Spencer 构建了一个普适性的胜任力框架，此框架覆盖
了技术工程师、社区服务工程师、销售工程师以及管理工程师等多类角
色。针对技术工程师这一群体，其胜任力特质被明确界定为以下要素：
技术能力、团队协作、自信心、人际洞察力、信息搜寻能力、分析性思
维、主动性，以及追求成就的动机等。

关于管理工程师的胜任能力的研究活动显示出增长的趋势，Rifkin
和 Fineman（1999）采用了行为事件访谈的方法，专门针对美国的 17 家
技术高度集中且拥有大量研发职位的大型企业，对技术经理和研发主管
的胜任能力进行了深入的分析，并在此基础上构建了一个面向技术经理
工程师的通用胜任能力框架。与国外的研究相比，我国在工程师的胜任
能力方面的研究开始得相对较晚。研究的主要焦点是集中在软件、通信、
电力、汽车、土木等几个特定的领域。随着胜任特质理论的持续进步，
通用行业的胜任特质模型的适用性开始面临挑战，研究的焦点逐步转向
了工程师胜任特质模型在人力资源管理实践中的检验和实施，这标志着
工程师胜任特质研究领域的一个重大转变。

从表 3 的展示中，我们可以看到，在构建国内外胜任素质模型的方
法论中，对于胜任素质特征要素的收集，普遍采用了文献综述、关键事
件面谈、工作分析等方法，而问卷调查主要服务于模型的构建和验证，
为其提供了实证基础。从结果上看，国外的研究在问卷设计及信度方面
均有较好表现，国内研究则更多地关注于指标筛选和维度选择等细节
问题。在对胜任素质要素数据进行解析时，通常会采用探索性因子分
析来提取特征，然后使用验证性因子分析来验证模型，或者利用模糊
综合评估方法来确定各胜任素质要素的权重，从而构建出胜任素质的
评价体系。

表 3　　　　　　　　　　工程师胜任力代表性研究

研究人员	研究对象	研究方法	研究结果	胜任力维度
Richard Boyatzis （1982）	对 12 个工业行业的企业中的 2000 多名管理工程师	行为事件访谈法和问卷调查法	管理者通用的胜任力模型	目标和行动管理、领导、人力资源管理、指导下属、关注他人和知识
王重鸣、陈民科 （2002）	全国 220 名中高层管理工程师	问卷调查法	高级管理者的胜任力特征结构	管理胜任力的特征涵盖管理素质与管理技能两大方面。其中，管理素质方面包括正确的价值取向、诚信正直的品质、强烈的责任感以及对权力的认知；而管理技能方面则涉及协调与监控的能力、战略决策的制定、有效的激励与指挥，以及开拓创新的能力
于建军 （2005）	研发技术工程师	以胜任力评价指标体系完善研发技术工程师的绩效评价系统	构建研发技术工程师胜任力评价指标体系，并初步提出研发技术工程师核心胜任力量表	一般而言，胜任力的评估标准包括了成就驱动、社会影响、思考能力、团队合作精神、学习能力、主动性、自信、坚韧性、人与人之间的观察力、信息检索技巧、对秩序和品质的关注，以及对专业知识的掌握等多个维度。核心胜任力的评估标准主要集中在思维能力、成就驱动、团队合作精神、学习能力、坚韧性以及积极性这几个核心因素上
李爽、陈国鹏等 （2006）	高级职业经理人	行为事件访谈法	高级职业经理人胜任力体系评定量表	认知基质、组织协调、领导力、个性倾向和自我调节五个纬度
赵西萍 （2007）	软件工程师	行为事件访谈法与因子分析的方法	提炼出软件工程师潜在胜任素质	成就导向，思维能力，团队协作，主动性，坚韧性

续表

研究人员	研究对象	研究方法	研究结果	胜任力维度
王民湘等（2010）	铁路行业电务段信号联锁工程师	行为事例访谈法、综合专家小组讨论法、专业系列小组讨论法、问卷调查法	联锁工程师岗位胜任模型	潜能要素（个性特性、能力特征）和显能要素（专业水平、经历业绩）
李曼丽（2014）	我国电力行业某国家重大工程项目中的20位工程师	行为事件访谈法	形成卓越工程师的胜任素质模型	"鉴别性胜任素质"和"基准性胜任素质"
温柏坚（2011）	技术工程师	关键事件访谈、问卷调查等方法	企业技术工程师胜任力评价指标体系	任务导向、专业敏感性、监控能力、沟通能力、成就导向、全局观念、果断性、创新性、信息寻求
饶惠霞（2012）	中药研发工程师	综合运用国内外胜任力评价指标体系相关研究	构建了研发工程师专用胜任力评价指标体系	专业知识及专业技能、人格特质、创新特质、一般能力
马志强（2013）	制造企业研发工程师	从研发主体多元化、客户需求导向、与产品服务系统融合3个方面	构建了制造企业研发工程师胜任力评价指标体系	协作能力、责任感、创新能力、服务意识、学习能力和市场导向
曾珠、王斌（2014）	供货商质量工程师	关键事件访谈法	供货商质量工程师胜任素质模型要素	综合能力、专业能力、危机能力以及交流能力
何天翔等（2015）	选取南京、滁州5家监理公司	问卷调查法	总监理工程师胜任素质模型	管理技能、专业能力、人际关系、个人特质
刘晖等（2018）	沈阳某航空制造集团研发工程师	行为事件访谈法以及问卷调查法	构建出战略性新兴产业中研发工程师胜任力评价指标体系	战略性新兴产业研发工程师胜任力评价指标体系：动力与行为、工作态度价值观、人际关系能力、知识与技能

研究人员	研究对象	研究方法	研究结果	胜任力维度
陈万思、范惠明、张珣（2022）	S公司的初级制造工艺工程师	行为事件访谈、文本分析、问卷调查、专家意见、统计分析等方法	构建了工程师四维胜任力模型	基础性胜任力、基准性胜任力、鉴别性胜任力和发展性胜任力四个维度，共16个项目要素

当前，就业市场面临的挑战日益严峻，其成因复杂多样。从教育维度审视，一个显著的原因在于社会针对人才的需求与学校教育培养模式之间的不匹配。深入剖析此问题的核心，我们意识到，所有杰出企业均依赖于其独特的胜任力模型（Competence Model），而学校教育体系恰好在依据此类模型对学生进行专业化培养方面存在缺失。以"卓越工程师培育计划"为例进行分析，不难发现，工程师的核心竞争力主要体现在工程专业素养及创新能力上。工程专业素养是一个涵盖广泛的概念，它融合了工程专业知识、实践技能、管理能力及个人品质等多个方面。因此，如何有效地培养学生，确保他们具备这些关键能力，并能将所学转化为职场所需，成为当前教育工作者亟须深思的关键议题。下面以欧洲工程师的认证标准为例来说明欧洲工程师执业能力标准。欧洲工程师资格全部工作由欧洲工程师协会联盟（FEANI）这一第三方机构承担，无政府直接参与。在FEANI公式的基础上，欧洲工程师的素质能力标准如下表4所示。

表4   **欧洲工程师执业能力标准**

要素	内容
知识理解	精通以数学、相关学科和所处的工程学科综合为基础的工程原理
工程分析	拥有运用合适的理论和实践手段来分析及解决工程难题的技能
研究能力	具备持续进行技术创新的意识，并在工程专业领域内培养对创新和创造性的追求态度

续表

要素	内容
工程设计	掌握与其专业领域有关的当前技术以及新兴技术
	熟悉自己所从事的专业领域内的各种标准和制度规定
工程实践	掌握工程领域内的实际工程知识，并对材料、组件以及软件的特性、状况、生产和应用有深入了解
可转移技能	拥有对工程职业为社会提供服务的责任感、对职业和环境的深刻理解，从而能够恪守高尚的职业伦理
	不仅掌握了工程经济学、质量保障和维护的基础知识和技能，还具备了运用技术信息和进行统计数据分析的能力
	拥有在跨学科项目中与他人协同合作的技能
	拥有管理、技术、财务以及人文等方面的领导才能
	拥有出色的沟通能力，并通过不断的专业发展来维持其竞争优势的责任心
	精通必要的欧洲语言，以确保在欧洲各国的工作中能够进行有效的交流

资料来源：General Criteria for the Accreditation of Degree Programmes，ASIN，http://www.asiin-ev.de。

从上表 4 中，可转移技能中提到"具有包括管理、技术、财务和人文关怀的领导能力"，其实我在这特别提醒的是"精通商务和管理能力是未来工程师必备的素质之一"。科学管理的发明人是工程师泰勒（Taylor），他在发展工程师社会思想方面起到了独特的作用。科学管理是一种将工程师头脑中的想法付诸实践的尝试。从认知的深度层面分析，未来的工程师将对商务与管理原理有深入透彻的理解；而从实践应用的广度来看，他们又能将这些原理运用得自如娴熟。过往经验明确显示，工程师若能精通这些原理，通常更有可能被提拔到领导层位置。在我国很多商界领导人都有工程师背景，如任正非、雷军、张一鸣等。"在过去，那些精通商务和管理原理的工程师被赋予领导角色，未来亦然"。另外，"随着现代社会的技术、经济和社会基础的相互依赖日益增加，工程师将有越来越多的机会发挥其领导潜能。这不仅是在商务领域，而且在非营利机构和政府部门。"随着技术的发展，工程师所需的固有技能正在发生显著变化。随着人工智能、机器学习和机器人技术的使用，人们逐渐脱离了过去过程中所需的"动手"的技能，而对于具有以前被称为

"软技能"能力的人才需求日益增加,这些技能将是未来的"关键技能"。应变能力、敏捷性、获取新知识的能力、团队合作和沟通等能力,与以前在工程中被十分看重的详细的技术知识同等重要,甚至更为重要。例如,现在的工程师都是以团队的方式工作,无法与团队成员密切合作的人,往往拿不出工作成果。只有学会商业礼仪、具备一般的常识与广泛的知识,同时又深入学习专业知识,才能提升职场胜任力。

三　工程师培育的重要途径

当前,针对工程师的研究主要集中在教学课程与方法的优化、执业制度的完善等领域。与这些聚焦于工程师人才培养前端的研究不同,本文则侧重于探讨就业后的企业培养机制及个人终身学习的后端议题,并据此提出解决问题的策略。

大多数国家把工程师的形成划分为两个阶段。理工科高校以卓越工程师为教育培养目标完成学士、硕士和博士的学历教育,培养了卓越工程师的后备人才,可以视作卓越工程师的培养首先经历了在大学内部的基础构建阶段。随后,这一过程进入第二阶段,即在大学之外的工作环境中实现专业发展,最终获得工程师的专业资格认证,标志着其在大学外部的成长与成形。企业在卓越工程师教育培养方面有重要的导向和实施作用,有真实的工程环境、创新平台和创新团队,这是卓越工程师培育迫切需要的行业企业工程背景。可能没有制度化的导师,却有卓越工程师榜样;可能没有规范化的固定教材,却有实践和实战的大好机会。主动潜心研读针对性强的专著,倾心追随大师,自主学习,自主修炼,自主发展和自我实现。以自主学习和自主修炼的在职学习方式,作为学历教育的延续和拓展,两者都属于卓越工程师的教育培养,是相互紧密联系的两段论,以下就谈几点培育的途径。

基于工作的学习。基于工作的学习通常被称为学徒制,是指在一个行业或职业中,以在职学习的方式在教育院校或职业培训机构学习的一种培训制度。如德国采用的双学徒制作为职业途径,使未来的工程师能够通过实践获得宝贵的经验。在工程领域,这种学徒制非常有利,因为工程领域的专业能力,如技术和工作知识、技能和资质都非常重要。学徒制也可以与大学的工程课程结合起来，也就是双修课程。

　　加强工程师的继续教育。我国人力资源和社会保障部制定了继续工程教育的要求，并资助中国继续工程教育协会（China Association for Continuing Engineering Education，CACEE）为全国的工程师和专业技术人员开发和提供课程；培训是必须参加的，培训周期是固定的（更多相关信息可访问 www. cacee. org. cn）。而在美国，颁发工程师执照的专业协会制定了继续工程教育的要求，但课程和方案是由高等教育机构、政府机构或雇佣工程师的公司开发和提供的。在欧盟，欧盟委员会资助大学或其他组织参与开发和提供课程和方案相关项目。

　　完善工程师的认证制度。长期以来，我国实行的职称考试及评定机制，实质上是对工程师素质的一种后置性验证手段。实践表明，这种传统的职称评价方式并不能从根本上确保工程师的培养质量。当前，首要任务在于转变观念，即认识到合格工程师的培养并非单纯依赖职称评定，而是应建立在鉴定、认证与注册相结合的单元质量规制的体系之下，通过大学期间及毕业后大约八年的持续培养，在大学内外共同作用下实现。

　　在工程化的过程中成就卓越工程师。知识充其量是点，说得极端点，所有的知识都是常识，唯有经验能串起这些知识和常识。脑袋里的零碎知识是通过名为经验的绳子产生关联性，而这就是工程师的成长。企业先进的不断更新换代的生产设备和制造技术制造工艺，工程实践经验丰富的工程技术人员队伍，工程实践和创新平台、创新项目及环境等，都是卓越工程师成才所需的外部条件，高校难以完全具备。所以，高校的工程化启蒙只能是初步的。学生从高校毕业后所从事的工作和所学专业或多或少会有一些距离。在企业的经营环境、生产环境、科研环境、工程环境中，才可能真正完成以专业化为前提的工程化启蒙。所谓工程化就是从国家社会经济发展和科技进步的需求出发，在工程层面正面回应国家行业、企业所面临的巨大挑战和现实需要，这才是卓越工程师的成才之路、用武之地。在艰难的研发、生产、经营、工程应用、工程建设中，坚持长期深入实践，持续积淀，顽强修炼，若干年后才有可能真正实现工程化，继而修炼成卓越工程师。没有工程化就很难有卓越工程师。所以，工程化是卓越工程师成长、发展、最终成才的必由之路。

参考文献

王沛民、顾建民、刘伟民：《工程教育基础：工程教育理念和实践的研究》，浙江大学出版社 1994 年版。

李雪、钱晓烨、迟巍：《职业资格认证能提高就业者的工资收入吗？——对职业资格认证收入效应的实证分析》，《管理世界》2012 年第 9 期。

林健：《工程师的分类与工程人才培养》，《清华大学教育研究》2010 年第 1 期。

林健：《新工科人才培养质量通用标准研制》，《高等工程教育研究》2020 年第 3 期。

林健：《卓越工程师创新能力的培养》，《高等工程教育研究》2012 年第 5 期。

［英］娜塔莎·麦肯锡：《人人都该懂的工程学》，张焕香、宁博、徐一丹译，浙江人民出版社 2020 年版。

赵西萍、周密、李剑等：《软件工程师潜在胜任力特征实证研究》，《科研管理》2007 年第 5 期。

王重鸣、陈民科：《管理胜任力特征分析：结构方程模型检验》，《心理科学》2002 年第 5 期。

王民湘、娄鸣、付开道：《核心岗位（电务段信号联锁工程师）胜任力模型研究》，《铁道通信信号》2010 年第 2 期。

广州高水平科技人才发展现状及对策研究

原泽知

（广州市科技发展战略研究院）

摘要：通过综合分析国内政府官媒和国外权威组织公布的广州科技人才数据，揭示广州高水平科技人才队伍建设在全国重点城市中的发展趋势。广州新当选两院院士 6 名，当年新增人数创历史之最；2 人 4 团队荣获首届"国家工程师奖"，引领战略性新兴工程领域；449 名顶尖科学家入选斯坦福大学发布的"2023 全球前 2% 顶尖科学家排名榜单"，人数高居中国大陆地区第五。健全人才培育机制、搭建人才发展平台、聚焦关键核心技术等举措是广州高水平科技人才快速增长的重要因素。通过对比分析广州及粤港澳大湾区部分城市的人才政策，可从加强产业人才国际化培养、打造科技金融生态圈、促进院校及港澳人才资源流通等角度对广州高水平科技人才未来发展提出建议。

关键词：科技人才；两院院士；国家工程师；顶尖科学家

高水平科技人才是推动高质量发展的战略性力量，也是新质生产力的重要组成部分。完善以中国科学院院士、中国工程院院士（以下简称两院院士）和"国家卓越工程师"等为代表的高水平科技人才引进培育机制，是加快建设高水平人才高地的重要任务。作为粤港澳大湾区的核心引擎，广州贯彻落实党的二十大报告中对教育、科技、人才的统一部署，高水平科技人才不断涌现。为保持广州高水平科技人才的良好发展态势，需对广州科技人才的组成结构和发展历程进行分析，并对比粤港澳大湾区城市和地区的科技人才政策，提出完善广州市高水平科技人才队伍建设体系的对策建议。

一　广州高水平科技人才发展现状分析

（一）广州增选两院院士数量增长迅猛

2023 年 11 月，中国科学院和中国工程院公布了 2023 年院士增选名单，其中中国科学院增选 59 名院士，中国工程院增选 74 名院士①。其中，广州地区新当选两院院士 6 名（含 1 名外籍院士），当年新增人数不仅在粤港澳大湾区城市中排名第一（深圳 2 人增选、香港特区 1 人增选），而且大幅度打破了广州历史上新增院士数量最多的纪录（表 1）。

表 1　　　　　　　　过去十年广州增选两院院士数量及信息

年份	广东人数	广州人数	广州增选两院院士具体信息
2023	9	6	1. 马骏，中山大学肿瘤防治中心，增选中国科学院院士。 2. 何宏平，中国科学院广州地球化学研究所，增选中国科学院院士。 3. 韩恩厚，华南理工大学，增选中国工程院院士。 4. 邢锋，广州大学，增选中国工程院院士。 5. 刘超，广东省毒品实验技术中心，增选中国工程院院士。 6. 郝洪，广州大学工程抗震研究中心，增选中国工程院外籍院士。
2021	7	2	1. 马於光，华南理工大学，增选中国科学院院士。 2. 饶宏，中国南方电网有限责任公司，增选中国工程院院士。
2019	2	2	1. 宋尔卫，中山大学，增选中国科学院院士。 2. 戴永久，中山大学，增选中国科学院院士。
2017	6	2	1. 刘耀光，华南农业大学，增选中国科学院院士。 2. 徐义刚，中国科学院广州地球化学研究所，增选中国科学院院士。
2015	3	2	1. 王迎军，华南理工大学，增选中国工程院院士。 2. 吴清平，广东省微生物研究所，增选中国工程院院士。

---

①　中国科学院、中国工程院：《2023 年两院院士增选结果揭晓　133 位专家当选》，2023 年 11 月 22 日，新华网，http://www.news.cn/tech/2023-11/22/c_1129988390.htm。

续表

年份	广东人数	广州人数	广州增选两院院士具体信息
2013	4	3	1. 彭平安，中国科学院广州地球化学研究所，增选中国科学院院士。 2. 张偲，中国科学院南海海洋研究所，增选中国工程院院士。 3. 陈勇，广东省科学院，增选中国工程院院士。

资料来源：根据中国科学院、中国工程院官网，以及官媒相关新闻报道整理而得。

在 6 名增选院士的背后，是雄厚的两院院士后备力量：广州共有35 名高水平科学家进入中国科学院和中国工程院 2023 年度院士增选有效候选人名单，占全省有效候选人数总数的 76%，覆盖了生物医药、光电子芯片、新能源、纳米材料、精密仪器加工、物联网信息等多个前沿学科领域。广州科技领军人才和后备团队成长发展呈现良好态势。

（二）广州"国家卓越工程师"以关键技术支撑高质量发展

2024 年 1 月，首届"国家工程师奖"表彰大会在京召开。党中央、国务院对 81 名"国家卓越工程师"和 50 个"国家卓越工程师团队"进行表彰。广州 2 人 4 团队入选，入选团队数量居全国第二[①]。

1. 突破世界前沿技术，支撑国家战略工程

南方电网的特高压柔性直流输电技术研发团队首创特高 800 千伏直流输电技术、研发新一代柔性直流输电技术、研制出世界首套特高压柔直换流阀及电能路由器等国之重器，不仅完成了柔性直流输电技术的国产化替代，也在柔性直流输电技术领域领跑全球。香港特区科技大学（广州）苏权科教授主持设计和施工港珠澳大桥，突破大型跨海工程和建造技术的世界性难题，打造粤港澳大湾区交通枢纽和经济"主动脉"。

2. 企业自主研发攻关，领跑世界汽车产业

广汽集团的广汽动力总成自主研发团队完成了汽车发动机自主研发

---

① 《"国家工程师奖"表彰大会在京召开》，2024 年 1 月 19 日，新华网，http://www.news.cn/politics/leaders/20240119/039a16077c5044c0b7153efe4005a725/c.html？page＝2。

"从零到一"的飞跃，最新研发的广汽第四代 2.0ATK 混动发动机有效热效率突破 44%，处于世界领先水平；完全自主开发的第二代高性能电液控制系统解决了自动变速器核心"卡脖子"难题。广州地铁的城市轨道交通系统安全与运维保障国家工程研究中心与深圳腾讯合作，成立"穗腾联合实验室"研发可迭代升级的轨道交通智慧操作系统——穗滕 OS，并在广州地铁 3 号线、18 号线、22 号线应用，实现全息感知、安防应急、乘客服务等智慧集成控制功能，将巡站工作效率提升 500%，生产检修人员配员减少 16% 等。

（三）广州顶尖科学家现状分析

2023 年，斯坦福大学和全球出版集团 Elsevier 合作，发布"2023 全球前 2% 顶尖科学家排名榜单"（以下简称"2023 榜单"）[①]，被多个知名高校、科研院所广泛传播引用[②]。该榜单对全球科学家截至 2022 年底前发表的所有科研成果，包括文章引用次数、H 因子（高被引次数因子）、期刊影响因子、第一作者、通信作者等参数，使用综合统计（Composite Indicator）对科学家进行排名，评价科学家的学术产出量和学术影响力。该榜单共涵盖生物学、临床医学、化学、工程学、社会科学等 22 个领域，下设人工智能、航天工程、纳米科技等 174 个子专业领域，在全球范围筛选出排名前 2% 的 204643 位科学家，并分学科进行排名。广州上榜科学家数量为 449 人，居北京（1955 人）、上海（907人）、南京（487 人）、杭州（452 人）之后，在中国大陆地区排名第 5。从学科分析，广州在地球与环境科学、临床医学、农林渔牧等学科优势显著，在大陆地区排名前三；但在工程学等学科有待提升。深圳上榜科学家数量为 212 人，虽总人数不及广州，但企业科学家上榜人数居

---

① Ioannidis, John P. A., "October 2023 data-update for 'Updated science-wide author databases of standardized citation indicators'", Elsevier Data Repository, V6, https://elsevier. digitalcommons-data.com/datasets/btchxktzyw/6, 2023 年 10 月 4 日。

② 《我系多位教师入选 2023 年度全球前 2% 顶尖科学家榜单》，2023 年 11 月 7 日，中国科学技术大学热科学和能源工程系网，https://tsee. ustc. edu. cn/2023/1107/c3283a616896/page. htm；《规划领域多人入选！2023 年度全球前 2% 顶尖科学家榜单发布》，2023 年 10 月 24 日，中国科学院区域可持续发展分析与模拟重点实验室网，http://www. lrsd. org. cn/xwdt/zhxw/202310/t20231024_761843. html。

全国榜首。香港特区和澳门特区上榜科学家数量分别为 1775 人和 54 人；香港特区在各学科领域上均居全国前三，其在临床医学、建筑学与环境设计居全国首位。

从区域分析，长三角城市群拥有 2529 名顶尖科学家，居全国首位；首都经济圈和粤港澳大湾区则分别拥有 2317 人和 2000 人，上述三大城市圈的顶尖科学家数量占中国总量的三分之二，远高于长江中游城市群（755 人）、成渝城市群（412 人）等其他城市群。这说明了顶尖科学家多向经济发达和科研平台充足的地区集聚，且分布由沿海地区向内陆地区递减。

二　广州科技人才工作体系经验总结

（一）健全人才培育机制

广州持续强化科技人才支持政策的顶层设计和统筹规划，推动市级人才政策与国家、省科技人才支持政策有效衔接。新修订的市级人才政策中，按照"认定+遴选+择优"的方式，围绕 1 条科技人才成长链条配置不同阶段需求的资源支持，采用引进和本土培养 2 种方式支持高层次科技人才队伍建设，按照青年拔尖人才、领军人才、杰出人才 3 个层次进行分阶段支持人才成长；同时从创新、创业 2 个线条，重点支持"成建制"引进高端创新创业团队，形成了梯队合理、层次分明、体系完备的"123"人才支持政策体系。广州积极推荐在穗高端人才申报国家和省重大人才工程项目，并对本市科技计划项目予以大力支持。如 2023 年新增选院士马骏，从事鼻咽癌治疗理论研究及临床诊治，先后获得多项广州市科技计划项目，成为广州打造"基础研究—科技攻关—成果转化"全链条科技计划项目培育科技人才的典范。

（二）建设战略创新平台

广州坚持以国家战略性需求为导向，构建以广州实验室、粤港澳大湾区国家技术创新中心等两大国家级科研力量为引领，以人类细胞谱系大科学装置、冷泉生态系统 2 个国家重大科技基础设施为骨干，以及国际大科学计划、国家未来产业科技园、国家新型显示技术创新中心、4家广东省实验室、10多家高水平创新研究院等N家重大创新平台为基础的"2+2+N"科技创新平台体系，汇聚一大批战略科学家、一流科技领军人才和创新团队，青年科技人才超千人。广州支持新型研发机构和在穗高等院校、引进国内外优势单位的创新科技和人才资源，联合在穗开展关键核心技术攻关、推动科技成果转化。如广州大学引进的两名2023新增选院士邢峰和郝洪分别在高性能混凝土和工程抗震领域走在全国前列。

（三）攻关关键核心技术

广州出台《广州市重点领域研发计划优化提升方案》，围绕"卡脖子"关键核心技术攻关实施重点研发计划，采用"揭榜挂帅"科研模式，多名国家战略工程师在实战任务中成长：周常河教授承担我市重点专项"大尺寸衍射光栅制造技术研究"，其研制的光栅器件被国内外几十家大学或科研机构使用；"两观三性"建筑创新实践与研究团队核心成员倪阳将其在绿色建筑设计领域的前沿技术应用在广州国际会展中心、广州珠江新城西塔等广州标志性建筑的设计中，并获得我市企业创新计划的政策性后补助；特高压柔性直流输电技术研发团队，聚焦关键核心特大型交直流电网安全运行技术，培养了平均年龄仅34岁的高水平年轻化科技工程人才队伍。

三　广州及粤港澳大湾区代表性人才政策对比分析

随着人才的重要性被深刻阐述和广泛认识，全国各地纷纷出台人才新政，"人才争夺战"已经打响。对广州以及粤港澳大湾区各地区具有代表性的人才政策进行汇总分析，能归纳和比较各地在人才政策上的特点，为广州乃至粤港澳大湾区制定人才政策提供依据。

表2　　　　　　广州及粤港澳大湾区部分代表性人才政策概述

城市地区	政策名称	主要特点
香港特区	优才计划	享受香港特区和内地"双重户口"福利政策。 子女享受15年免费教育和中英文教学环境，可以较低分数就读内地名校。 税率低，个人薪俸税低至15%。 香港特区护照免签或落地签的国家和地区达172个。 一人获批，全家获得同样身份和福利。 60岁以上老人可获高龄津贴和公共津贴，养老有保障
澳门特区	澳门特区人才引进制度	税率低，个人所得税最高为12%，房屋税最高为8%，税负甚至低于香港特区。 子女享受15年义务教育和中英文教学环境，可以较低分数就读内地名校。 澳门特区护照免签的国家和地区达144个
广州南沙	《广州南沙国际化人才特区集聚人才九条措施》	对战略科学家和产业顶尖人才按"一事一议"方式在人才奖励、项目资助、股权投资等方面给予一揽子支持并充分简政放权。 对领军人才等分层次奖励，最高达1000万元。支持高层次人才项目团队创新创业，给予最高1亿元奖励补贴。 对新落户的全日制本科、硕士、博士分别给予3万元、6万元、12万元生活补贴，对新落户的出站博士后给予最高30万元生活补贴。 支持港澳台侨青年创业就业，给予单项最高100万元奖励补贴等。 对新引进的国际知名高校博士给予最高100万元奖励。对持有特定国际职业资格证书的海外人才给予最高100万元奖励。 对外籍人才、高层次人才按照个人经济贡献超过其收入15%的部分给予奖励，对港澳人才免征个人所得税税负超过港澳税负的部分等。 对经个人推荐成功引进高层次人才的机构给予最高50万元奖励等。 对重大平台、科研机构每年分配一定数量的高层次人才指标，授权其按条件自主评审。对新入选国家专精特新名录企业、新成长为科创独角兽企业、新上市企业等，直接给予一定数量的高层次人才指标
深圳前海	《关于服务深港合作鼓励总部企业发展的实施办法》等	鼓励总部企业发展，对总部企业达到一定利润规模的给予经营团队资金扶持，最高达3000万元。 鼓励金融团队集聚，对实收资本和总资产在一定规模以上的金融企业，对经营团队员工一次性扶持3000万元。 支持科技企业集聚，对年度利润规模在一定规模以上的科技企业，给予最高奖励2000万元。 支持新型研发机构，获得国家、省相关项目资助的，分别对承担项目的团队予以一次性10万元至20万元不等支持。 支持智库发挥高端人才"蓄水池"作用。对邀请港澳和国际学者开展全职访问交流的智库给予资助；对引进中央和国家部委已认定的专家学者，给予20万元/人奖励

城市地区	政策名称	主要特点
珠海横琴	"横琴降成本十条"	"两补贴"，对科技企业办公场地给予 5 年租金补贴，实行"大专给予 2 万元补贴"等。 "双支持"，在各人力资源和合作平台开展人才招聘，支持企业降低招聘成本；制定出台支持澳门特区投资者政策，在办公租金、品牌落地、营收奖励、研发补贴等方面予以补助，支持澳门特区投资者降低成本。 "三完善"，制定出台合作区促进办公楼宇和产业园区配套商业发展专项政策，对合作区办公楼宇和产业园区内及周边配套商业的商业品牌店经营主体，给予适当运营补贴。 "三提升"，将建立多层次公共交通保障，丰富合作区内公交线网；规划建设、优化提升一批公共停车场；加快合作区内教育配套设施建设，推动目前已规划或在建的幼儿园和小学加快建成使用
东莞	"十百千万百万"人才工程	引进战略科学家团队，配套资金场地，赋予充分科研项目实施自主权。 对新引进博士给予高额补贴。 对入选国家重大人才工程人才及省级以上人才按国家资助标准的两倍给予配套。 建立科技人才创业培育库，对入库科技人才及企业，可在 5 年培育期内获得租金补贴和"里程碑"发展奖励，累计资助额度高达 500 万元。 引进培育工匠型高技能人才，最高给予 600 万元购房补贴及 30 万元生活补贴
佛山	佛山市人才安居办法	对全职新引进的领军人才给予最高达 750 万元购房补贴。 从高端人才到博士等不同层次人才给予 20 万元到 300 万元不等安居或购房补贴
中山	"1+10"人才政策体系	人才分层分类补贴，从企业急需硕士到市重点平台单位引进的顶尖人才，根据层级给予 3 万元到 2000 万元不等资助。 实行安居分类保障，提出市镇两级 5 年内筹建 5000 套人才房，保障人才短期居住需求。高层次人才在中山购买自住房可获得最高 300 万的公积金贷款额度。 教育医疗特色保障，各类人才由市镇两级分别给予优待，高层次人才择校范围扩大到全市所有学校；每年为高层次人才免费提供 2 次专家特诊服务。 支持留学人员创业，创办企业申请最高 200 万元扶持，孵化期给予最长 2 年最高 500 平方米的免费场地

续表

城市地区	政策名称	主要特点
惠州	"惠"聚优才工程	安家补贴支持,对博士到科技领军人才等不同层次人才分层次给予30万元到500万元不等安家补贴。 人才创业扶持,对具备国家高新技术企业,新获评国家级、省级"专精特新""小巨人""单项冠军"等称号的企业给予10万元到300万元不等奖补。 税收优惠政策,在惠州的境外高端人才和紧缺人才,其在惠州市缴纳的个人所得税已缴税额超过其应纳所得额15%计算的税额部分,给予财政补贴

资料来源:根据各城市政务网站公开发布政策整理而得。

　　根据表2,可对粤港澳大湾区各地的人才政策特点归纳如下:一是香港特区、澳门特区人才政策倾斜方向一致,主要亮点为提供护照免签、双重户口、优质教育等优惠政策,但并不直接对人才发放任何资金补贴或奖励;且在优质教育上,利用区位优势与国内教育资源互联互通。二是粤港澳大湾区内地地区城市的人才政策,亮点在于以高额奖励补贴吸引优质人才创新创业,但在医疗保障、子女教育等方面与香港特区、澳门特区方面相比优惠不明显,部分地市政策并没有提及医疗和教育保障。三是部分地区人才政策均倾向于根据对应人才层次给予不同数额奖励,人才政策趋于同质化,不利于高效配置人才资源。

四　推进广州高水平科技人才队伍建设的对策建议

(一)　加强创业产业人才国际化培养

　　一是增加对企业家的创业鼓励,对处于创业不同阶段的企业家分类定策,在创业资助、股权投资、住房居所等方面对其实行奖励资助,促进更多初创企业和新型科技企业在南沙发展。二是在人才奖励中增加对应条款,将相关人才奖励发放与人才在南沙的工作服务年限进一步挂钩,鼓励人才在南沙"扎根",并对已在南沙服务一定年限的优秀人才予以奖励。三是探索与境外高校合作进行博士联合培养,选拔有成长潜力的,并满足一定服务年限的企业青年人才,到境外高校攻读博士学位;并加强与港澳高校合作，围绕产业需求培养人才。四是支持校企合作培育国家卓越工程师。紧抓各类在穗高校入选国家卓越工程师学院建设高校名单契机，促成南沙重点企业与其联合培养关键领域工程硕博士，给予重点企业一定推荐名额，让企业优秀人才到校深造，并根据企业和产业发展所需，探索以发明专利、行业标准、工程项目设计方案等多种形式获取学位，为广州产业发展进行战略工程师人才储备。

（二）打造科技金融生态圈

一是鼓励科技金融团队集聚，瞄准主营业务或重要业务中为科技型金融投资，且实收资本或总资产达到一定规模的金融经营团队，通过资金扶持等形式，鼓励其落户南沙。二是支持科技型企业集聚，对于年度利润总额、经营额度或融资额度在一定规模以上的科技企业，通过资金扶持、探索开放技术应用场景等支持政策；对特定科技金融团队和科技企业试行"监管沙盒"等措施，将具备高速增长潜力的科技企业列入特殊监管名单中并豁免部分投资和法律监管责任，推动全新产业高速发展。三是借鉴广州的产投母基金和创投母基金，成立南沙科技创投基金，吸引国内创投机构参与，引导社会资本"投早投小投科技"。由创投机构、合资基金和银行形成"创投融贷"闭环生态，支持龙头科技企业带动中小型科技企业成长，为人才到南沙创业就业提供承载平台。

（三）促进院校及港澳人才资源流通

一是探索建立海外青年科技人才储备计划，由政府投入一定资金，与科技企业、高校和科研院所合作设立岗位让归国青年科技人才开展研发创新工作，建立科技人才后备力量。二是用好广州丰厚的本科生资源。作为全国在校大学生数量第一的城市，广州各类工程科学技能人才和研发人才储备力量雄厚。通过为企业和知名人力资源招聘网站牵线搭桥，开展招聘宣讲等专题策划精准导向企业急需人才，用好在穗高校丰富的人才梯队储备。三是深入挖掘新型研发机构智力资源。对于依托国内知名院校建设的新型研发机构，应积极牵线创投机构和企业与其进行对接，并鼓励机构将其依托院校中具备科技成果转化条件的人才和项目落地南沙。四是进一步加强香港特区科技大学（广州）和香港特区科技大学霍英东研究院等在穗港澳科研院校建设，探索推广以"导师+学生"科技创投孵化模式，让更多在穗重点企业参与到"红鸟项目"中培养复合型创新创业人才，鼓励港澳优秀科技人才到南沙创业。

粤港澳大湾区人才协同发展
机制建设问题与对策[*]

魏　伟[1]　谢含霁[2]　韩　笑[2]

（1. 广东财经大学粤港澳大湾区人才评价与开发研究院；

2. 广东财经大学人力资源学院）

粤港澳大湾区高水平人才高地建设是一项巨大的、复杂的社会经济管理系统工程。人才协同发展机制的建设和创新是推动这一复杂系统工程建设的关键。党的二十大报告中明确提出，"加快建设世界重要人才中心和创新高地，促进人才区域合理布局和协调发展，着力形成人才国际竞争的比较优势。"2023 年 4 月习近平总书记视察广东提出，"使粤港澳大湾区成为新发展格局的战略支点、高质量发展的示范地、中国式现代化的引领地"的全新定位，这为新阶段粤港澳大湾区人才协同机制建设提供了根本遵循，提出了新要求和新标准，面临着新机遇和新挑战。粤港澳大湾区人才协同发展机制建设起步于 2012 年 12 月，广州南沙、深圳前海、珠海横琴，获得中央人才工作协调小组批复，作为"粤港澳人才合作示范区"，并列为"全国人才管理改革试验区"。经过十多年的探索，横琴、前海、南沙三地在制度、平台、政策、保障等方面取得突破。然而，在"由点及面"的过程中，如何系统地处理粤港澳三地的外部协同，以及粤港澳大湾区内地九市的内部协同，是纵深推动粤港澳人

　　* 基金项目：广东省哲学社会科学规划青年项目"系统协同视角下粤港澳大湾区高水平人才高地建设的实施路径与对策措施"（项目编号：GD23YGL08）及广东省普通高校青年创新人才类项目"基于一体化协同、高质量发展的区域人才高地建设研究"（项目编号：2023WQNCX019）。

才协同发展机制建设亟须突破的核心难题。

一 粤港澳大湾区人才协同发展机制建设中的问题

（一）顶层设计有待进一步系统优化

1. 三地合作制度有待深化

现有粤港澳合作机制是由国务院批准，于 1998 年、2003 年设立的粤港、粤澳两个独立的联席会议制度，三地间的合作由市场为主，转向市场、民间、政府多方推动。在 2010—2011 年期间，《粤港合作框架协议》和《粤澳合作框架协议》经国务院审批，由粤港、粤澳分别进行签订，协议涉及产业、科技、教育、人才等内容，提出成立专责小组、联络办公室、发展策略研究小组等组织，并支持开展民间合作。总体来看，在制度层面，粤港、粤澳合作相对独立，能够实现"1+1>2"的效果，但尚未形成粤港澳三方共商的合作制度，未能较好地发挥港澳的综合优势，暂未实现"1+1+1>3"的效果；在协同层面，前期港澳对于人才协同重视程度不足，多以民间层面的协同为主，政府层面的协同力度不足。

2. 内地协同发展有待完善

在"粤港澳人才合作示范区"的实践与探索过程中，横琴、前海、南沙围绕人才协同发展探索出不同的发展路径，初步形成粤港澳大湾区人才协同外部合作发展基础。然而，当前粤港澳大湾区内地九市间人才竞争日趋激烈，人才区域分布格局呈现出"东多，西少"的显著特点。主要集中于深圳、广州、珠海等重点城市，且部分城市近期出现人才外溢、人才外流等问题，这说明以内地九市为核心的粤港澳大湾区人才协同内部合作发展基础较为薄弱，跨市域、跨区域的人才协同机制建设的重视力度不足，对整个粤港澳大湾区人才协同发展会产生消极影响。

（二）机制衔接有待进一步优化完善

1. 立法保障工作有待提升

立法保障是粤港澳人才协同机制衔接的关键。香港特区长期以《雇佣条例》为主，澳门特区于 2023 年首次出台《人才引进法律制度》，广东于 2018 年底发布并实施《广东省人才发展条例》。其中，港澳相关条例、法律制度更多是保障在港澳就业的各类人才，仅有《广东省人才发展条例》第十三条中提及"支持粤港澳大湾区公共服务衔接，促进人才往来便利化和跨境交流合作"。而内地九市开展人才立法的地市相对偏少，仅有深圳、珠海做得较好。总体而言，粤港澳对于人才协同的立法问题重视程度不够，广东未能有效携手港澳共同推动人才立法保障工作。

2. 工作体系建设有待加强

工作体系是粤港澳人才协同机制衔接的基础。由于广东与香港特区、澳门特区的差异，三地人才工作体系各有特点，广东以政府为主，社团为辅；港澳地区则是以社团为主，政府为辅。近些年时常出现人才合作不顺畅、工作开展有难度等"上热下冷"的问题，亟须探索和构建以"政府+社团"为主导，多元协同的新人才工作体系。同时，广东在省、市、区人才工作体系上，自上而下成立了三级人才工作领导小组和工作协调小组，涉及过半数职能部门参与。在实际工作中协同效果不佳，出现部分人员积极性不高、主动性不强，相关工作进度缓慢等问题，亟须完善工作体系的建设工作。

（三）规则对接有待进一步合理调整

1. 政策体系发展有待优化

目前粤港澳三地人才政策体系相互独立，港澳地区以引进优秀人才为导向，且与移民政策密切相关。如，香港特区的"高才通计划""优才计划""专才计划"等，以及澳门特区的"人才引进计划"。广东人才政策包括人才项目，以及创新创业、税收减免、人才服务等支持政策。同时，内地九市人才政策过度竞争，较少以人才留用作为政策制定的出发点。总体来看，粤港澳三地人才政策缺乏对接、监督、评估等机制，较少开展人才政策实施效果的跟踪和评估工作；政策体系一体化建设力度不足；各市、区政策对于区域间人才协同、人才流动、人才留用等方面的支持力度较弱。

2. 职称职业认可有待深化

粤港澳三地跨境人才职称职业认可的探索主要以广东推动为主，广东于 2019 年出台《关于推进粤港澳大湾区职称评价和职业资格认可的实施方案》，已在港澳旅游、医疗卫生、建筑、教育、律师、会计、社工和专利代理等领域开展资格认可，并在横琴粤澳深度合作区开展粤澳技能人才"一试多证"的试点，深圳、广州、珠海、中山、肇庆等地市，以及前海、南沙采取清单目录、考核评价等路径开展认可。目前来看，粤港澳三地职称职业认可主要以吸引国际、港澳人才，便利境外人才执业为导向，仍处于单向认可阶段。三地携手推动人才双向认可，以及联合制定各类人才评价的国际化标准等工作有待加强。

（四）合作模式有待进一步深入推进

1. 引进培育形式有待创新

粤港澳三地现有引育方式较为传统，在引才方面多以单一引才为主，香港特区制定了详细的"人才清单"；澳门特区围绕引进高新技术、健康、金融、文体等行业人才成立专责工作小组；广东则采用年度发布的"人才目录"。总体上，三地较好地发挥了用人单位和市场的作用，仅有广东引进顶尖人才时需要政府与用人单位联合引才。但目前粤港澳三地较少开展多方联合引才、协同引才等，未能较好地发挥粤港澳三地的优势。在育才方面，粤港澳三地积极推动研究生、技能人才联合培养，并成立相关专业学科联盟。以博士后为代表的高层次人才的联合培养仍需要进行探索。

2. 平台合作建设有待深化

近年来，粤港澳三地积极开展平台合作，一方面，粤港澳大湾区内地九市吸引了一批国际、港澳、国内名校成立合作办学机构、科学研究机构、新型研发机构，也共建了一批粤港、粤澳青年创新创业基地；另一方面，在粤的大科学装置、国家实验室、省实验室等科技创新平台聚集一批境内外高层次人才共同开展科研攻关，粤港澳高校相关专家学者共同成立了一批粤港澳联合实验室，个别省实验室在港建设分站。然而，目前平台合作建设以内地九市为主，广东在港澳的合作平台相对偏少，不利于三地的人才协同。

（五）保障水平有待进一步加快提升

在粤港澳三地人才服务保障水平上，港澳地区在成果孵化、教育医疗、社会福利等方面要相对优于广东，且拥有一批国际化的优质服务机构，在国际人才的服务领域值得广东学习借鉴。广东在服务保障方面也有其特点，建设部省合作的粤港澳大湾区（广东）人才港平台体系，实施"人才优粤卡"服务在粤的高层次人才，构建多层次、全链条的成果转化体系，推动各类人才社区的规划设计和建设。综合来看，广东亟须加深与港澳地区的合作，并与港澳、国际服务机构开展深入合作，引入更多优质服务资源。

二　加快粤港澳大湾区人才协同机制建设的对策建议

（一）坚持党管人才，系统谋划湾区人才协同顶层设计

在中央层面，积极争取中央港澳办的指导下，高规格构建湾区人才工作委员会和执行委员会。在省级层面，广东要发挥好湾区人才工作执行委员会的作用，加快完善执委会联席会议制度和规则。同时，广东要加快建设与横琴、前海、南沙三大重点平台，以及粤港澳大湾区内地九个地级市间的"1+3+9"湾区党管人才工作机制，明确"人才协同"作为市、区两级党政领导班子述职考核、晋升提拔的首要标准。

（二）坚持解放思想，建立健全湾区人才工作体制机制

加快人才工作立法保障。粤港澳三地共同起草粤港澳大湾区人才协同发展保障条例，明确粤港澳在人才协同工作中的角色定位、分工机制、衔接举措等，并提请全国人大常委会审议；粤港澳三地立法机构、政府根据保障条例，制定实施细则条例，并进行立法确认。加快人才工作组织建设。粤港澳三地政府积极推动人才工作与服务的官方、社会组织建设，建立三地间人才工作对接机制；广东和相关地市要积极整合、优化人才工作组织，着力解决体制性、部门性、市场化和条块化分割问题。加快人才工作全面合作。粤港澳开展共同引才育才、政策协同支持等合作，并积极探索"反向飞地"合作，在国外联合建设"海外飞地"，在港澳建设"境外飞地"。四是加快人才工作经验推广。粤港澳三地在人才协同中的成熟经验，需要及时梳理和推广，用于指导和推动粤港澳大

湾区人才协同工作的全面开展。

（三）坚持统筹考虑，加快构建湾区人才政策综合体系

根据粤港澳产业和人才发展情况，探索湾区人才政策体系一体化建设，避免粤港澳大湾区城市间人才的无序竞争和流动衔接问题。一是建设人才政策评估体系，构建以人才协同为导向的政策制定、实施、监督的评估体系，并对相关政策开展定期评估，及时优化调整。二是建设人才政策标准体系，构建以分类人才队伍为序列，各类人才有序成长的共性人才政策标准规范体系，各地根据区域差异情况适当在政策内容的合理范围内进行倾斜。三是建设人才政策衔接体系，构建以湾区人才自由流动为导向的政策衔接体系，实现人才凭"人才卡"或"人才码"在粤港澳大湾区城市间流动后两地政策的有效衔接，破除人才流动过程中的政策性阻碍。

（四）坚持需求导向，加快构建湾区人才引进培育体系

基于"四个面向"、广东"双十"产业集群、香港特区"再工业化"和澳门特区"适度多元发展"等四方面需求为导向，构建湾区特色的人才引进培育体系。一是开发全球产业科技人才图谱，瞄准"高精尖缺""卡脖子"关键核心技术领域，按照产业领域和专业领域的发展脉络分类开发人才图谱，为高端引才、联合育才提供指导方向。二是编制湾区急需紧缺人才目录，根据粤港澳三地急需紧缺人才情况编制需求目录，为急需紧缺人才引进提供指引。三是共同发布湾区产业科技引才计划，按照"人才+项目""人才+平台""团队+项目""团队+平台"等方式，引导粤港澳三地企业、高等院校、科研院所自主引才。四是共同发起湾区产业科技育才项目，粤港澳三地加强高校、职业院校、技校联合育才项目合作，并积极探索湾区博士后、工程师、技能人才等联合培养项目。

（五）坚持互联共通，加快建设湾区人才创新平台体系

建设基础科学研究平台体系，按照基础学科研究领域，优化整合国家实验室、省实验室、联合实验室等平台资源，加快建设一批高水平科学研究联合体；建设企业科技创新平台体系，加强科技领军企业的产学

研合作，整合产业链上下游资源开展科技攻关，加快建设一批"四链"高度融合的企业创新联盟；建设高端人才创新平台体系，围绕博士、博士后、留学人员的创新发展，加快完善高端人才创新平台建设和成果转化机制；持续建设湾区青年创新创业平台体系，建设好"1+12+N"的粤港澳大湾区青年创新创业孵化平台；探索建设湾区人才评价平台体系，引导各界共同推动粤港澳三地资格互认模式探索与国际标准制定，如广东省科协推动的粤港澳大湾区工程师资格互认模式探索与标准制定。

（六）坚持全面提升，加快建设湾区人才优质服务生态

持续建设粤港澳大湾区人才港体系。在粤港澳大湾区（广东）人才港的基础上，推动地市分港加快建设，探索联合港澳建设人才港香港特区分港、澳门特区分港，打造国际化一站式人才服务窗口，并着力打造"人才云港"服务平台，探索建设"湾区人才码"数字化服务体系。持续加强粤港澳大湾区产学研用体系。粤港澳三地要利用好香港特区科技园、华南技术转移中心等优质平台，持续加强项目成果孵化服务。探索实施湾区人才签证计划。积极争取国家出入境管理部门、港澳出入境部门支持，开展"湾区人才签证"试点，在相关口岸设置"湾区人才无痕通关通道"，持有签证的国际人才、港澳人才、内地人才在有效期内可从指定口岸通关。积极实施湾区人才置业计划。推动湾区人才安居项目，在有条件的区域开展人才公寓的改造和建设，做好国际人才、港澳人才社区规划工作，重视工作交流、通勤出行、子女入学、安居生活等重要因素。

参考文献

萧鸣政、应验、张满：《人才高地建设的标准与路径——基于概念、特征、结构与要素的分析》，《中国行政管理》2022 年第 5 期。

萧鸣政、张湘姝：《加快推进粤港澳大湾区人才高地建设》，《中国人才》2021年第 8 期。

周仲高、游霭琼、徐渊：《粤港澳大湾区人才协同发展的理论构建与推进策略》，《广东社会科学》2019 年第 6 期。

陈杰、刘佐菁、苏榕：《粤港澳大湾区人才协同发展机制研究——基于粤港澳人才合作示范区的经验推广》，《科技管理研究》2019 年第 4 期。

"一国两制"下跨境法律人才流动的实证研究

——以港澳台法学生内地升学及就业趋势为例

梁家桦

（中国人民大学）

摘要： 中央及地方政府陆续出台了一系列优惠政策，以吸引港澳台居民到内地升学与就业，并提供相应社会保障。然而，由于两地法律文化的差异，"一国两制"下的法学教育以及粤港澳大湾区法律人才融入情况并不如预期，港澳台地区律师准入的制度性壁垒是造成这一现状的主要原因。目前存在如下问题：第一，港澳台与内地法学人才培养体系不协调，缺乏合理的专业衔接机制，法律教育无法互相认证导致了人才融合的壁垒，阻碍了法学人才的流动与发展；第二，内地对港澳台法学生的职业范围限制较多，尽管在内地进行了法学教育，也面临着律师执业刑事领域的限制以及公检法的职业选择限制等。第三，心理融合在促进港澳台青年融入内地社会中发挥了重要作用，多数学生对当前政策持正面态度，认为内地提供了良好的就业机会和发展前景。解决这些问题需要政策的调整和法律体系的协调，以促进港澳台法学生在内地的就业和发展。

关键词： 法学教育；研究生考试；粤港澳大湾区人才政策；就业；区域协同发展

国家高度重视港澳发展，积极推动港澳青年融入国家发展大局。2019 年 2 月 18 日，中共中央、国务院印发了《粤港澳大湾区发展规划纲要》，建设粤港澳大湾区是新时代推动形成全面开放新格局的尝试，也是推进"一国两制"事业发展的新实践。长期以来，内地高校为港澳台青年提供了自本地升学以外的新路径。1985 年，内地高等院校开始在台湾地区招生，港澳回归后也逐步对香港特区、澳门特区开放招生政策，旨在加强海峡两岸暨香港特区的经济、文化交流融合。截至 2015 年 10 月，共有 15483 名香港特区学生、5709 名澳门特区学生和 10536 名中国台湾地区学生在内地 211 所高校就读。对于台湾青年融入国家发展大局，国家同样高度重视。习近平总书记指出，要为两岸青年创造更多交流机会和舞台，使其成为共同奋斗的好朋友好伙伴。无论是政府出台的各类惠台升学政策，还是设立的 41 个海峡两岸青年就业创业基地和 12 个示范点，都为中国台湾地区青年留内地就业创业和交流互动创造了条件。

可见，《粤港澳大湾区发展规划纲要》的落实是新时代全面开放以及"一国两制"实践的新举措。国家高度重视并为港澳台青年在内地求学、就业创业提供了良好环境和政策支持。

研究采用文献梳理、政策梳理、群组问卷调查、一对一访谈等方法，对在内地高校法学专业就读的（部分非法律专业）香港特区、澳门特区、台湾学生的专业选择、学业状况、升学选择以及就业方向进行全方位了解，基于国家面向港澳台开放的升学政策、法律执业准入政策以及返乡就业政策，分析影响他们在升学选择、就业规划等方面的趋势与特点。以问卷、访谈得出的选择溯因，提炼出现行对港澳台相关政策的针对性建议①。

一　港澳台法学专业学生升学与就业现状及问题

（一）升学现状及问题

港澳回归后，国家为了促进与港澳台地区的融合，为加强规范内地

---

① 一对一访谈对象是通过问卷方式，收集了愿意接受访谈的对象联系方式并进行抽样。访谈对象分别根据"生源地"以及"身份"两个变量决定。我们分别深度访谈了 13 名受访者，包括 3 名澳门特区中国受访者、4 名中国台湾地区受访者、6 名香港特区受访者；8 位在校，5 位在职，其中包括两名经济学学生。在校学生中，分别来自中国政法大学、中国人民大学、武汉大学、北京师范大学；而在职来自中国人民大学、复旦大学、华东政法大学、澳门特区大学、清华大学受访者，其中有两个从事法律类工作（检察院、法院、律师、仲裁），两个不从事法律工作（会计、建筑、医护、记者等），1 个正在服役。两名澳门特区同学是通过内地高校招收澳门特区保送生考试进入高校；而 1 名澳门特区受访者则本身为内地居民，后到澳门特区升读研究生并且留澳工作，永居澳门特区；3 名香港特区受访者是通过港澳台联考进入高校，两名香港特区受访者是通过高校招收香港特区保送生制度进入高校，还有 1 名通过香港特区中学文凭考试（HKDSE）进入内地高校；4 名中国台湾地区受访者则是通过港澳台联考制度进入内地高校。

的（祖国大陆）高等教育学校对港澳台的招生、教育教学以及生活管理
等，遂于 1999 年 4 月发布了《关于普通高等学校招收和培养香港特别行
政区、澳门地区及台湾省学生的暂行规定》（以下简称"暂行规
定"）①。基于港澳台学生前往内地升学的人数增加，国家于 2016 年 10
月发布新的《关于普通高等学校招收和培养香港特别行政区、澳门地区
及台湾地区学生的规定》②，赋予了港澳台学生申请内地高校就读的权利
以及授权了地方政府教育部门招收港澳台学生的行政权力，港澳台学生
能够通过港澳台地区的联合招生考试（以下简称"联考"）、内地高考、
港澳台"保送"、内地高校独立招生计划等方式进行升学③。

1. 港澳台法学本科生内地升学情况及分析

根据本组调查，以北京大学、清华大学、中国人民大学三所高校
2018 年至 2021 年港澳台法学生本科的人数为例，港澳台学生在内地修
读法律专业的人数呈现逐年减少的趋势。由 2018 年的 145 人减少到
2021 年的 113 人，这与近年来渐涨的港澳台学生赴内地升学趋势不符。

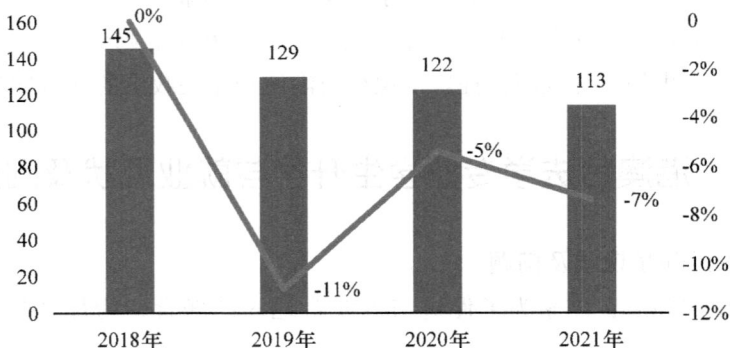

图 1　2018—2021 年本科港澳台法学生在读人数与增长率

①　教育部：《关于普通高等学校招收和培养香港特别行政区、澳门地区及台湾省学生的暂
行规定》，1999 年 4 月 2 日，中华人民共和国教育部网，http://www.moe.gov.cn/srcsite/A02/
s5911/moe_621/199904/t19990402_81868.html。
②　《教育部等六部门关于印发〈普通高等学校招收和培养香港特别行政区、澳门特别行政
区及台湾地区学生的规定〉的通知》，2016 年 12 月 28 日，中华人民共和国教育部网，http://
www.moe.gov.cn/srcsite/A20/s3117/s6583/201701/t20170109_294338.html。
③　《教育部等六部门关于印发〈普通高等学校招收和培养香港特别行政区、澳门特别行政
区及台湾地区学生的规定〉的通知》，2016 年 12 月 28 日，中华人民共和国教育部网，http://
www.moe.gov.cn/srcsite/A20/s3117/s6583/201701/t20170109_294338.html。

通过本组访谈，受访者表示会产生这种趋势的原因之一是对于法律衔接的执业认证制度、身份发展的限制。根据本组调查数据，有大约过半的人数认为现今阶段地区专业认证制度上并不合理，更有超过二分之一的人认为港澳台地区应该降低对跨专业认证的壁垒。

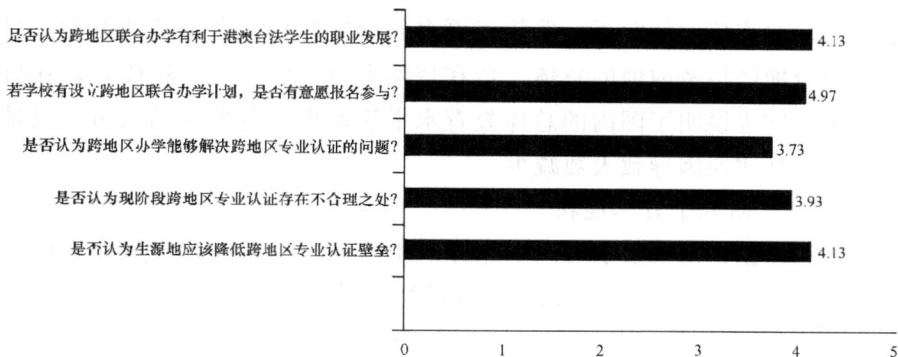

图2　学生对跨地区专业认证制度的满意程度

首先，不平等的专业资格认证使港澳台学生更倾向于留在本地修读法律专业。资格认证之所以会影响港澳台学生升学选择的核心原因在于，在内地获得律师资格之后再回到生源地执业的成本太高，远高于先在生源地获得律师资格后回到内地执业的成本。以内地与澳门特区为例，在内地修读完法学专业返回澳门特区发展需要在澳门特区大学修读完成两年的衔接课程才可报考澳门特区律师资格证考试，通过考试后才能进入澳门特区法律服务业市场①。而若先在澳门特区获得律师职业资格后前往内地执业的，根据《香港法律执业者和澳门执业律师在粤港澳大湾区内地九市取得内地执业资质和从事律师职业试点办法》，只需要集中培训一个月即有报考粤港澳大湾区律师职业资格考试的资格②。若想同时拥有两地就业资格，那么留在本地就读法律专业后再通过粤港澳大湾区律师职业资格考试性价比最高。

---

①　澳门特区律师公会：《澳门法律衔接及知识更新课程》。
②　《香港法律执业者和澳门执业律师在粤港澳大湾区内地九市取得内地执业资质和从事律师职业试点办法》。

其次，国内的法学院也面临来自海外其他知名法学院的竞争。以台湾地区学科能力测试（以下简称"学测"）为例，有受访的中国台湾地区学生表示，内地高校要求的分数线能够在学测系统下前往享有更高国际声誉的学校，因此很多被内地高校录取的同学基本没有前往，如中国人民大学在 2022 年录取与实际就读的台湾学生人数比例是 10∶1。但无法否认，在疫情的情况下，促使了更多的学生选择留在生源地升学，尽管港澳台地区报考内地的总体人数在持续上升，但其实际就读人数在持续减少。这也说明了国内的总体教育水平逐渐得到各地区的认可，只是基于更多现实原因导致人数减少。

2. 硕士研究生升学现状

根据数据，在校法学院同学选择硕士研究生升学与选择就业或已经就业的比例是 13∶7，前者约等于后者的 2 倍。

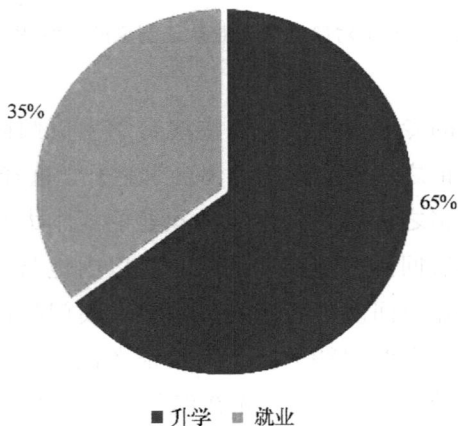

35%

65%

■ 升学　■ 就业

图 3　港澳台法学生升学就业的意愿

根据已有数据，港澳台法学生对于硕士研究生升学的地区，选择意愿最多的为内地，大约占六成；而选择港澳以及海外硕士研究生升学的则各自约占二成。基于发展前景，有同学也认为，如想在粤港澳大湾区发展，只掌握一个地区的法律也许是不太够，因此会选择港澳或海外硕士研究生升学。而有同学基于升学法律衔接更为方便而选择在内地继续升读。

对于硕士研究生升学的选择，约四成的同学表示是基于市场需求，而兴趣以及政策（前景）各种约占三成，父母要求只占一成。

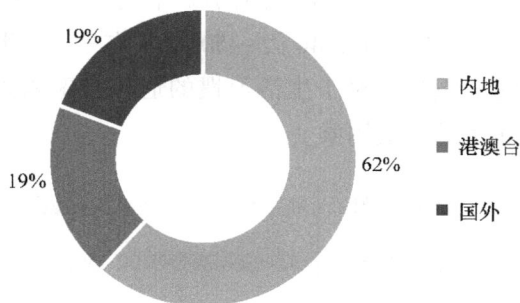

图 4　港澳台法学生硕士研究生升学地区选择

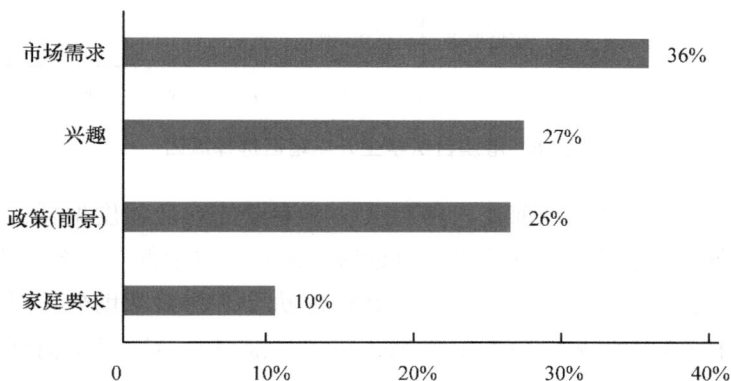

图 5　港澳台法学生硕士研究生升学原因

首先，硕士研究生升学的地区选择与地区法律体系/学科内容的差异性有相对明显的相关性，约占四成。根据访谈，有同学表示法学的地域性很强，如果同时拥有普通法系和大陆法系的学习背景，会有更多优势。也有同学表示自身所接触国内的非诉的律师大概都有海外留学的背景，而成为合伙人的一般都有美国律师资格证，因此更偏向海外升学。由此可见，除去问卷所收集的数据，对于地区升学的选择有很大部分也会受到市场需求或行业规则的影响。

其次，各地区各异的教学难度也是受访群体所担心的，占整体的23%。有澳门特区受访者表示，刚刚来到内地升学，其学业压力一直无法很好适应，因此对于未来硕士研究生升学会再三思考是否留内地。

再次，学费的影响占总体的 15%，内地高校法学院研究生每学期学费平均为 1 万元①，而港澳硕士研究生学费平均在 12 万到 20 万之间②，而老牌的英美大国学费平均在 40 万—50 万左右③。因此学费的巨大差异，也是学生的考虑重点。对于生活习惯的适应与融入以及家里对自身未来的安排也是很大的影响因素。

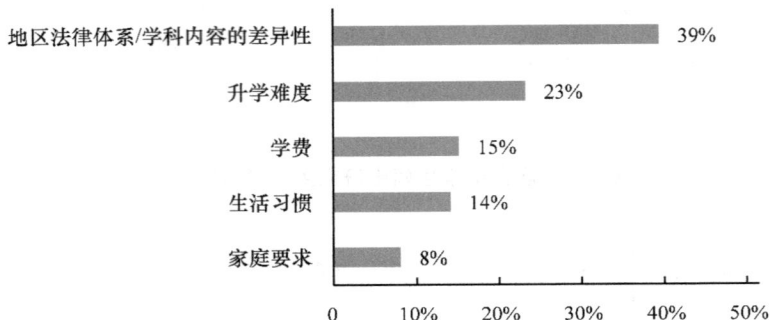

图 6　港澳台法学生升学地区选择原因

根据调查，各地区前往内地就读法学专业的欢迎程度偏低，而对于是否会向学弟学妹推荐前往内地修读法律的意愿也较低。大多数人认为，拥有内地法学院求学背景除了对留在内地执业有相对帮助外，对于回生源地的未来职业发展没有明显帮助。可见，港澳台地区对于前往内地修读法律的意愿并不强烈，其中包含未来发展地区限制、执业资格认证、学历认证、学费、地区选择、家庭安排等其他上述问题因素的考量。

（二）就业现状及问题

1. 现状

（1）就业地选择

在已有调查研究中，港澳台大学生更偏向于留在内地执业，而非回

① 来源：2022 年北京大学、中国人民大学、清华大学、中国政法大学、西南政法大学、武汉大学、中南财经政法大学、吉林大学、华东政法大学的港澳台招生简章。

② 来源：2022 年澳门特区大学、澳门特区科技大学、香港特区大学、香港特区中文大学、香港特区城市大学招生简章。

③ 《美国法学院 LLM 学费一览表》，2021 年 7 月 27 日，托普仕留学网，https://m.topsedu.com/cost/35444.html，2022 年 3 月 26 日。

到生源地执业。

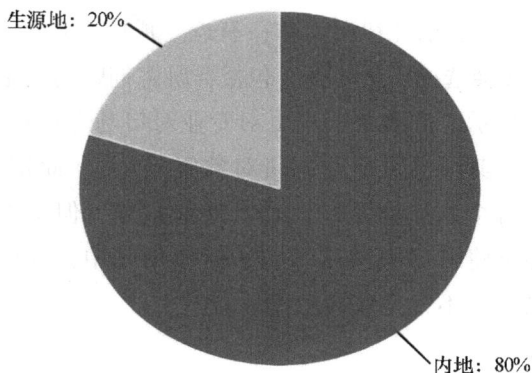

图7　港澳台法学生就业地意向

　　当中，港澳台三地学生在就业地选择上具有明显差异性。

　　根据本小组调研，香港特区内地法学生最倾向于在深圳就业（73%），其次是北京（21%）和广州（7%），选择回到香港特区执业的内地香港特区法学生微乎其微。这一数据符合政策现状，香港特区本地的律师职业门槛极高，且就业范围受限，在内地就读法律专业的香港特区学生回到香港特区执业的成本较大，且发展前景有限，反而在离香港特区一关之遥的深圳有更多的就业扶持政策，有更好的发展机遇和生活环境，成为香港特区法学生未来就业的首选地区。

　　澳门特区内地法学生毕业后倾向于回到澳门特区就业（82%），有少部分学生选择在广州（12%）和北京（6%）就业。通过访谈我们得知，澳门特区学生回到澳门特区从事律师事务的门槛较香港特区低，且就业竞争压力较小，再加上近年粤港澳大湾区对于人才引入的优惠政策都成为澳门特区学生倾向于回到澳门特区，或在广东就业的原因。

　　在中国台湾地区学习的内地法学生的就业地选择较为分散，分布在北京（41%）、广州（28%）、上海（15%）、深圳（14%）和中国台湾地区（14%）等地。中国台湾地区学生的主要考量因素是收入、经济条件和发展前景。

（2）就业方向

本组对港澳台法学生的就业方向进行调查。结果表明，超过一半的人执业会选择律师方向，前往律所工作；有近三成的人选择公司法务；但也有近四成的人就业会选择非法律类，包括金融咨询顾问或是管理人员等。

以往的调查显示，港澳台大学生对专业对口与专业稳定性不太看重，更在意工作机会，其原因可能是调研对象年轻化①。而据本组深入访谈，他们选择的原因有个人兴趣爱好或是发展前景等，但工作内容上也会存在法律咨询，能够将自己大学所学的法学应用其中；同时，平日也会关注法律相关政策，并不完全脱离法学。

（3）心理融合

港澳台的历史文化、行政体系等与内地存在差异。为创造"和而不同"的生活状态，使群体之间相互接受、和谐共处，以增强对国家的认同感、乐意为社会做出贡献，"心理融合"方面具有重要的作用。现有研究表明，就业政策对港澳青年的心理融合有较大影响，政策的有效性与合法性具有正向作用②。

本组调查显示，大部分港澳台法学生对当前政策大都有清晰的认知，对近期的粤港澳大湾区九市开展律师执照试点政策持正面态度，认为应当把握机会；同时对内地升学与就业亦持有正向的态度，前往内地就读法学的人数与平均分都有所提升，但也清楚自己无法从事公检法、刑事相关事务。就目前调查，现有政策推广实施对心理融合起到一定作用。达到预期期望及满足实际需求，使更多青年被内地吸引，在内地工作长居。

2. 问题

（1）身份限制影响就业

2003年《取得内地法律职业资格的香港特别行政区和澳门特别行政区居民在内地从事律师职业管理办法》规定港澳居民在内地律所只能从事非诉讼法律事务。2009年扩大为内地非诉讼法律事务及涉港、澳婚

---

① 傅承哲、杨爱平：《港澳青年跨境就业创业政策的心理融合效应及其认知机制——基于行为公共管理的视角》，《学术论坛》2020年第1期。

② 张照东：《港澳居民内地就业保障问题与对策》，《中国工人》2015年第6期。

姻、继承案件的代理活动。2013 年修改成内地非诉讼法律事务，可以代理涉港澳民事案件，代理涉港澳民事案件的范围由司法部以公告方式作出规定①。但从 2013 年至今，相关从事范围却没有进一步放宽，目前处于停滞不前的状态，已有 9 年未变。根据本小组调研，有 62.22% 的内地港澳台法学生曾经在就业当中面临来自"身份政策限制"的影响，有 32.22% 的内地港澳台学生在就业中面临"法律体系衔接"的影响。同时，在本组访谈中有内地港澳台法学生表示，取得内地律师执业资格的考核与内地生无异，相同的付出下，最终所获得的权利却被打起折扣，这对港澳台法学生不公平。可见，内地针对港澳台法学生的执业限制和跨地区专业认证问题确实是内地港澳台法学生在就业中的心头大患。

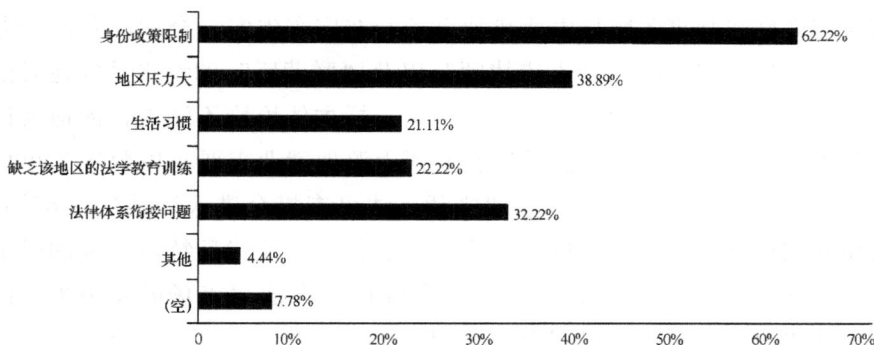

图 8　内地港澳台法学生曾经面临的就业问题

（2）法律体系衔接影响就业

依据前述政策，该为三地律师执照认证的条件。若是从内地返回生源地从事法律职业，则要花费更多的时间与精力。一些人亦坦言"像读法律的学生，想回香港特区工作就需要再在香港特区或海外读"。由政策可见，地区之间的律师执业资格完全不同，如何协调地区之间的法学教育差异、便于三地资格互通，是一直存在的问题。

首先，在港澳台与内地的法学人才培养上，没有形成一体化发展格

---

① 叶穗冰：《试论粤港澳大湾区律师共同体的培育》，《中国司法》2021 年第 9 期。

局。比如内地高校法学院与港澳台学校进行合作，推出"2+2"培养模式，或相互承认法学教育文凭，让法律人才能够直接报名相关地区的执业考试。鉴于法律文化、法律制度以及法律传统之间都有所差异，如何建立之间的学历资格互认标准，培养一批精通多法的法律人才尚未实现。据调查，当前大部分人都愿意获得生源地以及内地的司法执照，认为取得该执照对自己的未来职业发展有利，并且也认为跨区域升学是能够解决专业认证的问题，进行法律体系的合理衔接，不仅有助于他们返回生源地就业，更有助于内地与港澳之间的发展。

其次，地区之间法律服务行业的跨区域的合作机制明显缺乏。随着经济增长，近年来港澳台跨境法律的需求逐渐增加，分别推出了《香港法律执业者和澳门执业律师在粤港澳大湾区内地九市取得内地执业资质和从事律师职业试点办法》《广东省司法厅关于香港特别行政区和澳门特别行政区律师事务所与内地律师事务所在广东省实行合伙联营试行办法》。从开放角度而言，"九市律师"以及"联营所"的设立是内地对港澳地区法律人才的"单方面"开放，其对标主体恰恰不涵盖在内地就读法律本科的学生。港澳台法学生想要回生源地就业需要花以数年为单位的时间以重新获得该地区的法律文凭，才可有机会进入当地法律市场；若留在内地发展，则会面临相关的执业限制（只能代理特定范围的民事案件诉讼以及其他非诉讼业务），极大降低其在法律市场的竞争力。内地律所更愿意雇用更为"省事"的内地法律人才，尽管是联营所，其内地业务也是由内地律师完成，涉及港澳业务则更倾向于选择港澳本土律师。由此，内地就读法律的学生则陷入了"难回""难留"的境地。就当前情况，尽管有八成在内地就学的港澳法学生具有留在内地工作的意愿，愿意跨地区就业意向得分为4.53（满分5），大部分受访者表明有意在粤港澳大湾区从事跨地区法律事务；但只有不到四成的毕业生实际留在了内地工作，大部分人认为现阶段跨地区专业认证存在不合理之处，应该降低跨地区专业认证壁垒。

三　研究结论

"一国两制"下的法学教育以及粤港澳大湾区法律人才融入情况并

不如预期：

第一，在入学人数上，虽然针对港澳台法学生的升学与就业政策具有一定的吸引力与有效性，但港澳台法学生在内地升学人数呈逐年减少趋势，原因涉及法律衔接的执业认证制度、身份发展限制等因素；

第二，在深造意向上，由于市场需求和政策前景，港澳台法学生选择硕士研究生升学的比例较高，至于升学地区的选择则受到地区法律体系和学科内容差异性的影响；

第三，在就业方面，大部分内地就读的港澳台法学生更倾向于留在内地就业，选择的地点和职业方向存在明显的偏向性。尤其是香港特区学生偏好深圳，澳门特区学生则倾向回归澳门特区，而中国台湾地区学生就业地选择较为分散；

第四，职业方向上，超半数的法学生选择成为律师，近三成选择公司法务，其余则转向非法律领域；

第五，在就业限制上，身份限制和法律体系衔接问题是主要障碍，港澳台法学生在内地面临职业范围限制，比如公检法系统的工作机会以及诉讼领域的职业范围限制。

目前存在如下问题：

第一，港澳台与内地法学人才培养体系不协调，缺乏合理的专业衔接机制，法律教育无法互相认证导致了人才融合的壁垒，阻碍了法学人才的流动与发展；

第二，内地对港澳台法学生的职业范围限制较多，尽管在内地进行了法学教育，也面临着律师执业刑事领域的限制以及公检法的职业选择限制等。

第三，心理融合在促进港澳台青年融入内地社会中发挥了重要作用，多数学生对当前政策持正面态度，认为内地提供了良好的就业机会和发展前景。

解决这些问题需要政策的调整和法律体系的协调，以促进港澳台法学生在内地的就业和发展。

参考文献

傅承哲、杨爱平：《港澳青年跨境就业创业政策的心理融合效应及其认知机制——基于行为公共管理的视角》,《学术论坛》2020 年第 1 期。

张照东:《港澳居民内地就业保障问题与对策》,《中国工人》2015 年第 6 期。

叶穗冰:《试论粤港澳大湾区律师共同体的培育》,《中国司法》2021 年第 9 期。

人力资源服务业集聚与粤港澳大湾区经济高质量发展的实证研究

李思颐　于　姝

（大连工业大学）

摘要：人力资源服务业集聚是提高人力资源使用效率和配置效率的重要方式，高质量发展作为当前经济发展的核心目标，有助于进一步释放经济社会发展的巨大能量，从而为新质生产力注入新的活力和动力。本研究基于粤港澳大湾区内地九个城市 2017—2022 年的面板数据，运用区位熵指数测算九个城市人力资源服务业的集聚程度，并构建粤港澳大湾区经济高质量发展指标体系，对其发展水平进行了综合测评，实证考察了人力资源服务业集聚对粤港澳大湾区经济高质量发展的影响，并检验得出服务业效率在人力资源服务业集聚水平在促进粤港澳大湾区经济高质量发展中起调节作用。未来为实现粤港澳大湾区经济高质量发展，需充分发挥人力资源服务业的重要作用，提高集聚化水平、优化人才配置、提升服务效率，以进一步推动区域经济高质量发展。

关键词：人力资源服务业；产业集聚；粤港澳大湾区；经济高质量发展

人力资源服务业集聚是提高人力资源使用效率和配置效率的重要方式，粤港澳大湾区作为中国最具活力和创新能力的区域之一，其人力资源服务业的发展具有得天独厚的优势和潜力，其经济高质量发展对于推动国家经济转型升级和构建新发展格局具有重要意义。

从现有文献来看，学术界的关注点主要集中在粤港澳大湾区经济高质量发展指标体系的构建和发展水平的测度，关于人力资源服务业集聚与粤港澳大湾区经济高质量发展的研究相对较少。基于此，本文提出以下问题：人力资源服务业集聚程度如何？人力资源服务业集聚又将如何对区域经济高质量发展产生影响？本研究将通过实证分析方法探究人力资源服务业集聚与粤港澳大湾区经济高质量发展的关系，厘清人力资源服务业集聚发展的一般规律，深化对区域经济发展规律的认识，为粤港澳大湾区乃至其他地区更好推进人力资源服务业高质量发展提供决策参考，从而推动区域经济实现高质量发展。

一　理论基础和研究假设

（一）人力资源服务业集聚与粤港澳大湾区经济高质量发展

内生经济增长理论强调经济增长源于内生技术的进步，而知识和人力资本的积累则被归结为技术进步的源泉。由罗默（1986）提出的知识溢出模型是第一个内生经济增长模型，在知识溢出模型中，内生的技术进步是经济增长的唯一源泉，知识的创造和积累是经济增长的核心驱动力，而这种创造和积累并非外部给定，而是经济体系内部自发生成的。具体来说，知识的创造和积累会产生溢出效应，即新知识一旦被创造出来，就会迅速传播到整个经济体系中，提升整个社会的生产效率，进而推动经济增长。

而卢卡斯（1988）则进一步扩展了内生经济增长理论，引入了"人力资本"这一关键概念。他认为，与单纯的劳动力数量增长不同，人力资本积累强调的是劳动力质量的提升，即劳动力在知识、技能、经验等方面的提高。卢卡斯构建的人力资本积累模型揭示了经济持续增长的根源在于人力资本积累，强调随着人力资本的积累，劳动力的生产效率会不断提高，进而推动经济的持续增长。

人力资源服务业能够通过提供高附加值的人力资源服务持续激发粤港澳大湾区拓宽知识边界、促进新质人才流动、提升人力资源服务业集聚水平，而人力资源服务业的集聚能够加强粤港澳大湾区内人才、知识、技术的交流和共享，形成规模经济和知识溢出效应，推动技术进步和人力资本积累，进而对粤港澳大湾区的经济高质量发展产生正向的促进作用。

基于此，提出假设 H1：人力资源服务业集聚对粤港澳大湾区经济高质量发展有正向促进作用。

（二）服务业效率的调节效应

服务业效率的提高意味着资源利用的优化和产出的增加，对于经济体系的整体运行具有至关重要的作用，对于人力资源服务业而言，服务业效率的提升可以优化其资源配置，提高人力资源服务的质量和效率，进一步促进人力资源服务业的集聚和发展，为粤港澳大湾区内的企业提供更加专业、高效的人才支撑，推动企业的创新和发展，进而促进整个区域经济的高质量发展。

基于此，提出假设 H2：服务业效率在人力资源服务业集聚与粤港澳大湾区经济高质量发展二者之间起到调节作用。

二　研究方法和变量选择

（一）实证模型设计

本文通过构建粤港澳大湾区内陆 9 个城市的面板数据模型来探究人力资源服务业集聚对粤港澳大湾区经济高质量发展的影响。根据以上论述，本文将粤港澳大湾区经济高质量发展指数（HQED）作为被解释变量，人力资源服务业集聚指数（HRIC）作为核心解释变量，服务业效率（seride）作为调节变量，并将政府干预程度、对外开放程度、城市化程度、金融发展水平、人力资源水平等作为控制变量，设立如下面板数据模型：

模型 1：自变量（HRIC）对因变量（HQED）的影响

$$HQED_{i,t} = \alpha_0 + \alpha_1 HRIC_{i,t} + \alpha_2 ControlZ_{i,t} + \varepsilon_{i,t} \qquad (1)$$

模型 2：在模型 1 的基础上加入调节变量（seride）

$$HQED_{i,t} = \alpha_0 + \alpha_1 HRIC_{i,t} + \alpha_2 seride_{i,t} + \alpha_3 ControlZ_{i,t} + \varepsilon_{i,t} \quad (2)$$

模型 3：在模型 2 的基础上加入自变量和调节变量的交互项（HRIC×seride）

$$HQED_{i,t} = \alpha_0 + \alpha_1 HRIC_{i,t} + \alpha_2 (HRIC \times seride)_{i,t} + \alpha_3 seride_{i,t}$$
$$+ \alpha_4 ControlZ_{i,t} + \varepsilon_{i,t}$$

$$(3)$$

其中，α为模型中解释变量的回归系数，*ControlZ* 为控制变量集，包括地区 *i* 的政府干预程度、城镇化率等指标，ε 为面板数据模型的随机扰动项。

（二）数据来源与处理

本文参考王文举（2021）、马茹（2019）等学者关于中国区域经济高质量发展的研究，借鉴马双和汪怿（2023）关于专业化集聚指数的测度方法，选取粤港澳大湾区内陆 9 个城市 2017—2022 年的数据作为样本，数据来源于《广东省统计年鉴》、各市统计年鉴、各市国民经济和社会发展统计公报以及各市相关部门发布的数据，个别原始数据存在缺失的情况，采用插值法进行补齐。具体数据来源及变量测度见表 1。

表 1　　　　　　　　　　　**数据来源及变量测度**

变量类型	变量名称	变量符号	数据来源	变量测度
被解释变量	粤港澳大湾区经济高质量发展	HQED	2017—2022 年广东省统计年鉴、各市统计年鉴	经济高质量发展指数
解释变量	人力资源服务业集聚	HRIC	企查查网站（https://www.qcc.com/）	人力资源服务业区位熵指数
中介变量	服务业效率	seride	2017—2022 年广东省统计年鉴、各市统计年鉴、各市相关部门网站	劳动生产率
控制变量	政府干预程度	govi	2017—2022 年广东省统计年鉴	公共预算支出占 GDP 的比重
	对外开放程度	open	2017—2022 年广东省统计年鉴	外贸依存度（进出口总额占 GDP 的比重）
	城市化程度	urban	2017—2022 年广东省统计年鉴、各市统计年鉴	城镇化率
	人力资源水平	human	2017—2022 年广东省统计年鉴、各市统计年鉴	普通本专科在校生数
	金融发展水平	FIN	2017—2022 年广东省统计年鉴、各市统计年鉴	金融业增加值/地区 GDP

（三）变量测度

1. 被解释变量

本文最终筛选出 15 项指标共 800 余个原始数据，构建了粤港澳大湾区经济高质量发展评价指标体系，并借鉴许晴（2024）关于区域经济高质量发展测度的研究，采用熵权法确定了各指标的权重，如表 2 所示。

表 2　　　　　　**粤港澳大湾区经济高质量发展评价指标体系**

一级指标	二级指标	单位	指标解释	指标属性	
				正负属性	指标权重
高质量供给 （0.25）	R&D 经费强度（X_1）	%	R&D 经费/地区生产总值	+	0.08
	万人专利申请授权量（X_2）	件/万人	专利授权数量/地区总人口数	+	0.09
	每万劳动力中 R&D 人员占比（X_3）	%	R&D 人员数/劳动力总人数×10000	+	0.08
高质量需求 （0.08）	城镇居民人均可支配收入（X_4）	元		+	0.06
	人均公园绿地面积（X_5）	m^2		+	0.02
经济发展 （0.11）	GDP 增速（X_6）	%		+	0.08
	城镇登记失业率（X_7）	%		—	0.03
绿色发展 （0.20）	单位 GDP 能耗（X_8）	吨标准煤/万元	能源消费总量/地区生产总值	–	0.01
	单位 GDP 电耗（X_9）	千瓦时/万元	总用电量/地区生产总值	–	0.12
	单位 GDP 水耗（X_{10}）	m^3/万元	总用水量/地区生产总值	–	0.04
	生活垃圾无害化处理率（X_{11}）	%	生活垃圾无害化处理量/生活垃圾产生量	+	0.01
	污水处理率（X_{12}）	%	全年污水处理量/全年污水产生量	+	0.02

续表

一级指标	二级指标	单位	指标解释	指标属性	
				正负属性	指标权重
开放共享 （0.37）	进出口总额增速（X_{13}）	%	本年进出口总额/上年进出口总额-1	+	0.03
	每万人医生数（X_{14}）	人	执业医师人数/人口数×10000	+	0.19
	每万人医院床位数（X_{15}）	张	医疗卫生机构床位数/人口数×10000	+	0.15

基于构建的粤港澳大湾区经济高质量发展指标体系，结合 9 个城市 2017—2022 年的面板数据，采用熵值法综合测度得出粤港澳大湾区经济高质量发展指数，将其作为被解释变量，测算结果汇总于表 3 中，具体计算步骤如下：

（1）数据无量纲化处理

设有 n 个评价指标，m 个地区，Y_{ij} 为标准化矩阵，X_{ij} 为代表第 i 个地区第 j 个指标，i 取值为 1 至 m，j 取值为 1 至 n，公式如下：

$$X_{ij} = \frac{X_{ij} - X_{min}}{X_{max} - X_{min}} \quad (X_{ij} 为正向指标) \tag{1}$$

$$X_{ij} = \frac{X_{max} - X_{ij}}{X_{max} - X_{min}} \quad (X_{ij} 为负向指标) \tag{2}$$

X_{max} 表示所有年份中指标值的极大值，X_{min} 表示相应指标值的极小值，X_{ij} 表示经过规范化处理后的指标数值。

（2）指标值比重计算，公式如下：

$$P_{ij} = \frac{Y_{ij}}{\sum_{i=1}^{m} Y_{ij}} \quad (i=1,2,3,\cdots,m; \ j=1,2,3,\cdots,n) \tag{3}$$

（3）每项指标的熵值计算，公式如下：

$$e_j = -\frac{1}{lnm} \sum_{i=1}^{m} P_{ij} ln P_{ij} \tag{4}$$

（4）差异系数 g_j 计算，公式如下：

$$g_j = 1 - e_j \tag{5}$$

（5）计算每个指标的加权数 W_j，公式如下：

$$W_j = \frac{g_j}{\sum\limits_{j=1}^{n} g_j} \tag{6}$$

（6）确定权重后，通过指标间的线性加权将得分相加，公式如下：

$$F_i = \sum_{j=1}^{n} W_j WP_{ij} \tag{7}$$

表3　　2017—2022 年 9 个城市经济高质量发展指数 HQED 测算结果

城市	2017 年	2018 年	2019 年	2020 年	2021 年	2022 年
广州市	0.65	0.68	0.73	0.73	0.83	0.77
深圳市	0.45	0.49	0.51	0.52	0.59	0.57
珠海市	0.49	0.53	0.49	0.47	0.53	0.51
佛山市	0.34	0.34	0.37	0.35	0.45	0.42
惠州市	0.26	0.24	0.23	0.24	0.37	0.33
东莞市	0.26	0.31	0.34	0.30	0.41	0.38
中山市	0.27	0.26	0.23	0.24	0.31	0.30
江门市	0.23	0.26	0.21	0.25	0.34	0.30
肇庆市	0.14	0.20	0.21	0.19	0.27	0.21

2. 核心解释变量

区域经济研究中常用 E-G 指数、基尼系数、区位熵指数等来衡量产业集聚，本文采用区位熵指数来反映粤港澳大湾区内陆 9 个城市人力资源服务业的相对集聚程度，计算公式为：

$$HRIC_i = (q_i/q)/(Q_i/Q)$$

$HRIC_i$ 表示各市人力资源服务业的区位熵指数，q_i 和 Q_i 分别表示城市 i 和广东省人力资源服务业的法人单位数，q 和 Q 分别表示城市 i 和广东省所有产业的法人单位数。$HRIC_i$ 恒为正值，数值越大，说明该产业的集聚程度越高。$HRIC_i = 1$ 时，表示城市 i 人力资源服务业的集中程度与广东省平均水平相当；当 $HRIC_i < 1$ 时，表示城市 i 人力资源服务业表现分散或集聚不明显；当 $HRIC_i > 1$ 时，表示城市 i 人力资源服务业存在集聚现象且其集中程度水平高于广东省平均水平；当 $HRIC_i > 1.5$ 时，说明城市 i 的人力资源服务业具有明显的集聚优势。鉴于国内对人力资源服务业的认知体系仍在逐步建立和完善中，各市尚未形成针对人力资源服务业独立的统计口径，为保证数据的可得性和可比性，本报告中人力资源服务业法人单位数据来自企查查网站（$https://www.qcc.com/$）。表 4 为 2017—2022 年各城市人力资源服务业的集聚水平（区位熵）。

表 4　　　　　　2017—2022 年粤港澳大湾区内地 9 个城市
人力资源服务业区位熵指数 HRIC 测算结果

城市	2017 年	2018 年	2019 年	2020 年	2021 年	2022 年
广州市	0.99	0.91	0.86	0.84	0.80	0.77
深圳市	0.94	1.01	1.14	1.30	1.35	1.37
珠海市	3.10	2.91	2.52	2.23	2.14	2.08
佛山市	0.74	0.69	0.65	0.59	0.64	0.63
惠州市	1.19	1.10	1.01	0.92	0.94	1.07
东莞市	1.76	1.91	1.95	1.96	2.02	1.92
中山市	1.27	1.35	1.23	1.12	1.11	1.16
江门市	0.47	0.36	0.43	0.42	0.41	0.44
肇庆市	0.57	0.71	0.64	0.57	0.63	0.73

3．调节变量

为衡量人力资源服务业集聚对粤港澳大湾区经济高质量发展的影响机理，本文选择服务业效率（seride）作为调节变量，参考付鑫等人的研究，以劳动生产率作为衡量服务业效率的指标，计算公式为服务业增加值/服务业从业人数，比值越大说明服务业效率水平越高，反之则越低。

4．控制变量

政府干预程度、对外开放程度、城市化程度等均会对经济高质量发展产生一定影响。本文分别用一般公共预算支出占 GDP 的比重来衡量政府干预程度；用外贸依存度（进出口总额占 GDP 的比重）来衡量对外开放程度；用城镇化率来衡量地区城市化程度；用金融业增加值和 GDP 的比重来衡量地区金融发展水平；用普通高等学校在校生数来衡量人力资源水平。

本文各变量基本描述统计见表5。

表5　　　　　　　　　　变量描述统计

变量	均值	标准差	最小值	最大值	样本量
HQED	0.388	0.166	0.140	0.830	54
HRIC	1.159	0.652	0.360	3.100	54
seride	170901.400	50533.560	94628.290	291296.300	54
govi	13.206	3.394	7.693	20.191	54
open	71.637	37.612	14.254	152.186	54
urban	81.554	15.515	45.300	99.820	54
human	231623.852	369879.167	39212	1489276	54
FIN	7.588	3.188	3.689	15.864	54

三　实证分析

本部分基于上述模型设计，分析人力资源服务业集聚对粤港澳大湾区经济高质量发展的影响。主要包括粤港澳大湾区内地9个城市经济高质量发展指数、人力资源服务业区位熵指数趋势分析，以及人力资源服务业集聚对粤港澳大湾区经济高质量发展综合指数影响和调节效应分析。

（一）趋势分析

选取粤港澳大湾区内地9个城市2017—2022年经济高质量发展指数做趋势图（图1）。选中2022年的人力资源服务业区位熵数据，对9个城市做柱状图（图2）。9个城市的经济高质量发展指数基本呈现提升的趋势，表明近几年这些城市发展总体向好，但受到疫情影响，2022年9个城市的经济高质量发展均呈下滑态势；从单个样本来看，广州持续领先，佛山、惠州、东莞、江门增幅突出，其余城市提升幅度相对平缓。结合图2来看，珠海、东莞的人力资源服务业集聚水平远超其他城市。

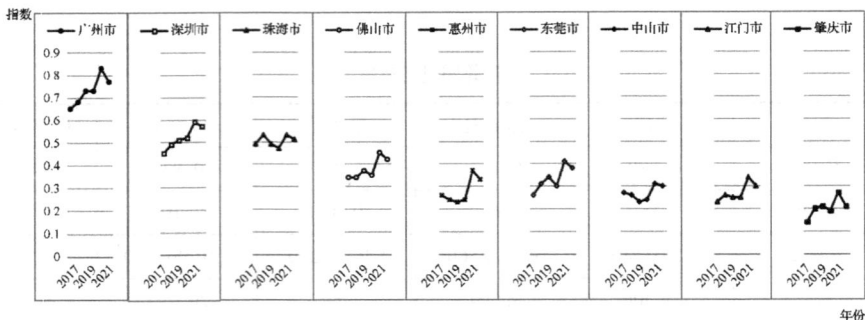

图1 2017—2022年粤港澳大湾区内地9个城市经济高质量发展指数变化趋势

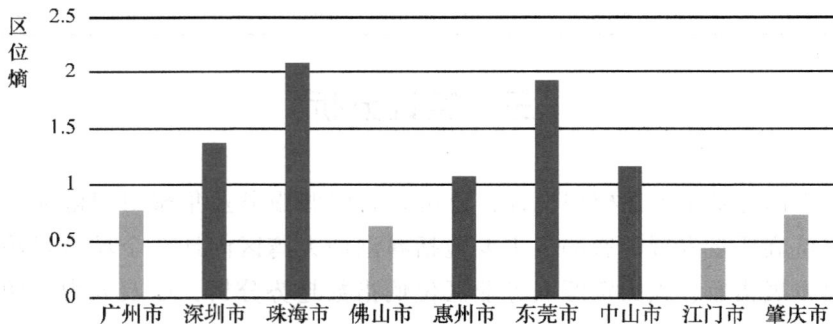

图2 2022年粤港澳大湾区内地9个城市人力资源服务业区位熵指数

（二）主效应分析

模型1包括自变量（HRIC），以及govi、open、urban、human、FIN等5个控制变量，其目的在于研究自变量（HRIC）对于因变量（HQED）的影响情况。此时HRIC与HQED的相关系数为0.048，在5%的水平上显著（t=2.558，p=0.014<0.05），说明人力资源服务业集聚对粤港澳大湾区经济高质量发展存在显著的正向促进作用，假设H1成立，具体结果如表6所示。

表6 主效应、调节效应分析结果（n=54）

	模型1 （1）	模型2 （2）	模型3 （3）
常数	-0.052 （-0.563）	0.119 （1.301）	0.012 （0.120）
govi	0.001 （0.351）	0.003 （0.773）	0.003 （0.994）
open	-0.001 ** （-2.116）	0.000 （0.044）	0.001 （1.444）
urban	0.004 *** （4.112）	0.002 * （1.931）	0.002 *** （2.704）
human	0.000 *** （11.380）	0.000 *** （10.831）	0.000 *** （10.297）
FIN	0.016 *** （3.396）	0.004 （0.834）	-0.000 （-0.005）
HRIC	0.048 ** （2.558）	-0.010 （-0.445）	-0.050 * （-1.843）
seride		0.000 *** （3.947）	0.000 *** （3.850）
HRIC×seride			0.000 ** （2.350）
样本量	54	54	54
R^2	0.913	0.935	0.942
调整 R^2	0.902	0.925	0.932
F 值	F（6, 47）= 82.163, p=0.000	F（7, 46）= 94.491, p=0.000	F（8, 45）= 91.499, p=0.000
$\triangle R^2$	0.913	0.022	0.007
$\triangle F$ 值	F（6, 47）= 82.163, p=0.000	F（1, 46）= 15.576, p=0.000	F（1, 45）= 5.522, p=0.023

（三）调节效应检验

表5报告了引入服务业效率调节效应后的回归结果，模型2在模型1

的基础上加入调节变量（seride），模型 3 在模型 2 的基础上加入交互项（自变量与调节变量的乘积项）。

HRIC 与 seride 的交互项呈现出显著性，说明 HRIC 在影响 HQED 时，调节变量（seride）在不同水平下影响幅度具有显著性差异，证明了假设 2 成立，即当服务业效率较高时，人力资源服务业能够更高效地满足市场需求，促进产业集聚、推动粤港澳大湾区经济高质量发展。反之，当服务业效率较低时，人力资源服务业的集聚和发展可能会受到限制，进而影响到经济高质量发展的进程。原因可能是政府政策的扶持力度、市场需求的变化对服务业效率和人力资源服务业集聚的发展产生了影响，此时服务业效率在不同水平下的调节效应也可能会随之发生改变。

四　结论与启示

（一）结论

本文将人力资源服务业集聚与粤港澳大湾区经济高质量发展二者联系起来，通过构建粤港澳大湾区经济高质量发展指标体系，对粤港澳大湾区内地 9 个城市 2017—2022 年经济高质量发展水平进行了综合测评。运用区位熵指数测算了 9 个城市人力资源服务业的集聚程度，实证考察了人力资源服务业集聚对粤港澳大湾区经济高质量发展的影响，并利用调节效应模型检验了服务业效率在其中起到的调节作用，得出以下结论：

1. 人力资源服务业集聚对粤港澳大湾区经济高质量发展具有显著的正向影响。具体来说，人力资源服务业的集聚能够提高人力资源的使用和配置效率，使得各类人才能够更便捷地找到适合自身发展的平台和机会，而企业也能够更加精准地找到所需的人才，从而实现了人才与企业的高效对接，为粤港澳大湾区经济的高质量发展注入了源源不断的动力。

2. 服务业效率在人力资源服务业集聚与粤港澳大湾区经济高质量发展二者之间起到调节作用。当服务业效率较高时，人力资源服务业能够迅速响应劳动力市场的变化，为企业提供更加精准、高效的人力资源服务，帮助企业更好地解决人才问题，促进企业的发展，同时能够为人才提供合适的工作机会，进一步促进人力资源服务业集聚，从而推动粤港澳大湾区经济高质量发展。

（二）启示

1. 加强人力资源服务业集聚区建设：目前人力资源服务业集聚的形式以人力资源服务产业园区为主，而现有园区的发展模式存在着较为严重的同质化现象，没有充分结合当地核心竞争优势；园区内普遍包含了与人力资源服务相关的全部职能，导致服务资源分布不均。因此在建设人力资源服务业集聚区时应结合粤港澳大湾区的核心竞争优势，明确集聚区的定位和发展方向，优化产业布局，提高产业集聚度，吸引更多的人力资源服务机构入驻，形成规模效应和集聚效应，整体上提升粤港澳大湾区的人力资源服务业发展水平。

2. 优化人才配置机制：粤港澳大湾区内的各城市应加强合作与交流，打破人才流动壁垒，提升信息共享度和资源整合度，进一步完善人才流动和配置机制，促进人才在粤港澳大湾区内的自由流动和合理配置。同时加强对人才的培训和教育，提升人才的综合素质和专业技能，为粤港澳大湾区经济高质量发展提供高质量的人力资源支持，为新质生产力发展注入人才动能。

3. 提升服务业效率：对于人力资源服务机构而言，提升服务业效率意味着它们能够以更低的成本吸引更多新质人才加入，为企业提供更高质量的人力资源服务，实现粤港澳大湾区人力资源的优化配置，在促进行业良性发展的同时，推动粤港澳大湾区经济高质量发展。

参考文献

王书柏、朱晓乐：《人力资源服务业转型升级：机遇、挑战及动力机制》，《中国人事科学》2022 年第 2 期。

萧鸣政：《中国人力资源服务业及其新时代价值与发展》，《企业经济》2020 年第 7 期。

王林雪、熊静：《人力资源服务业空间集聚组织模式研究》，《科技进步与对策》2016 年第 14 期。

顾国达、张正荣：《服务经济与国家竞争优势——基于波特"钻石模型"的分析》，《浙江大学学报》（人文社会科学版）2007 年第 6 期。

王林雪、郭璐：《陕西省人力资源服务业集聚及其影响因素研究——以陕西省 10

市为例》,《西安电子科技大学学报》(社会科学版) 2017 年第 2 期。

秦浩、郭薇:《国外人力资源服务业的发展现状及趋势》,《商业时代》2013 年第 8 期。

黄雨婷、李卫忠、汤宇曦等:《基于因子分析和固定效应模型的产业集聚影响因素研究》,《时代经贸》2024 年第 2 期。

王凌:《人力资源服务产业集聚建设的影响因素及其突破》,《江西社会科学》2016 年第 7 期。

王锋、王瑞琦:《中国经济高质量发展研究进展》,《当代经济管理》2021 年第 2 期。

任保平、宋雪纯:《以新发展理念引领中国经济高质量发展的难点及实现路径》,《经济纵横》2020 年第 6 期。

袁晓玲、李彩娟、李朝鹏:《中国经济高质量发展研究现状、困惑与展望》,《西安交通大学学报》(社会科学版) 2019 年第 6 期。

构建多元化开放型人才生态：
中国战略人才力量建设的策略分析

李　佳　毕长春　孙佳懋

（沈阳城市建设学院）

摘要： 在全球化竞争日益加剧的背景下，中国将国家战略人才力量建设置于优先发展的战略地位，旨在促进国家创新能力和国际竞争力的提升。然而，随着经济社会的快速发展，中国面临着高层次人才培养不足、关键领域人才缺乏及国际人才竞争激烈等多重挑战。本文聚焦于多元化、开放式人才培育体系的构建，重点分析教育改革、产学研结合、企业内部人才梯队建设的重要性。同时，研究还着重于优化人才引进政策，建立更为完善的人才服务支撑平台等措施。此外，有效的人才激励与保留机制，如绩效导向的薪酬制度、职业发展规划，以及创新成果分享机制等对于提升人才的积极性和忠诚度具有显著影响。营造良好的人才生态环境，不仅需要政府的政策支持和市场的有效运作，还需要社会文化环境的协同发展，以形成对人才全面包容的社会氛围。通过这些策略的实施，不仅可以为中国培养和吸引更多高质量的战略人才，还能够为全球人才竞争与合作的新模式提供中国方案，从而推动国家长远发展和国际地位的提升。

关键词： 人才自主培养；战略人才；产学研合作；人才生态

一　战略人才的基本内涵与作用分析

在探讨国家战略人才力量建设策略时，首先要明确战略人才的概念。战略人才，可定义为那些具备独特才能、专业知识以及对国家长远发展目标产生深远影响的关键个体。战略人才是创新驱动的引擎，是国家在全球竞争中占据优势的关键因素。这些人才不仅拥有深厚的专业素养，更具备前瞻性视野，能够在复杂多变的环境中识别机遇、引领创新、推动科技进步和社会变革。战略人才的作用不言而喻，将直接影响到国家的核心竞争力。一方面，战略人才驱动科技创新，通过研发新技术、新产品，促进产业升级，提升国家经济的整体质量。另一方面，引领社会进步，通过教育、政策制定等领域的工作，塑造有利于人才成长的社会环境，形成人才集聚效应。此外，战略人才在国际舞台上发挥着外交和文化交流的作用，是国家软实力的一种体现。

然而，战略人才的培养与引进并非易事。它需要国家层面的宏观规划，包括优化教育资源配置，建立公平的竞争机制，以及提供充足的科研资金支持。同时，也要注重人才的个性化发展，尊重其创新精神，提供广阔的成长空间。引进海外高层次人才同样重要，应通过优惠政策和优质服务吸引全球顶尖人才，构建开放包容的人才生态系统。

在此基础上，提出建设性的平衡策略：既要注重本土人才的深度培养，激发内在潜力，又要积极引进海外人才，拓宽人才来源。通过构建完善的培养体系和灵活的引进机制，实现人才资源的高效配置，以确保国家战略人才力量的持续壮大。这一策略旨在打造一个动态平衡人才库，为国家的长期繁荣奠定坚实基础。

更重要的是，还应认识到战略人才的概念不仅限于其个体的专业技能与知识，更在于其对国家长远发展目标的贡献能力。

国内的战略人才建设，近年来呈现出多元化与专业化并重的特点。一是教育体系对复合型、创新型人才的培养日益重视，如高校在课程设置上融合多学科，鼓励跨领域研究，以培养具有广阔视野和创新思维的战略人才。二是政策层面不断推出引才计划，旨在吸引全球顶尖人才回国服务，为国家关键领域提供智力支持。相比之下，国际上，战略人才的发展趋势更加注重全球化视野和跨界合作：美国硅谷等地的创新生态系统吸引了全球科技人才，形成人才集群效应。这些人才不仅在科技前沿领域取得突破，还通过创业和企业合作推动整个行业的进步。此外，国际的人才流动也日益频繁，跨国公司和国际组织成为培养全球战略人才的重要平台。

然而，国内外在战略人才发展上的差异并非绝对，而是相互影响、相互借鉴的过程。中国正逐步借鉴国际经验，如提升国际化办学水平，鼓励企业参与全球研发合作，以拓宽战略人才的国际视野。同时，国际社会也在关注中国的人才培养模式，尤其是如何在短时间内培养出大批高素质的专业人才。

因此，中国在战略人才建设上应继续强化本土人才培养，同时积极引进海外高层次人才，构建开放、流动的人才体系和人才生态。这需要政策引导、教育改革以及创新环境的共同支撑，以确保战略人才能够适应快速变化的世界格局，为国家的长远发展提供持久动力。

二 国家战略人才建设现状及存在问题

尽管我国在人才培养方面取得了显著成就，但仍存在一些亟待解决的问题。一方面，教育体系在一定程度上侧重于理论灌输，而对实践能力和创新思维的培养相对不足。这导致部分毕业生在面对实际工作挑战时，表现出理论与实践脱节的现象。另一方面，我国在高层次人才引进方面虽然力度加大，但留人机制尚不完善，导致部分引进的人才流失，不仅浪费了宝贵的资源，也影响了人才结构的稳定性。此外，区域间的人才流动不平衡，东部地区相较于中西部地区，对人才的吸引力更强，加剧了人才分布的不均衡性。

人才是驱动科技进步与经济社会发展的核心要素。中国在近年来已展现出对全球高层次人才的强烈吸引力，各省市出台一系列引才政策，旨在吸引海外优秀科研人才回国服务。这些举措不仅提升了国内科研水平，也促进了国际科技合作与交流。然而，尽管取得了显著成效，中国在战略人才引进方面仍面临挑战。其一，人才引进的广度与深度有待加强，部分关键领域如尖端科技和创新产业的人才短缺现象依然存在。其二，引进人才的后续发展与融入问题不容忽视，包括科研环境的适应性、职业发展的连续性以及家庭生活的安置等，这些因素将影响到引进人才的长期留用和效能发挥。其三，人才引进与本土人才培养的平衡问题。过度依赖外部引进会导致对本土人才的忽视，不利于构建稳定且多元的人才梯队。因此，中国在继续推进人才引进的同时，应强化本土人才培养，打造有利于人才成长的生态系统，实现引进与培养的良性互动。

三　国家战略人才建设的策略

（一）教育改革与人才培养策略

在构建我国国家战略人才建设策略的过程中，教育改革与人才培养策略占据着核心地位。教育作为人才培育的摇篮，其改革力度与质量直接影响国家人才储备的广度与深度。教育体系应注重基础学科的扎实性，以数学学科为例，它是创新思维的基石，为高端科技领域的人才培养提供稳固的支撑。大学生不仅需要掌握基础知识，还应具备处理大数据、人工智能等新兴技术的能力。为此，课程设置应包含跨学科的融合，如开设数据科学、人工智能与社会科学的交叉课程，培养学生的数字思维和创新能力。此外，教育改革不应忽视职业教育和终身学习的重要性。人才队伍建设需多元化，既要有高层次的科研人才，也要有高素质的技术技能人才。因此，建立灵活的学习路径，鼓励在职人员继续教育，有助于形成多层次、多类型的人才梯队。最后，教育评价体系的改革至关重要。传统的分数导向应转变为能力与素质并重，鼓励创新和批判性思考，将有助于培养出敢于挑战现状、勇于解决问题的战略人才，为国家的长远发展注入源源不断的活力。

（二）产学研结合与企业人才梯队建设策略

国家的人才建设应聚焦于产学研结合与企业人才梯队建设这一关键环节。人才，作为国家发展的核心驱动力，其培育与引进并重的策略是提升整体竞争力的关键。基于此，应加强以创新为导向，强化企业与学术界的协同合作，构建高效的人才培养与流动体系。

产学研一体化的核心在于打破传统壁垒，促进知识的双向流动。企业作为技术创新的主体，应与高校和研究机构紧密合作，共同参与人才培养过程。一方面，企业可提供实践平台，让学生在实操中提升技能，同时也能及时将产业需求反馈给教育体系，确保人才培养的时效性。另一方面，学术界的研究成果能为企业创新提供理论支持，加速科技成果转化。企业人才梯队建设则强调内部人才的系统性培养与晋升。通过设立多层次、多维度的培训计划，企业能构建稳定的人才供应链，确保关键岗位的接续能力。同时，建立公平、透明的晋升机制，激发员工潜能，鼓励人才向更高层次发展。这种机制不仅有助于留住人才，还能吸引外部优秀人才的加入，形成良性循环。

为了实现这一目标，在政策层面上，国家应给予必要的支持以促进相关举措的顺利实施，包括但不限于税收优惠、科研资金投入、知识产权保护等，以鼓励企业投资人才培养。同时，建立跨部门、跨领域的协调机制，确保产学研各方的利益共享，风险共担。

表1　　　　　　　　产学研结合与企业人才梯队建设策略

策略	具体措施	预期效果
产学研结合	企业与高校合作培养研究成果产业化	提高人才实践能力，加速科技创新
企业人才梯队建设	设立多层次培训计划、公平晋升机制吸引外部人才	塑造人才供应链，激发员工潜能，增强人才流动性

表1清晰展示了产学研结合与企业人才梯队建设的策略及其预期效果。通过这些策略的实施，中国有望构建起一支既具备深厚理论基础，又富有实践经验的国家战略人才队伍，为国家的长远发展提供坚实的人才保障。

（三）优化人才引进政策与机制创新策略

优化人才引进政策与机制创新是国家战略人才力量建设至关重要的环节。首先，政策应着眼于全球视野，吸引国际优秀人才。这要求企业打破传统束缚，制定出灵活且具有竞争力的薪酬制度，以匹配国际标准。同时，提供优质的科研条件和生活保障，确保引进的人才能够全身心投入工作，激发其创新潜力。此外，建立高效的人才评估体系，以能力而非背景为评价标准，确保公平公正，使真正有能力的人才得以脱颖而出。其次，机制创新旨在打破部门壁垒，促进人才跨领域流动。通过构建跨学科、跨行业的合作平台，鼓励人才在不同领域间交流碰撞，催生新的思想火花。同时，推行项目制、聘任制等多元化的用人模式，使得人才可以根据项目需求灵活流动，提高人才利用效率。再次，政策应注重本土人才培养与引进人才的融合。通过设立联合培养项目，让本土人才与引进人才共同参与，既能提升本土人才的国际视野，也能帮助引进人才更好地融入国内环境。这种互动式的人才培养模式，有助于形成协同创新的氛围，推动整体人才素质的提升。最后，政策应关注长远，建立持续的人才引进和发展机制。这意味着需要在教育、科研、产业等多层面进行战略布局，形成人才引进、培养、使用的完整链条。同时，通过完善法律法规，保护知识产权，营造尊重知识、尊重人才的社会文化环境，使人才愿意扎根中国，为国家的长远发展贡献力量。

（四）人才职业发展规划与成长路径

职业发展规划与人才成长路径同样是国家人才战略不可或缺的要素。这一视角强调了个体职业生涯的连续性与前瞻性，旨在激发人才潜能，确保其在国家发展中持续贡献力量。首先，职业发展规划为人才提供清晰的成长蓝图，不仅定义个人在专业领域的晋升路径，还涵盖了技能提升、知识更新和领导力培养等多个维度。这种规划有助于人才理解自身的长期价值，从而增强其对组织的归属感和忠诚度。例如，定期的职业评估和反馈机制能帮助人才识别自身的优势和改进空间，促进其持续成长。其次，灵活多样的职业路径设计能够满足不同人才的需求。对于创新型人才，可能需要提供研究与开发的深度探索机会；而对于管理型人才，可能需要提供跨部门的轮岗经历以拓宽视野。这样的设计鼓励人才在多元化的角色中寻找最适合自己的位置，从而提高工作效率和敬业度。与职业规划相配套的激励机制至关重要，这包括公正的薪酬体系、丰富的培训机会和具有挑战性的项目分配。这些举措能够激发人才的内在动力，显现努力的价值和回报，降低人才流失率。最后，建立一个开放的沟通环境，让人才能够参与到决策过程中，自由表达个人观点，通过与上级、同事乃至整个组织的互动，人才能够感受到自己的意见被尊重，进一步增强其留任意愿。

（五）创新成果分享与知识产权保护

创新成果分享与知识产权保护是激发人才潜能、促进人才留存的关键要素。通过有效的激励机制，确保创新者得到公正的回报，同时保障知识产权人的合法权益，实现人才与国家双赢的战略目标。

创新成果的分享机制应当兼顾公平与效率。一方面，应建立科学的收益分配制度，使创新者能够从其创新成果中获得应有的经济利益，这不仅能够提高人才工作积极性，还能为创新活动产出提供源源不断的推动力。例如，通过设立创新基金，将部分项目收益直接回馈给研发团队，或提供股权激励，让人才成为企业成长的共享者。另一方面，创新成果的公开与传播也是推动科技进步的重要途径，因此，合理的成果分享机制应鼓励知识的开放交流，反哺产学研一体化发展。知识产权保护则是保障创新环境稳定性的基石。强大的法律框架和执行力度是防止盗版和侵权行为、维护创新者权益的基础。政府应大力宣传知识产权法律法规，提高侵权成本，同时简化知识产权申请流程，降低时间成本，使得人才敢于投入时间和资源进行高风险的创新活动。此外，建立快速反应的纠纷解决机制，及时处理侵权纠纷，有助于营造尊重知识、尊重创新的良好社会氛围。

（六）社会文化环境与全面包容氛围

构建良好的人才生态环境，尤其是社会文化环境与全面包容氛围的塑造至关重要。人才的成长与发展并非孤立的，它深深植根于社会文化的土壤之中。社会文化环境是人才创新思维的温床。一个鼓励探索、尊重知识、崇尚创新的社会文化环境，能够激发人才的内在潜力，促进人才在各自领域中不断突破。全面包容的氛围是留住人才的关键。人才的多样性是其力量之源，不同背景、不同专长的人才汇聚一堂，能产生思想碰撞的火花，推动科技进步。因此，政府和企业双方需要共同打造一个接纳失败、鼓励多元、公平竞争的人才生态环境，让每个人才都能找到属于自己的舞台。为了实现这一目标，政府应注重培育尊重人才、鼓励创新的社会风气，通过教育引导公众理解人才的价值，提高全社会对人才的认同感。同时，企业与学术机构也应积极参与，打造开放合作的平台，促进跨领域的交流与合作。

以上策略旨在构建一个既能充分激发创新活力，又能妥善保护创新成果的良性生态系统。这将成为国家吸引全球顶尖人才，促进国内创新生态的繁荣，推动战略目标实现的重要基础。然而，值得注意的是，任何激励机制的设计都应避免"一刀切"的做法，应根据不同领域、不同层次的人才特点，实施差异化、个性化的政策，以确保激励的有效性和针对性。

参考文献

孙锐：《面向高质量发展壮大工程师战略人才力量》，《中国人才》2024 年第 2 期。

王建民：《凝聚国家战略人才力量的管理策略》，《经济》2023 年第 12 期。

本刊编辑部、邵景均：《强化国家发展的基础性、战略性支撑》，《中国行政管理》2022 年第 12 期。

怀进鹏：《以教育之强夯实国家富强之基》，《河南教育（高等教育）》2023 年第 10 期。

徐明：《新时代人才强国战略的总体框架、时代内涵与实现路径》，《河海大学学报》（哲学社会科学版）2022 年第 6 期。

万劲波、刘明熹：《国家战略人才力量建设的重点任务》，《国家治理》2023 年第 18 期。

曾宪奎：《新阶段国家战略人才力量建设：聚焦高校人才教育》，《中国劳动关系学院学报》2023 年第 3 期。

褚思真：《加强国家战略人才力量体系建设》，《科技中国》2023 年第 5 期。

谢敏振：《深入实施人才强国战略的提出》，《求贤》2022 年第 12 期。

从诺贝尔奖评选审视我国基础
研究人才评价改革新维度[*]

刘　如[1]　张晓静[2]　张惠娜[2]
（1. 中国科学技术发展战略研究院；
2. 北京市科学技术研究院）

2022 年 11 月，科技部等八部委联合印发《关于开展科技人才评价改革试点的工作方案》（以下简称《改革试点工作方案》），从构建符合基础研究活动特点的评价指标、创新评价方式、完善用人单位内部制度等方面提出试点任务，推动基础研究类人才评价体系更加完善。而诺贝尔科学奖（以下简称：诺贝尔奖）作为世界性的最重要的科学奖励，其评选工作历经百年，形成一套当前最具权威和公信力的基础研究人才评价体系，引发全球关注和尊崇。对此，本报告在《改革试点工作方案》的基础上，探寻我国基础研究人才评价的关键问题所在，并通过对诺贝尔奖评选准则和做法的深入研究，提出我国基础研究人才评价改革的新建议。

一　我国基础研究人才评价的主要问题

我国基础研究整体水平有所提升，但对照建设世界科技强国和主要科学中心的长远目标，以及与发达国家相比，还存在较大差距，尤其在

* 课题项目：科技部基础司委托课题"基础研究规律与工作体系研究"和科技部战略院院长研究基金课题"我国企业基础研究支持模式与政策研究"（项目编号：ZKY202203）。

作为第一资源的人才方面，我国还缺乏一支高水平的基础研究人才队伍。通过对基础研究相关机构、企业、政府管理部门的深入走访调研，我们认为，我国基础研究人才评价的根本症结在于评价的"指挥棒"没有发挥好作用，存在以下四个方面问题。

1. 评价"脱靶"问题

一直以来，界定基础研究成果是评价人才的重要方法。但是当前的基础研究人才评价体系中，对研究成果的评价会造成一些成果被错评、被否定、被忽视。一是"第一性问题"不被重视。我国基础研究长期以跟踪为主，对第一性科学问题关注不够、重视不够，"基础研究"存在被"基础性研究①"或"应用研究"同化现象，大部分所谓的"应用基础研究"属于"应用研究"范畴，所评的研究成果可能并不是第一性科学问题，也不是关于学科领域源头性问题和根本性问题的核心关切。这就导致在基础研究人才评价时，所评成果并不属于基础研究。二是"非共识创新"不被认可。部分基础研究成果由于过于超前，或存在与主流认识不同，或存在突破定论及挑战权威等原因，使评价专家对其价值不能达成共识。这种"非共识创新"往往导致问世不久的突破性、原创性、颠覆性成果不容易得到及时、公正的评价。三是"跨学科创新"不被发现。目前的科研评价体系没有体现出对学科交叉的鼓励，导致组织模式并未打破传统的学科边界，学科间真正的交叉与实质性融合尚未在评价体系中体现。科研人员在从事本学科外的研究活动时，其成果贡献未能在考核评价中得到充分体现，导致一些交叉性强的跨学科成果被忽视。

2. 人才"帽子"问题

支撑人才成长的各类计划被异化为"帽子""头衔""荣誉"，全国各类人才计划衍生出的"帽子"多达上百种，每一顶"帽子"都与个人待遇、科研经费、晋升提拔等紧密挂钩，产生了诸多不良影响，无助于激励原始创新，甚至打击了青年人才做基础研究工作的积极性。一是

---

① 1989年，"基础性研究"的概念在全国基础研究和应用基础研究工作会议上被正式提出："基础性研究是获得新知识，促进科学自身发展，为经济和技术发展提供后劲的源泉"，包括基础研究和应用基础研究。

"帽子"破坏了科学研究生态。由于拿"帽子"需要高水平研究成果作为资本，多数基础研究人员更倾向于选择容易出成果的跟踪性、修补性和"短平快"的科学研究，不愿意从事耗时长、费精力、成果产出不确定的自由探索工作，对"帽子"的评价难以真正激励科学家"十年磨一剑"潜心研究。2020年科研人员激励调查数据显示，37%的基础研究人员表示，"不想再从事基础研究工作，更愿意转向应用开发研究、创业或者其他行业"。二是"帽子"阻碍了科学人才成长。35岁之前入"优青"和"青长"、45岁之前入"杰青"和"长江"、50多岁做院士，已成为许多年轻科研人员心照不宣的奋斗目标，甚至大学在互相比较时，也拿"帽子"数量作为衡量排名的标准。但事实上，在中国大量的科研人员中，获得"帽子"的人才比例是冰山一角，且拿到某一个"帽子"后很容易得到更多"帽子"，在这种"马太效应"下，一些青年人才会因为无法获得帽子，进而产生科研惰性。三是"隐形帽子"深藏于大众观念。尽管"唯帽子"问题得到了重视，并且一些机构也实施了改革措施，例如，国家自然科学基金委员会在关于避免人才项目异化使用的公开信中明确表示，项目负责人所获得的只是阶段性科研任务，并不是荣誉称号，不能因此贴上"永久"标签，即便如此，人们在谈论人才资历时，仍然会不自觉将"帽子"作为主要评论指标。

3. 评议"圈子"问题

基础研究的评价主体多为"小圈子"中的同行，主体单一、评价制度单一，导致科学的评价方法异化成掺杂复杂关系的主观评价方法，圈子文化盛行。相关部门已经意识到圈子文化的危害，但改革措施并没有"破圈"。一是"师门圈子"占山头。以部分顶尖人才为中心的师门圈子把持很多项目评审和人才评审发言权，导致一些相对较弱的师门人员在竞争中难以获胜。尽管在评价中有回避和黑名单制度，但实际效果并不显著。二是"行政圈子"树权威。基础研究是一个极其推崇科学精神的领域，竺可桢将科学精神概括为"不盲从、不附和，依理智为归"，但对基础研究的阻碍往往来自那些已经功成名就、具有一定行政职务的学者，因为他们已经有了自己的学术框架，新思想的出现会被看成对其学术权威的挑战，进而使得"官本位"蔓延侵蚀到学术界，造成一些评价乱象。三是"社会圈子"设码头。中国传统的圈子文化导致在人才评价时，很多人会利用同乡同族、社会朋友等各种社会关系打招呼、混脸熟，反而没有时间和精力静下心搞研究，影响了评价生态。

4. 政策"落地慢"问题

虽然国家出台了一系列人才评价改革的政策文件，在制度完善层面取得了显著进展，但也存在部分政策难落地的尴尬。一是政策"破旧"不明确。比如政策文件中明确了问题，但如何解决问题并没有细则。由于科研单位或者管理部门改革基础参差不齐，对政策的解读也存在很大差异，导致改革时存在矫枉过正、一刀切、偏离政策目标等问题。比如某些机构全面取消优质论文奖励，反而造成基础研究人员不能获得相应待遇和激励。二是改革方案无"立新"。破除"四唯"甚至"五唯"之后并无"立新"。尽管政府、高校、科研院所等已经根据政策指导积极展开大量的评价探索，但在适合基础研究人才评价的做法方面尚未形成统一共识。三是思维惯性仍存在。学术界固有的评价习惯仍存在，在政策落实中，专家评审方式尚未进行配套调整，在人才评价时唯人才"帽子"、期刊影响因子、SCI 论文数量等衡量指标的做法还未得到根本性扭转。

二 诺贝尔奖人才评选的主要做法和经验

诺贝尔奖人才的评选体系并非基于任何公认或众所周知的原则或标准，而是根据阿尔弗雷德·诺贝尔的遗嘱建立起来的。他要求将奖金分配给在物理界有最重大发现或发明的人、在化学上有最重大发现或改进的人、在医学和生理学界有最重大发现的人等。根据诺贝尔遗嘱，于1900 年形成《诺贝尔基金会章程》，此后根据执行情况进行了多次修改完善，并由颁奖机构制定相关评选细则。其主要做法如下：

一是采取严格的筛查遴选机制，防止"脱靶"和"误判"。诺贝尔奖从提名到筛选每一步都经过了严格的筛查，以确保奖项的权威性。第一步是大范围提名不同视角下在该领域有重大发现的人，避免了对"非共识"成就的遗漏。由每个负责评选的组织设立的诺贝尔委员会（5—8人），每年9 月向世界范围内相关领域专家和历届诺贝尔奖获得者（大约3000 人）发送获奖候选人推荐信，最终提名 200—350 名学者。第二步是小范围凝练"真正对人类做出的重大贡献",让科学问题真正聚焦"第一性问题"。由委员会和委托专家负责汇总提名并回答几个问题,例如,被推荐者是否在该领域有非常重大的发现?有没有其他研究人员获得过类似成果(是否是真正的原始创新)?第三步是对第二步的补充,即在筛选提名时,委员会成员还必须决定是否聘请外部专家来帮助评估他们自己专业领域之外的提名,以避免对"跨领域"成就的误判,最终选出 15—20 名学者。第四步是科学严谨的调查。委员会每年都需要花费巨大成本对候选人员进行彻底调查,并邀请专家撰写评估报告,即便该名学者去年也被提名,评估报告仍然会重新撰写。第五步是学院评审委员会投票确定最终得主,并撰写综合科学报告。综合科学报告必须得到负责评选组织机构的批准。诺贝尔奖层层严格的筛选和公正的评判,让人才评价结果和科技创新成就相匹配。

二是关注学术性成就,淡化"帽子"和"头衔"。诺贝尔奖评选的标准是唯才是举。根据诺贝尔遗嘱,成就大小是评判的第一标准。整个评选过程中,评审专家不关注评选者的国籍、民族、意识形态和宗教信仰,只关注其学术成就,尤其是对人类做出的社会贡献。比如,2002 年的诺贝尔化学奖获得者日本人田中耕一,获奖时只是一名公司职员,本科学历且没有多少论文发表。2015 年诺贝尔生理学或医学奖获得者屠呦呦,一度被冠之为无博士学位、留洋背景和院士头衔的"三无科学家"。2018 年诺贝尔物理学奖获得者加拿大人唐娜·斯特里克兰,职称仅仅是滑铁卢大学的副教授,获奖的论文发表在影响因子只有 1 的学术期刊上。足见诺贝尔奖在人才评价时并不看重"帽子"和"头衔",而是以实际贡献为人才评价的唯一准绳。

三是评审过程及相关信息严格保密,避免"人情"和"垄断"。诺贝尔奖提名存在"相关信息保密 50 年"的规定,这也是由于瑞典开始实行档案公开规定后诺贝尔基金会做出的妥协。因为原来的诺贝尔奖提名名单是一直保密的,这使得诺贝尔奖的宣布始终具有"惊喜"的属性,获奖者无须填表报奖、自吹自擂地推荐自己,也不会为了"志在必得"而不择手段,避免了师生关系、校友关系、同事关系等人情羁绊和部门利益垄断,用学术的严肃性和流程的保密性保证了诺贝尔奖的公正性和权威性。例如在评审过程中,为避免有关奖项的信息外露,委员会成员甚至不通过电话谈论奖项，而是亲自在线下碰面进行所有讨论。

四是严格遵循科学研究基本规律，重视历史评价而非及时评价，克服"短视"和"功利"。科学研究是一个漫长积累的过程，需要几年、十几年甚至几十年如一日地潜心专攻某一研究领域。诺贝尔奖严格遵守了科学研究的基本规律，不急于对学术成就做出及时评价，而是要等科学成就和研究成果经过时间和历史的检验，克服人才评价的"短视"和"功利"。从目前诺贝尔物理学奖221名获得者情况来看，这些科学家从做出贡献到获奖认可，平均需要近20年。

三 启示与建议

诺贝尔奖重在对科学界重大发明或发现的成果进行评价，而成果评价是手段，不是目的。需通过学习借鉴诺贝尔奖的一些成功经验，将基础研究人才从各种评价的"桎梏"中解放出来，让其能够在良好风气中自由探索，最大程度激发和释放基础研究生产力。对于基础研究人才的评价，更为重要的是要同时遵循科学研究的基本规律和基础研究人才成长的基本规律，加快出台或修订完善基础研究人才评价的配套政策，以教育、科技、人才一体化布局，在《改革试点工作方案》的基础上，深化基础研究人才发展的体制机制改革，全面支撑科技强国建设。

一是实施以开辟新疆域、拓展新边界、产生大影响为标志的代表作评价，突出强调重大原始创新的价值导向。遵循科学发现基本规律和基础研究人才成长规律，破"四唯"立"多维"，在评价过程中，淡化论文、专著、报告等量化指标，剔除职称、学历、奖项等外在指标，把学术水平、创新价值和社会贡献作为衡量标准，重点评价学术成果的前沿性和学术影响力，着重关注代表作所涉及的第一性问题，形成"以第一性问题为基准、以重大原始创新为导向、以非共识复议为保险、以跨行合议为手段"的基础研究人才评价机制，让人才评价回归基础研究和科学发现本位。

二是深入推进针对基础研究的"三评①"改革，建立与完善低频次、

---

① "三评"即项目评审、人才评价、机构评估。

长周期评价制度。为激发基础研究人员潜心研究、长期探索、追求真理的积极性、创造性，以"三评"改革为抓手，彻底破除"帽子"问题，统筹推进项目、机构、人才评价导向与物质利益、行政提拔等脱钩。强化以质量、贡献为核心导向的基础研究评价体系，探索适合我国体制的低频次、长周期考核评价制度，在评价周期内不随意变动考核评价标准。探索在重点研究基地、重点研究方向上设置"从0到1"的基础研究岗位制度，聘请重点人员担任重要科研岗位，实行年薪制，并给予长期性、稳定性支持，引导基础研究人才勇闯无人区。

三是探索大同行评议机制，在国际同行专家选用、专家库管理等方面建立相关制度。选用一定数量的国际同行进行人才评价，逐步拓展我国现有人才评价体系中的国际化评价维度，引导国内现有人才评价体系更好地与国际接轨。规范评议过程，明确第三方机构监管机制与评议违规处罚措施，有效规避学术关系、利益冲突、群体博弈等问题，推动各级专家库和科研信用信息互联互通，确保人才评价的客观公正，防止投机和误判，强化本土人才评价的权威性和影响力。同时，加快打造国际认可的具有中国特色的基础研究人才评价和奖励体系，促使我国由西方主导的科学大奖参赛者逐步转变为组织者，为世界科学中心向我国转移吹响号角。四是构建自由宽松容错的创新环境，及时纠正基础研究人才评价过程中唯成果论、唯成功论的错误倾向。基础研究的重大发现，尤其是引领世界科学发展方向的重大原始创新，很可能需要十年甚至更久的持续研究，三四十年后才有可能被广泛认可。在基础研究人才评价方面，不能"掀锅盖太勤"，更不能要求"锅锅成粥"，只有自由宽松容错的学术环境才能让研究人员静下心来持之以恒地去探索。坚持科技人才共通性与基础研究特殊性相结合、科研水平业绩与科学探索潜力相结合、定性评价与定量考核相结合的评价原则，营造更加科学、公正的基础研究人才评价生态，为基础研究人才创造更加灵活、包容的创新环境。

人才测评在新时代员工管理中的应用：
理论与实践

林　萍

（广东省轻工业技师学院）

摘要：企业要在运营中高效运转，需要保障人力资源部门良好的运行。人力资源部负责为企业识别、挑选、配置、培养及保留人才，确保企业的人才队伍保持稳定与平衡。21世纪，我国不论在经济上还是在科技上都高速发展，在这个过程中，人才的竞争成为企业的"痛点"。这时合理科学的人才测评技术发挥着重要的作用，能够最大程度上实现企业人力资源的合理配置与最优化。

关键词：企业；人才测评；人力资源

人才测评也称为人事测评或人员素质测评，旨在达成特定目标，通过结合定量分析与定性判断的多元化手段，系统衡量个体的知识层次、职业技能、个性特点、能力水平及未来成长潜力等的一系列评价活动①。"测评"包含了测量与评价两个环节，其中测量环节运用特定的测评技术来量化个体的各项素质指标，而评价环节则基于这些量化数据对测量对象进行深入的描述与评判，两者相互依存，共同构成一个完整的测评体系。

---

① 王淑红主编：《人员素质测评》（第2版），北京大学出版社2017年版。

一　人才测评的理论基础

（一）人格具有稳定性与独特性

心理学家埃森克将人格定义为"人格是个体由遗传和环境决定的实际的和潜在的行为模式的总和"①。人格特征包括稳定性与独特性等方面。

人格的稳定性，表现在人格在行为中的恒常性、一贯性。这种固有的特性一旦形成，便难以轻易改变，正如我们所说"江山易改，本性难移"，其中所指的"本性"便是我们所说的人格。如一名性格外向的员工，在家里特别的活跃，在公司与同事无话不谈，他在聚会场合上也能自然地展现自己，或是在离职多年后与曾经同事相遇，依旧能够无话不谈，员工身上的这种特质多年来依旧保持不变，人力资源部需要在短时间内了解应聘者的稳定特质，如内向、外向、热情果断、焦虑压抑等，可以采用人才测评，在短时间内发现员工的稳定特质，节省时间成本。

人格的独特性源于每个人在成长、遗传、教育及环境等方面所经历的差异，这些因素的交互作用塑造了各具特色的人格特征②。正如"人心不同，各如其面"所描绘的，人格展现出多样化和差异性。例如，在溺爱的环境中，"固执"可能表现为"撒娇"，而在艰难困苦中，则可能带有"反抗"的意味。人格的独特性凸显了个体间的差异性，这对于实现人岗匹配、发挥人才优势、规避短处至关重要。深入洞察人才的差异性，是人才测评发挥其真正价值的关键所在，旨在实现人才的优化配置。

（二）心理的可测性

弗洛伊德的精神分析学认为人的行为由无意识的内驱力所推动，这些内驱力受到压抑，不为人所察觉，但影响着人们的行为。个体通过一定的媒介或载体，建立起自己想象的世界，将自己被压抑的态度、情绪、思想、欲望等无意识地反映出来。精神分析学同样认为，这些源自内心

---

① 金瑜主编：《心理测量》（第2版），华东师范大学出版社2005年版，第2页。
② 彭聃龄：《普通心理学》，北京师范大学出版社2012年版。

深处的反应，构成了人类行为的基本驱动力。而人才测评正是作为这种
媒介，通过这种媒介将个性特征显露出来。

二　人才测评在实践中的应用

人才测评在不同的人力资源中发挥着不同的作用，需要科学合理地
让人才测评的价值在实践中得到真正的体现。

（一）人才测评在招聘与配置中的运用

在招聘过程中，人才测评发挥识人、选人作用。传统的人才招聘中，
HR 进行简历筛选，然后面试。更多的是看重应聘者的学历与工作经验，
并且带有较大的主观性。学历只能反映应聘者所掌握学识或是理论知识，
能够从事该项工作的可能性，但无法确定应聘者一定能够从事该项工作，
如公关能力、工作态度、抗压能力等在学历中无法展现；工作经验能够
反映应聘者曾经从事过相同或是相关的工作，但无法反映该应聘者曾经
的工作行为。故无论是学历还是工作经验都无法对应聘者的各项能力素
质及综合能力素质进行评估该应聘者是否能够从事该岗位。而人才测评
能够对应聘者的能力、技巧、心理素质等方面进行全方位的考察。近年
来，人力资源部在人员招聘上引进了人才测评，人才测评完毕后，需要
仔细审查数据并进行差距分析，以确定他们的预期行为水平与职位实际
所需的能力水平之间的差异[1]。人才测评与传统的招聘初步筛选简历、
面试相结合，降低了人才在入职后不合适该岗位而造成的离职率或辞退
率，同时也大大降低了企业在招聘过程中的金钱成本、时间成本及人力
成本。

要让人才价值充分展现，其核心与关键在于拓展人才发挥作用的空
间、优化人岗匹配的机制[2]。人才测评在配置中起到的作用是使人力资
源做到人岗匹配，每个个体都存在差异性，都具有自身的独特性。每个

---

①　Angela Martin，"Talent Management：Preparing a 'Ready' agile workforce"，*International Journal of Pediatrics and Adolescent Medicine*，Vol. 2，No. 3-4，Sept - Dec 2015，pp. 112-116.

②　萧鸣政、朱玉慧兰：《区域人才发展环境指数研究——基于广东省 21 个地市的调查样本》，《行政论坛》2022 年第 3 期。

工作岗位都具备相应的任职要求、职责特点、工作环境、操作方式等。员工也应具备相应的工作知识、技能、心理素质等与其的工作岗位相匹配，才能胜任该岗位，提高工作效率，完成本职工作，为企业创造业绩利润。将员工自身的独特性、所具备的知识技能、心理素质等与符合其工作岗位进行相匹配，才能达到人岗匹配。如一个员工内向，不擅长与人沟通，企业将他放在一个销售岗位，最后的结果是员工对企业的满意度下降或直接导致员工的离职，而企业在此过程中不仅浪费了人力、财力，还浪费了时间成本。人才测评能够考察员工的各项技能、知识等，人力资源部可以利用人才测评，考察员工的各项能力、技能，将员工放在合适的岗位，发挥员工自身的潜能。人才测评也可使员工了解自己，并且为自己的职业生涯规划提供科学可靠的依据。人才测评在不同的人力资源中发挥着不同的作用，需要科学合理地让人才测评的价值在实践中得到真正的体现。

（二）人才测评在人才开发中的应用

人才测评在人才发展过程中起到了辅助与促进作用。从心理学角度看，能力被视为一种心理特质，是达成某项活动所必需的心理条件，且这种心理特质蕴含着潜力与可能性①。人力资源的培训与开发工作，旨在提升员工当前的能力与知识水平，并深入挖掘和激发他们内在的潜能。

在组织实施集体培训活动时，企业可以借助人才测评来辅助和支持培训过程。企业可根据需培训的内容，对员工进行初步的考察，了解员工本次培训内容现有的水平，为之后的培训做准备；在培训中期，企业再次为员工进行测评考察，了解员工对该培训内容的掌握程度，及时对培训做出相应调整，以匹配员工的掌握情况；在培训后期，再次对培训内容进行测评考察，员工是否对该培训内容有所掌握或提高，该考察能够反馈此次培训的结果及效果。

在针对员工个人进行培训时，企业也可以利用人才测评了解员工的长处及短板或是潜能。培训人员会依据测评结果，针对员工的优势领域和不足之处，开展具有针对性的培训活动，弥补员工现有不足的能力，

---

① 彭聃龄：《普通心理学》，北京师范大学出版社 2012 年版。

提高知识技能。并且在培养提升的过程中，充分挖掘员工的内在潜力，为企业创造更大的价值。

无论是在集体培训还是在个人培训，人才测评为培训提供了科学可靠的依据，将测评的结果与员工所在的岗位应具备的技能知识进行比较，能够发现员工现有的知识技能与岗位所需的知识技能之间的差距，确定培训需求。提供科学可靠的依据能使培训者更有效地制定计划和实施有针对性的培训，从而提升培训成效；同时，当员工明确自己的不足之处后，便能更有目标地进行学习，这不仅能增强他们的知识技能，还能提高他们对培训的满意度。

（三）人才测评在企业留人中的应用

人力资源部在企业运营中扮演着"识别、选拔、任用、培育与保留人才"的关键角色，其中"保留人才"是其核心目标。马斯洛将人的需求划分为生理需求、安全需求、归属与爱的需求、尊重需求及自我实现需求五个层次，这些需求潜藏于个体之中，并在不同生命阶段展现出不同的迫切性，成为驱动个体行动的主要动力。人的需求从外在满足逐渐转向内在满足。人才管理通过激发组织中最具潜力和高绩效员工的积极态度、认知和行为来影响组织绩效①。因此，人力资源部需深入理解员工当前的需求层次，并据此采取措施以满足这些需求，从而有效保留人才。在决定是采用薪酬激励、晋升激励还是权力激励时，人力资源部应思考何种需求能成为激发员工发展或为企业创造价值的动力。人才测评在此过程中发挥着重要作用，它能帮助识别员工的动机，如成就动机、权力动机、风险动机等。基于这些动机，人力资源部可以精准地满足员工需求，激发其内在动力，不仅为企业创造更大利益，还能帮助员工实现个人价值，增强其在企业中的归属感与主人翁意识，这才是真正留住人才的关键所在。

（四）人才测评在绩效评估中的应用

人才评价对于企业实现精准用人至关重要。例如，360 度绩效评估

---

① Maria Christina Meyers, "The neglected role of talent proactivity: Integrating proactive behavior into talent-management theorizing", *Human Resource Management Review*, Vol. 30, No. 2, Jun 2020.

法，是一种综合了员工自我、上级、下属、同事乃至客户等多个视角来全面审视个人工作表现的方法。这一过程通过一系列反馈机制，旨在帮助被评估者改进工作行为，进而提升整体工作成效。随着素质信息呈现形式的日益丰富，传统人才测评在衡量人才的业绩、行为表现及胜任能力等方面的信息，其参考价值与适用性逐渐减弱①。个体的内在特质与其外在行为模式及工作成效之间存在着内在一致性，意味着潜在素质会通过某些外在表现得以展现②。将 360 度绩效评估融入人才测评体系，能够为企业构建一幅详尽的"人才蓝图"，助力企业在人才晋升、培育、储备及更替方面实现更加客观且高效的决策③。通过全面了解员工的表现和潜力，可以建立更科学、公正的绩效评价体系，为员工提供更公平、激励的奖励和晋升机会，激发其工作动力和创造力。

除此之外，基于 360 度绩效评估和人才测评的结果，企业可以及时发现和培养高潜力的人才，建立健全的人才储备和替换计划。这样，在关键岗位出现变动或突发情况时，企业可以快速调配合适的人才，确保业务能持续稳定运行。

三　人才测评在人力资源应用案例

一家经营办公设备的跨国公司，年初决定在售后服务部门实施交叉销售的经营战略，即在提供售后服务的同时，销售其他办公设备。于是公司对售后服务人员进行再培训，以便他们既做售后服务，又做销售。结果，许多售后服务人员不习惯销售，不适应既是服务人员、又是销售人员的角色。后来，又经过多次培训、教育、督促，甚至下达硬性指标，上半年销售业绩仍然没有明显改善，相反，一部分人甚至产生了明显的抵触情绪。人力资源部门发现员工排斥、抵触等问题，给员工进行人才测评迫在眉睫。之后人力资源部寻找专业团队给售后服务部的员工进行

---

① 萧鸣政、唐秀锋：《中国人才评价应用大数据的现状与建议》，《中国行政管理》2017年第 11 期。
② 李育辉、唐子玉、金盼婷等：《淘汰还是进阶？大数据背景下传统人才测评技术的突破之路》，《中国人力资源开发》2019 年第 8 期。
③ 彭裕：《现代人才测评在企业管理中的应用》，《企业管理》2016 年第 S2 期。

了职业性向测试，并根据测试结果，人力资源部推荐性格为外向型、微外向型或双向型而职业性向为企业型的售后服务人员，进行针对性的培训，传授他们交叉销售所欠缺的知识和技能，然后让这些售后服务人员既服务又销售，而让其他售后服务人员继续提供优良的售后服务。因为根据霍兰德的职业兴趣理论，企业型的人善交际，口才好，擅长推销。结果该公司顾客满意度从上半年的78%上升到下半年的91%，平均每月销售业绩更比上半年上升了28%。

若企业一味为了节省人力资源成本，将不适合本岗位人员放到本岗位工作，并不是真正地节约人力资源成本，而是变相地浪费成本支出。例如将一位性格内向的人，作为公司的销售人员进行培训，不但使员工反感，还浪费了企业支出成本，如人工成本、人力资源成本。所以不是每个人都能做销售，售后服务人员不是培训一下就可以转变为销售人员。人力资源管理者只有根据每个人的性格，安排能发挥其天赋的工作任务，才能充分发挥每个人的能力，充分调动其积极性，提高企业的效益，员工的价值也得到体现。

人才测评在我国已慢慢走向成熟，尤其在一线城市的中大型企业都采用了人才测评技术进行选拔人才，人才测评帮助HR提高工作效率的同时，为企业获得更优质的人才。但是企业也应根据自身的发展动态，适时调整选用科学合理的人才测评，人才测评才能为企业发挥更大的效力。

参考文献

陈俊、高伟：《人力资源管理的核心技术——人才测评技术在我国的发展趋势》，《沿海企业与科技》2007年第12期。

吕胜杰：《人才测评技术在人力资源管理中的应用》，硕士学位论文，北京交通大学，2008年。

吕天航、胡召华、郭震震等：《面向员工培训的铁路人才测评体系构建与应用策略研究》，《教育教学论坛》2019年第51期。

乔凤珠：《人员素质测评问题及对策研究》，《理论界》2011年第7期。

沈志献：《探析现代人才测评技术在企业人力资源管理中的应用》，《财经界》2014年第12期。

许欣：《人才素质测评及其在人力资源管理中的应用》，《职业圈》2007 年第 17 期。

张侄：《人才素质测评及其在现代人力资源管理中的应用》，《企业导报》2013 年第 14 期。

Nicky Dries，"The psychology of talent management：A review and research agenda"，*Human Resource Management Review*，Vol. 23，No. 4，Dec 2013，pp. 272－285.

粤港澳大湾区城市人才竞争力的比较研究

——基于多维环境和创新能力的联动分析

郭贵霖　马　芮

（中央财经大学政府管理学院）

摘要：粤港澳大湾区作为我国重点领域的先行示范区，其人才竞争优势是学界关注的重要问题。为了提高粤港澳大湾区城市高质量人才竞争力水平，本文采用主成分分析法，基于"珠九市"城市群和港澳2021年的截面数据进行分析，并综合评价与排名。研究发现：（1）区域内人才竞争力水平差异较大，环境指数和保荐激励指数共同作用于人才环境和人才发展，需要更加注重合作创新保持经济实力。（2）澳门特区、香港特区、深圳整体人才竞争力水平相较于其他城市更高，要素共享、产业共链才能更好地落实区域经济发展需求，推进高水平城市化。（3）人口文化素质、区域人才创新能力是贡献率较为明显的竞争力指标，未来粤港澳大湾区须通过优化人才培养和引进政策提高人口文化素质，寻求人才新质力。

关键词：粤港澳大湾区；人才竞争力；人才环境；主成分分析法

粤港澳大湾区作为我国经济发展的重要引擎和创新高地，人才竞争力的提升与环境和发展的平衡成为推动城市、区域乃至国家经济增长和竞争力提升的关键因素。已有文献对于粤港澳大湾区人才竞争力在产能一体化和可持续发展中进行了诸多有益探索，如城市群建设的问题（张胜磊，2020）、人力资源与经济高质量发展的耦合协调关系（蔡红、韩兆洲等，2022）、具有国际竞争力的现代化产业体系（李青、马晶，

2023）、产业结构与就业结构的协调性（向晓梅、李宗洋等，2023）、新型大学的治理困境（姚宇华，2023）、金融保险发展（党雪、石慧，2024）等。但我们必须正视，各城市在吸引、培养和留住人才方面存在显著差异，这种差异受到多维环境和创新能力等多重因素的影响。根据《国家创新型城市创新能力评价报告2019》的数据，深圳和广州在创新能力上表现出色，分列国家创新型城市的前两名，这充分证明了创新能力与人才素质紧密关联。因此，本研究将全面探究粤港澳大湾区各城市人才竞争力的差异并进行综合评价。通过详细剖析各城市人才竞争力的现状和特点，探讨相关影响机制，并据此提出针对性的对策建议。这不仅有助于丰富和发展人才竞争力指标体系，为粤港澳大湾区人才高质量落地提供新的研究视角和方法，为人才培养和发展提供科学的理论指导和实践参考，为相关学科的发展贡献新的力量，还有助于各城市优化人才政策，提升创新能力，进一步推动区域间的合作与共赢，共同助力粤港澳大湾区的繁荣与发展。

一　实证研究

（一）数据来源

本文使用的截面数据来源于中国国家统计局和其他相关机构的统计数据，数据处理和建模过程均借助了IBM SPSS Statistics 27来实现。文章共选取环境、保健、激励三大类9个指标，分别切入了宏观角度与微观角度。其中激励指数采用吴凡、傅嘉钰团队的区域人才创新能力指数，更能体现人才竞争力水平。时间为2021年，这一年是中国全面建设社会主义现代化国家的关键一年，各级政府都在推动人才发展政策和计划，这一年也是粤港澳大湾区建设的关键阶段，在新冠疫情防控和复苏的背景下，对人才流动、就业市场和政策环境都产生了重大影响，选择2021年的数据进行粤港澳大湾区人才竞争力实证研究，能够更准确地反映当前粤港澳大湾区人才市场的状态和变化趋势，为相关决策和政策制定提供有价值的参考依据。数据涵盖了9个广东省城市和2个特别行政区。数据采集、处理过程严格遵守国家相关法律法规和统计制度，确保数据的准确、完整和可靠。

（二）实证分析

1. 为了更加清晰且准确地分析区域人才竞争力，以下对粤港澳大湾区进行实证研究。

表 1 描述了粤港澳大湾区所覆盖的珠九市及香港特区、澳门特区人才要素竞争力评价指标 2021 年的原始数据。其中 X_1 为经济实力（GDP，单位：亿元），X_2 为人口文化素质（每百人中高等教育学历人数），X_3 为城市化水平（第三产业对地区生产总值增长的贡献率），X_4 为居住环境（人均住房使用面积），X_5 为城市面貌（人均公共绿地面积），X_6 为医疗服务水平（每万人拥有的医疗机构数），X_7 为城市公共交通水平（每万人拥有公共汽车数），X_8 为城市平均工资水平（人均工资，单位：元/年），X_9 为区域人才创新能力（人才创新指数）。

表 1　　　　　　粤港澳大湾区人才要素竞争力指标原始数据

	X_1	X_2	X_3	X_4	X_5	X_6	X_7	X_8	X_9
广州	28231.97	28	71.1	34	25	2.12	11.64	45490	0.585
深圳	30664.85	30	72.4	27	16	3.31	11.95	59095	0.725
珠海	3881.75	27	56.7	31	22	4.24	9.92	45597	0.065
佛山	12156.54	17	56.5	44	12	2.63	2.88	37781	0.136
惠州	4977.36	13	42.0	41	18	5.85	2.85	28973	0.086
东莞	10855.35	14	26.6	59	22	3.26	19.92	43236	0.214
中山	3566.17	14	30.5	37	17	2.56	5.95	39122	0.045
江门	3601.28	12	46.3	35	20	3.59	3.87	26361	0.049
肇庆	2649.99	9	30.2	37	20	7.79	2.77	19145	0.036
香港特区	27458.46	34	96.6	16	99	0.10	16.68	171471	0.764
澳门特区	2411.60	30	95.8	20	11	10.66	16.51	152730	0.301
$\overline{X}$	11859.57	21	56.8	35	25	4.19	9.54	60818	0.270
S	10821.64	9	23.7	11	23	2.79	6.01	48999	0.270

注：资料来源于 2021 年各地统计年鉴数字，有些数字经过计算而成。

2. 人才创新指数数据来源于《区域人才创新指数构建与评价——基于粤港澳大湾区的实证分析》。

将原始数据标准化从而消除量纲的影响。设有 m 个城市，进行主成分分析的指标变量有 p 个：X_1，X_2，$\cdots$，X_p 第 i 个评价对象的第 j 个指标的取值为 X_{ij}。根据 Z-SCORE 标准化公式将各指标值 X_{ij} 转化成标准化指标 $\widetilde{X}_{ij}$：

$$\widetilde{X} = \frac{X_{ij} - \overline{X}_j}{S_j}(i = 1, 2, \cdots, m; j = 1, 2, \cdots, p)$$

其中 $\overline{X}_j = \frac{1}{m}\sum_{i=1}^{m} X_{ij}$，$S_j = \frac{1}{m-1}\sum_{i=1}^{m}(X_{ij} - \overline{X}_j)^2$，$(j = 1, 2, \cdots,$ $p)$，即 $\overline{X}_j$，S_j 为第 j 个指标的样本均值和样本标准差。同时对应地，称 $\widetilde{X}_{ij}$ 为标准化指标变量。

经过数据标准化获得标准化数据（见表 2）。

表 2　　　　　粤港澳大湾区人才要素竞争力指标标准化数据表

	X_1	X_2	X_3	X_4	X_5	X_6	X_7	X_8	X_9
广州	1.443	0.804	0.575	-0.059	-0.027	-0.708	0.333	-0.298	1.101
深圳	1.657	1.025	0.627	-0.662	-0.392	-0.301	0.382	-0.034	1.595
珠海	-0.703	0.693	-0.003	-0.318	-0.149	0.016	0.060	-0.296	-0.735
佛山	0.026	-0.412	-0.012	0.801	-0.554	-0.534	-1.056	-0.448	-0.485
惠州	-0.606	-0.854	-0.594	0.543	-0.311	0.566	-1.061	-0.620	-0.661
东莞	-0.088	-0.744	-1.213	2.093	-0.149	-0.318	1.646	-0.342	-0.209
中山	-0.731	-0.744	-1.056	0.199	-0.352	-0.557	-0.569	-0.422	-0.806
江门	-0.728	-0.965	-0.423	0.027	-0.230	-0.206	-0.899	-0.671	-0.792
肇庆	-0.811	-1.297	-1.068	0.199	-0.230	1.229	-1.074	-0.811	-0.838
香港特区	1.374	1.467	1.600	-1.609	2.972	-1.398	1.132	2.153	1.732
澳门特区	-0.832	1.025	1.568	-1.213	-0.579	2.210	1.105	1.788	0.098

其次，建立变量之间的相关系数矩阵 R。

相关系数矩阵 $R = r_{ij\,p\times p}$

$$r_{ij} = \frac{\sum_{k=1}^{m} \widetilde{X}_{ki} \cdot \widetilde{X}_{ki}}{m - 1}, (i, j = 1, 2, \cdots, p)$$

式中 $r_{ii} = 1$，$r_{ij} = r_{ji}$，r_{ij} 是第 i 个指标与第 j 个指标的相关系数。进而建立相关系数矩阵 R（见表 3）。其中，大部分变量的相关系数都大于

0.3，且 KMO 大于 0.5，Bartlett 球形度检验显著性小于 0.05，数据适宜
应用主成分分析。

表 3　　　　　　　　　　　　　　　**相关系数矩阵 R**

	X_1	X_2	X_3	X_4	X_5	X_6	X_7	X_8	X_9
X_1	1.000	0.640	0.518	-0.298	0.478	-0.606	0.412	0.304	0.930
X_2	0.640	1.000	0.905	-0.733	0.463	-0.166	0.630	0.749	0.802
X_3	0.518	0.905	1.000	-0.823	0.467	0.005	0.475	0.844	0.729
X_4	-0.298	-0.733	-0.823	1.000	-0.482	-0.085	-0.178	-0.717	-0.533
X_5	0.478	0.463	0.467	-0.482	1.000	-0.517	0.388	0.641	0.571
X_6	-0.606	-0.166	0.005	-0.085	-0.517	1.000	-0.087	0.053	-0.394
X_7	0.412	0.630	0.475	-0.178	0.388	-0.087	1.000	0.657	0.594
X_8	0.304	0.749	0.844	-0.717	0.641	0.053	0.657	1.000	0.599
X_9	0.930	0.802	0.729	-0.533	0.571	-0.394	0.594	0.599	1.000

计算相关系数矩阵 R 的特征值 $\lambda_1 \geq \lambda_2 \geq \cdots \geq \lambda_p \geq 0$，及对应的特征向量 μ_1，μ_2，$\cdots$，μ_p，其中 $\mu_j = (\mu_{1j}, \mu_{2j}, ?, \mu_{mj})^T$，特征向量共组成 p 个新指标变量。

$$\begin{cases} y_1 = \mu_{11} \widetilde{X}_1 + \mu_{21} \widetilde{X}_2 + \cdots + \mu_{m1} \widetilde{X}_m \\ y_2 = \mu_{12} \widetilde{X}_1 + \mu_{22} \widetilde{X}_2 + \cdots + \mu_{m2} \widetilde{X}_m \\ \cdots\cdots \\ y_p = \mu_{1p} \widetilde{X}_1 + \mu_{2p} \widetilde{X}_2 + \cdots + \mu_{mp} \widetilde{X}_m \end{cases}$$

式中 y_1 是第 1 主成分，y_2 是第 2 主成分，$\cdots$，y_p 是第 p 主成分。

计算特征值 $\lambda_j (j = 1, 2, \cdots, P)$ 的信息贡献率和累计贡献率，并求得综合得分 Z：

其中 $b_j = \dfrac{\lambda_j}{\sum_{k=1}^{p} \lambda_k} (j = 1, 2, \cdots, p)$ 为主成分 y_j 的信息贡献率；

$a_n = \dfrac{\sum_{k=1}^{n} \lambda_k}{\sum_{k=1}^{p} \lambda_k}$ 为主成分 y_1，y_2，$\cdots$，y_n 的累积贡献率，最终求得主成分

贡献率如表 4 所示。

表 4　　　　　　　　　　　　　　　　主成分贡献率

	X_2	X_9	X_3	X_8	X_1	X_4	X_5	X_7	X_6
特征值	5.289	1.691	0.848	0.743	0.233	0.121	0.057	0.017	0.001
贡献率	58.769	18.785	9.421	8.257	2.592	1.342	0.632	0.188	0.014
累积贡献率	58.769	77.554	86.975	95.233	97.825	99.167	99.798	99.986	100.000

　　由表 5 可知，前三个主成分的累积方差贡献率为 86.975%，说明前三个主成分保留了 86.975% 的原始信息，损失信息较少，可以作为其他指标的线性组合。由此获得线性组合 Y_1、Y_2、Y_3：

$$Y_1 = 0.320x_1 + 0.402x_2 + 0.389x_3 - 0.320x_4 + 0.306x_5 \\ + 0.287x_6 - 0.128x_7 + 0.366x_8 + 0.394x_9$$

$$Y_2 = -0.426x_1 + 0.106x_2 + 0.255x_3 - 0.336x_4 - 0.201x_5 \\ + 0.018x_6 + 0.677x_7 + 0.298x_8 - 0.200x_9$$

$$Y_3 = 0.056x_1 + 0.076x_2 - 0.106x_3 + 0.502x_4 - 0.316x_5 \\ + 0.208x_6 + 0.756x_7 + 0.049x_8 + 0.106x_9$$

　　由各线性组合中权数较大的指标的综合意义确定主成分的经济意义。以 Y_1 为例，其中综合因子 x_2、x_3、x_8 与 x_9 的系数大于其他的系数，说明 Y_1 主要是这几个指标综合反映的结果，即 Y_1 代表了由人口文化素质、城市化水平、城市平均工资水平和区域人才创新能力所表示的城市人才质量及福利环境来反映人才竞争能力。由此推之，Y_2 主要从基础设施保障方面来反映人才竞争能力。Y_3 主要从人才居住环境方面来反映人才竞争能力。将各地区经过标准化处理的数据带入线性组合方程，得到各地区的评价值和排名。如表 5 所示。

表 5　　　　　　　粤港澳大湾区主成分评价得分、综合得分及排名

	f_1	f_2	f_3	Z	排名
广州	1.0986	-0.4534	0.2668	0.4057	5
深圳	1.7595	-0.2109	0.2906	1.0390	3

续表

	f_1	f_2	f_3	Z	排名
珠海	-0.2928	0.6087	-0.1427	0.6111	4
佛山	-0.9603	-0.9777	-0.4344	-1.3952	9
惠州	-1.2266	-0.8649	-0.4496	-1.4404	10
东莞	-2.0241	0.0249	2.3033	-0.7607	6
中山	-1.6745	-0.3941	-0.4275	-1.2308	8
江门	-1.3659	-0.5178	-0.8228	-1.2103	7
肇庆	-1.4675	-0.8642	-0.5422	-1.5901	11
香港特区	4.0016	0.9579	-0.8737	3.4167	2
澳门特区	2.1519	2.6915	0.8323	4.2231	1

表5对排名前5个城市进行简要分析：澳门特区人才竞争力处于第1位，且Y_1、Y_2、Y_3都对其人才竞争力构成了较大竞争力；香港特区人才竞争力处于第2位，其中Y_1、Y_2为其提供了较大的竞争力，但是Y_3对人才竞争力的贡献不大；深圳和广州的人才竞争力位列第3位和第5位，Y_1、Y_3为两者的人才竞争力提供较大贡献，但Y_2的影响程度较低；珠海人才竞争力位列第4位，虽然Y_1、Y_3对人才竞争力的贡献不大，但是凭借Y_2的高贡献率取得较高综合得分。

基于实证分析结果，我们可以对粤港澳大湾区城市群进行如下分类：

澳门特区、香港特区、广州、深圳等城市凭借其卓越的人才质量，被归为人才质量优势型城市。这些城市在吸引和培育高层次人才方面具备显著优势，体现了其在粤港澳大湾区人才竞争中的领先地位；澳门特区和珠海以其完善的基础设施脱颖而出，成为基础设施优势型城市。这些城市在交通、通信、能源等基础设施方面拥有较强的实力和优势，为人才发展提供了良好的环境保障；东莞则以其优越的居住环境成为居住环境优势型城市的代表。这座城市在绿化、空气质量、生活便利度等方面表现出色，为人才提供了宜居的生活空间，从而增强了其人才吸引力；佛山、惠州、中山、江门、肇庆等城市在人才竞争力方面尚处于成长阶段，被归类为人才竞争力成长型城市。这些城市在人才质量、基础设施和居住环境等方面仍有较大的提升空间，需要加大投入和努力，以提升其整体人才竞争力。

通过这几项分类的比较，我们可以得出：澳门特区在人才竞争力方面处于第一梯队，拥有多项人才优势；香港特区、广州、深圳、珠海和东莞处于第二梯队，各自在某一人才优势领域表现出色；而佛山、惠州、中山、江门、肇庆等城市则需要在提升人才竞争力方面付出更多努力，以实现跨越式发展。

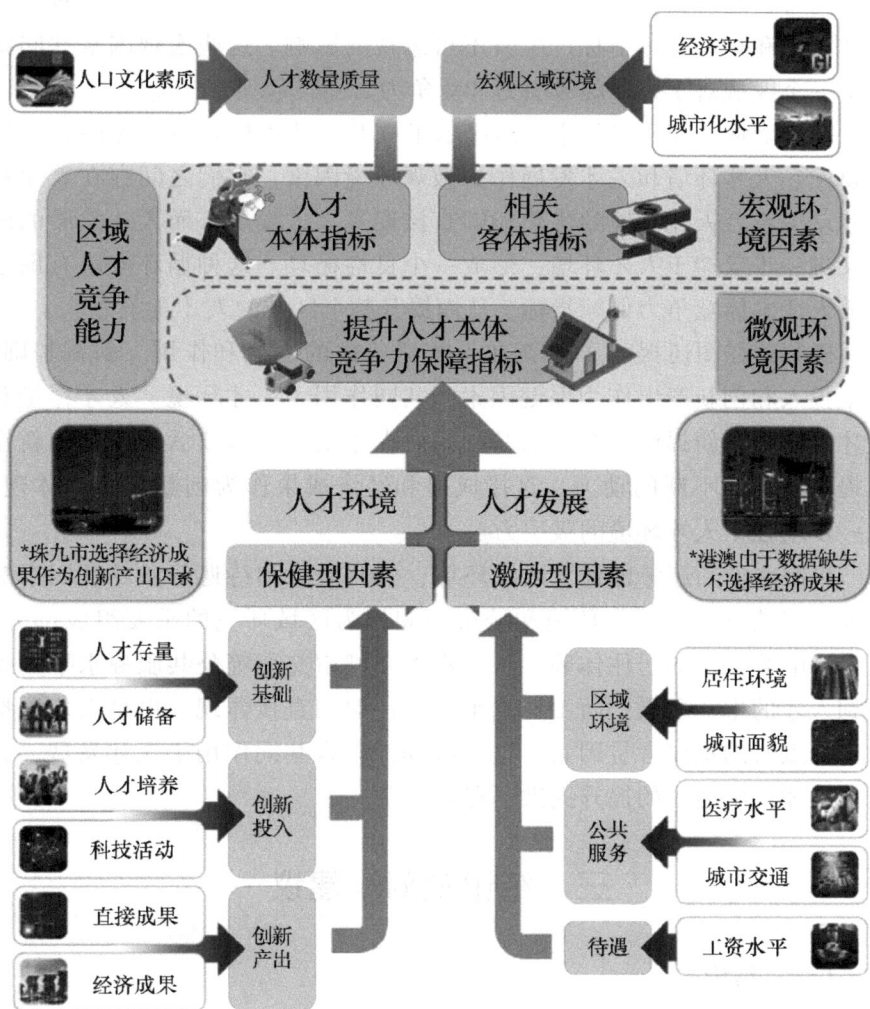

图 1   理论机制路径模型

二　机制分析

在宏观层面上，区域人才竞争能力受到一系列环境因素的综合影响。其中，人才本体指标和相关客体指标是两大核心要素。人口文化素质作为社会基础，直接关系到人才的数量和质量，进而深刻影响人才本体指标。同时，经济实力和城市化水平作为区域发展的宏观背景，也对人才本体指标和相关客体指标产生着不可忽视的影响。这些宏观因素共同塑造了一个区域对于人才的吸引力和竞争力。

转向微观层面，机制路径图揭示了提升人才本体竞争力保障指标的重要性。人才环境和人才发展作为微观环境因素，它们之间存在着紧密的互动关系。人才环境的优化能够直接促进人才发展，而人才发展的成果又进一步反馈于人才环境，形成一个良性循环。这种循环效应有助于增强人才本体竞争力保障指标，从而提升整个区域的人才竞争力。

机制路径图还揭示了创新在人才竞争中的地位和作用。创新基础、创新投入和创新产出作为保健因素，共同作用于人才环境。人才存量和人才储备为创新提供了坚实的基础，而人才培养和科技活动则为创新投入提供了源源不断的动力。直接成果和经济成果作为创新产出的体现，进一步增强了人才环境的吸引力。

机制路径图还考虑到了区域环境、公共服务和待遇等激励性因素对人才发展的影响。居住环境和城市面貌作为区域环境的重要组成部分，直接影响着人才的居住体验。医疗水平和城市交通等公共服务水平则关系到人才的生活质量。而工资水平作为待遇的直接体现，更是人才选择工作地点时的重要考量因素。这些激励性因素共同作用于人才发展，为区域人才竞争能力的提升提供了有力支撑。

三　结论及对策建议

（一）结论

本文基于粤港澳大湾区 2021 年经济社会发展相关数据，采用主成分分析法，计算得出 11 个地区区域人才竞争力综合水平，并分析了粤港澳大湾区部分地区人才竞争力发展整体状况。研究发现：粤港澳大湾区人才竞争力水平呈现异质性表现，且中心效应显著，主体表现为除两个特别行政区外，深圳、珠海和广州作为核心区域城市在人才竞争力领域有着较为优秀的表现，其中，珠海市的基础设施保障有着较为领先的水平，对于珠九市其他城市来说具有很大的借鉴意义。港澳两特别行政区在人才质量、服务环境和基础设施整体发展较好，但香港特区在人才居住环境上相比澳门特区还有更多的发展与调整空间。

（二）进一步讨论

研究对粤港澳大湾区部分地区的人才竞争力发展状况进行了深入剖析。研究贡献可进一步总结为定量分析了人才竞争力，为深入了解粤港澳大湾区人才市场提供了重要参考。发现了异质性表现，为进一步优化人才政策和资源配置提供了指导。揭示了中心效应，为其他地区提供了借鉴和学习的范例。未来研究方向可能包括深入挖掘地区差异，进一步分析不同地区人才竞争力的形成机制和影响因素，探讨背后的经济、社会和政策因素，为地方政府提供针对性的政策建议。加强跨区域比较研究，拓展研究范围，考察粤港澳大湾区以外的其他城市或地区的人才竞争力，进一步了解粤港澳大湾区在全国乃至全球范围内的竞争优势和地位。深化对中心城市的研究，进一步深入研究中心城市的人才政策、城市发展战略和创新生态，探索其在人才竞争力提升中的经验和启示。

通过这些未来研究方向的深入探索，可以进一步完善对粤港澳大湾区人才竞争力的认识，为实现粤港澳大湾区人才优势互补、合作共赢提供理论支持和政策建议。

（三）对策建议

1. 各梯队城市优势互补

基于主成分分析的综合评价和实证研究结论，香港特区、澳门特区、深圳、广州的城市人才福利政策可供粤港澳大湾区其他城市借鉴学习相关经验，通过完善人才服务，扩大人才通行证计划，制定人才引进法律制度，给予财政补贴等社会保障等，不唯地域、不问出身地培养人才，从而实现人才开发和人才新质力。具体而言，可以建立跨地区的人才服务平台，提供就业信息、培训资源等服务，为人才提供更广泛的就业和发展机会。放宽人才流动的限制，吸引更多高层次人才来粤港澳大湾区工作和生活。建立人才引进的法律框架，明确政策支持和保障措施，提升人才引进的透明度和可预期性。通过提供财政补贴、税收优惠等方式，改善人才的生活和工作环境，增强其在粤港澳大湾区的归属感和稳定性。

在基础设施保障方面，广州可以向澳门特区、香港特区，尤其是珠海学习，积极建设综合交通枢纽，参与"轨道上的大湾区"建设，加大在交通、通信、公共设施等方面的投资力度，打造快速便捷的交通体系。人才居住环境是引进留住人才的关键要素，东莞的 Y_3 数据较高，作为珠三角重要的制造业基地之一，其政府在人才居住环境上实施了一系列政策措施，提升居住配套设施、改善环境质量等，吸引了大量外来人口前来居住和工作。珠海、香港特区须针对 Y_3 数据，科学规划居住环境的短板，通过提供多样化的住房选择，包括公寓、别墅、联排别墅等，满足不同人才群体的需求，提高城市的宜居性和便利性。

2. 区域内合作联动共享

依据文献梳理，结合社会发展实际可以思考，粤港澳大湾区内的城市应加强合作与联动，共同推动人才竞争力的提升。鼓励构建开放、共享的良好人才生态系统，通过合作开展研究项目、建立人才交流平台等方式，打破地域限制，促进人才在区域内的联动和共享。如设立定期的人才交流会议或论坛，为各方提供交流和分享经验的平台。成立专门的人才合作委员会或工作小组，负责协调和监督各项合作项目的实施。设立联合研究基金，资助具有区域影响力和前瞻性的研究项目。实施跨区域的户籍、社保等政策协调，降低人才流动的障碍。建立统一的职业资格认证体系，确保人才在不同地区能够得到公平的评价和待遇。

强化政策引导和支持，制定针对人才发展的专项政策，如税收优惠、住房补贴等。设立人才发展专项资金，用于支持人才培训、引进和奖励等，优化人才结构。建立人才评价和激励机制，鼓励创新和成果转化，提高创新效率和质量。根据产业需求，制定有针对性的人才培养计划，推动人才与产业的深度融合。建立区域性的资源共享平台，如实验室、数据中心等，实现资源跨区域流动和互补，共同打造具有国际竞争力的人才高地。

参考文献

杨河清、吴江：《区域人才竞争力评价指标体系构建的几点思考》，《人口与经济》2006 年第 4 期。

王建强、潘华静、吕宪栋：《区域人才竞争力评价指标研究》，《河北学刊》2011 年第 1 期。

李光全：《中国城市人才竞争力变化影响因素分析》，《科技进步与对策》2014 年第 2 期。

李良成、杨国栋：《我国区域科技人才竞争力评价与分析》，《技术经济与管理研究》2013 年第 1 期。

郭跃进、朱平利：《我国区域科技人才竞争力评价研究》，《科技进步与对策》2014 年第 8 期。

丁超勋：《基于因子分析的我国科技人才区域竞争力评价》，《创新科技》2018 年第 2 期。

赵渊博：《2016—2018 年我国区域科技人才竞争力评价》，《科技管理研究》2021 年第 20 期。

陶锦莉、郑洁：《长三角地区人才竞争力的比较研究》，《南京社会科学》2007 年第 9 期。

王发曾、吕金嵘：《中原城市群城市竞争力的评价与时空演变》，《地理研究》2011 年第 1 期。

李前兵、李冉、张效祯：《区域人才竞争力研究综述》，《现代营销》（经营版）2019 年第 12 期。

潘雄锋、刘凤朝、王元地：《区域人才软环境实证分析》，《科技管理研究》2005 年第 5 期。

林喜庆、郑琳琳：《海峡西岸经济区人才环境竞争力的 SWOT 分析》，《中国人力资源开发》2006 年第 12 期。

陶锦莉、郑洁：《长三角地区人才竞争力的比较研究》，《南京社会科学》2007 年第 9 期。

高鹏、王利、王兆兰：《人才竞争力测度与表达研究——以中原经济区为例》，《资源开发与市场》2015 年第 11 期。

黄海刚、曲越、闫芳芳：《营商环境、全球价值链位置与人才竞争力》，《中国科技论坛》2023 年第 6 期。

孙殿超、刘毅：《粤港澳大湾区科技创新人才空间分布特征及影响因素分析》，

《地理科学进展》2022 年第 9 期。

张胜磊：《粤港澳大湾区城市群建设的问题与对策研究》，《广西社会科学》2020年第 8 期。

李青、马晶：《大国竞争背景下粤港澳大湾区构建具有国际竞争力的现代化产业体系研究》，《国际经贸探索》2023 年第 3 期。

向晓梅、李宗洋、姚逸禧：《粤港澳大湾区产业结构与就业结构的协调性研究》，《亚太经济》2023 年第 4 期。

吴凡、傅嘉钰：《区域人才创新指数构建与评价——基于粤港澳大湾区的实证分析》，《科技智囊》2024 年第 2 期。

基于"标准—评价—培养"三位一体的数字化人才管理体系创新实践研究

倍智人才研究院
(广东倍智人才科技股份有限公司)

摘要：随着科技的高速发展，数字化人才已成为推动社会进步和企业发展的重要力量。本文旨在基于多个大型央国企的数字化人才管理实践，全方位总结、分析并验证数字化人才标准、评价和培养体系的建设策略及路径。首先，文章分析了数字化人才的内涵与特征，清晰定义数字化人才分类，并明确其所需的知识结构、技能水平和通用能力素质等多方面标准。其次，论文分析了数字化人才评价体系的构建原则与方法，提出了多元化的数字化人才评价模型。此外，本文还将围绕数字化人才分类及标准，融入测训一体化的人才发展理念，构建了数字化人才靶向培养发展的策略框架。最后，通过多个大型央国企的案例分析，本文验证了数字化人才管理体系建设的实践效果，并对未来发展趋势进行了展望。本研究不仅有助于丰富数字化人才理论，也为企事业单位提供了有益的参考和借鉴。

关键词：数字化人才；人才标准；人才评价；人才培养；人才队伍建设

数字经济的发展逐渐成为中国落实国家重大战略的关键力量之一，数字经济高质量发展离不开高水平数字化人才队伍的有力支撑。然而，当下我国企业的数字化人才管理体系却面临着诸多挑战，如缺少清晰明确的数字化人才标准，科学立体的数字化人才评估体系，精准有效的数字化人才培养策略等。

因此，本研究旨在构建基于"标准—评价—培养"三位一体的数字化人才管理体系，为企业提供一套科学、系统的数字化人才管理方法，具有重要的现实意义和应用价值。

一 数字化人才概述

（一）数字化人才的定义

随着我国科技的高速发展，以及数字经济与实体经济的深度融合与蓬勃兴起，数字化人才已经成为各行各业不可或缺的重要力量。数字化人才指的是在数字化时代中，具备相关数字化知识技能、经历经验与能力素质，能够适应并推动企业数字化转型发展的各类人才。

（二）数字化人才的分类

中国企业数字人才发展研究中心在《2023 中国企业数字化人才发展白皮书》一文中基于数字化人才结构的合扇模型与分层模型，从技术应用维度与管理执行维度对数字化人才进行了分类，其中从管理执行维度将数字化人才分为数字化领导人才、数字化执行人才和数字化顾问人才，从技术应用维度将数字化人才分为数字化业务人才、应用技术人才和专业技术人才；在艾瑞联合阿里云共同发布的《企业数字化人才发展白皮书》一文中提到，企业转型所需的数字化人才可划分为数字化管理人才、数字化应用人才和数字化技术人才三个层次。

结合上述对数字化人才的分类实践，参照较为常见的企业性质与业务场景，根据数字化人才所在岗位职责要求与能力要求的不同，可初步分为数字化管理人才，数字化应用人才以及数字化技术人才。

数字化管理人才是企业数字化转型发展的领导力量，一般是企业内部的首席数字官、与数字化相关的团队中高层管理者等，该类人才所承担的职责更多的是明确企业数字化行动规划、制定企业数字化投资决策、统筹企业数字化建设资源、组建企业数字化人才队伍、引领达成企业数字化转型目标等。

数字化应用人才是企业数字化转型发展的落地力量，一般是企业内部如智能制造、智慧运营、数字营销、人力财务等业务与职能团队，该类人才所承担的职责更多的是协同企业内部各方梳理数字化转型场景、搭建企业数字化业务架构、运用企业数字化平台工具、创造企业数字化业务价值等。

数字化技术人才是企业数字化转型发展的支撑力量，一般是企业内部的数字化、自动化、信息化、IT 规划与推动、IT 架构与安全、IT 管控与治理等专业人才，该类人才所承担的职责更多的是探索企业新型数字化技术、开发企业数字化平台工具、保障企业数字化转型安全、实现企业业务数字化需求等。

三类数字化人才在企业内部形成三轮驱动，支撑企业数字化转型战略的有效落地，推动企业可持续与高质量的业务发展。

但是需要特别关注的是，当企业在进行数字化人才分类时，需要关注自身的业务特征、战略方向以及岗位特点三大方面的实际情况，有针对性对数字化人才队伍进行精准定义与分类，以使得企业的数字化人才类别划分既能反映企业自身的业务发展特点，又能体现数字化战略的重点方向，同时还能适度考量岗位的实际情况，更好地赋能企业的数字化转型发展。

二　数字化人才管理面临的现实困境

数字化人才管理工作是需要随着技术的更新迭代与数字化转型的深入推进不断探索的长期工作，虽然不少企业在数字化转型进程中取得较为不错的业务创新成效，但在数字化人才管理方面仍存在一些需要面对的挑战与亟待改善的问题。

（一）数字化人才标准共识不够清晰

当下企业在进行数字化人才管理的过程中，首先需要面对的挑战是数字化人才标准的共识问题。目前，关于数字化人才应具备的知识、技能和能力等方面的标准，行业内部尚未形成广泛且清晰的共识，同时数字化转型对于大部分企业来说都是一件尚未触达且明确的战略事件，这使得企业在数字化人才的选拔、评价与培养等方面缺乏统一、明确的标准作为参照。由于标准的模糊性，企业难以精准地评估对各类数字化人才的需要，判断各类数字化人才的实际能力和未来潜力，进而影响到数字化人才管理的效果。

（二）数字化人才评价体系不够完善

数字化人才评价作为数字化人才管理的重要环节之一，目前企业对数字化人才进行评价时仍存在一定的不足。首先，传统的评价方式如绩效考核、面试、述职等往往过于注重短期成果和表面现象，难以较为全面且深入地评估数字化人才的实际能力和未来潜力。其次，由于缺乏科学、客观的评估指标和方法，很难保证评价的准确性和公正性，评价结果往往容易陷入主观评估的陷阱中，存在一定的评价偏差。

（三）数字化人才培养模式相对陈旧

随着数字化时代的到来，企业对数字化人才的需求日益迫切，并且随着业务的迅速发展与数字化转型的深入，企业对数字化人才的需求也在不断发生变化，但企业目前的数字化人才培养模式却未能及时跟上这一变化，还是以传统的培训方式与周期对数字化人才进行培养，如课堂教学、案例分析等往往过于注重理论知识的传授，而忽视了实践能力和创新能力的培养，传统的培养周期较长，难以适应快速变化的市场需求和技术发展。

（四）市场需求变化与数字化转型方向难以预测

此外，随着技术的快速迭代和数字化转型的逐步深入，行业对数字化人才的需求也在不断发生演变和更新。然而，由于企业对新技术和新趋势的掌握程度不一，以及对未来市场需求预测的不确定性，制定与时俱进的数字化人才管理体系成为一项艰巨的任务。这种需求的相对不清晰和不确定性，使得企业在数字化人才管理方面面临较大的挑战和风险。

三　数字化人才管理体系的方法沉淀与创新实践

随着数字经济的快速发展，国家高度重视数字化能力建设，广大央国企也积极响应国家战略号召，大力推行数字化人才队伍建设，并在实践过程中积累了一批可供借鉴的有益经验。

（一）数字化人才标准体系建设

1. 数字化人才标准建设的关键点

基于研究与实践来看，在数字化人才标准体系建设方面，需要充分认识到数字化人才标准的立体性、复合性和前瞻性。

（1）立体性

针对企业内部设置的常见岗位而言，由于其岗位职责和硬性要求较为明确，因此企业在梳理人才标准时，比较多聚焦于岗位的能力素质模型，重点提炼岗位的底层软性特质要求。但对数字化人才而言，一方面其属于新兴领域，另一方面其技术属性也相对更强，因此，如果仅构建能力素质模型，并不利于后期评估和培养工作的开展，有必要另外再梳理数字化知识技能等相对偏硬性的要求，形成软性要求与硬性要求相结合的立体化人才标准，才更便于后期数字化人才标准的落地应用。

（2）复合性

数字化需要与企业业务场景深度结合才能为企业创造真正的价值，因此，在梳理数字化人才标准时，不能仅从数字化的角度出发，还需要关注到数字化人才的复合性，从"业务+数字化"的视角综合进行数字化人才标准的构建，无论是数字化管理人才、应用人才还是专业人才，都应该关注这两个方面的能力要素组合，只是在侧重点上有所不同。

（3）前瞻性

企业以往在构建岗位人才标准时，一般会分析岗位标杆人才的共性特点，但很多企业在内部很难有足够的数字化标杆人才作为样本来进行分析，因为大部分企业的数字化转型依然处于进行时，而非完成时。因此，在构建数字化人才标准时，必然需要有更多外部视角的输入，通过这种方式所形成的人才标准，其前瞻性自然也相对较高，但也只有这样才能牵引企业的数字化人才队伍建设，驱动数字化转型升级。

2. 数字化人才标准构建的方式沉淀

紧扣数字化人才标准构建的立体性、复合性以及前瞻性三大关键点，首先就数字化相关基础理论研究与人才模型理论研究进行研读与分析，厘清数字化、数字化转型、数字化人才类型划分等基础概念，结合冰山模型、3Do 模型、DDI 模型等常见人才模型理论，明确数字化人才标准概念。其次围绕所在企业数字化战略进行分析，从数字化转型总目标、阶段总体目标、关键业务环节等方面，推导出数字化人才管理体系打造需求，并通过研究国内外情况与行业发展趋势等，进一步掌握全球企业数字化趋势与行业数字化特征，综合提炼数字化转型面临的人才挑战以及转型工作对人才的要求。最终借助代表访谈、焦点研讨、专家咨询、测评分析、案头研究等综合手段，基于企业内部不同序列的工作要求与挑战梳理出优秀数字化人才的能力素质与知识技能等要求，提炼输出各类数字化人才标准。

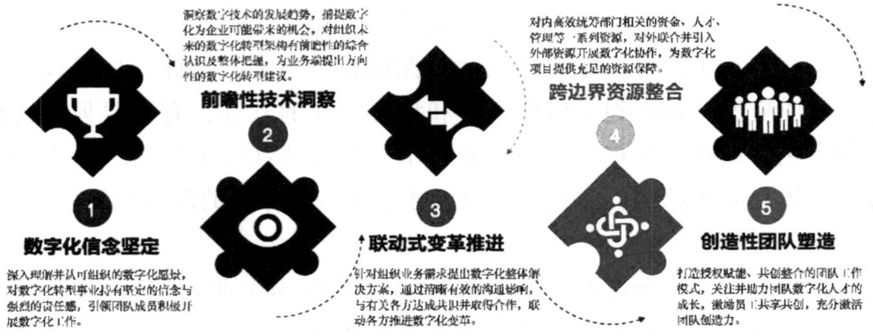

图 1 数字化管理人才能力素质模型——以某一数字化相关团队的负责人为例

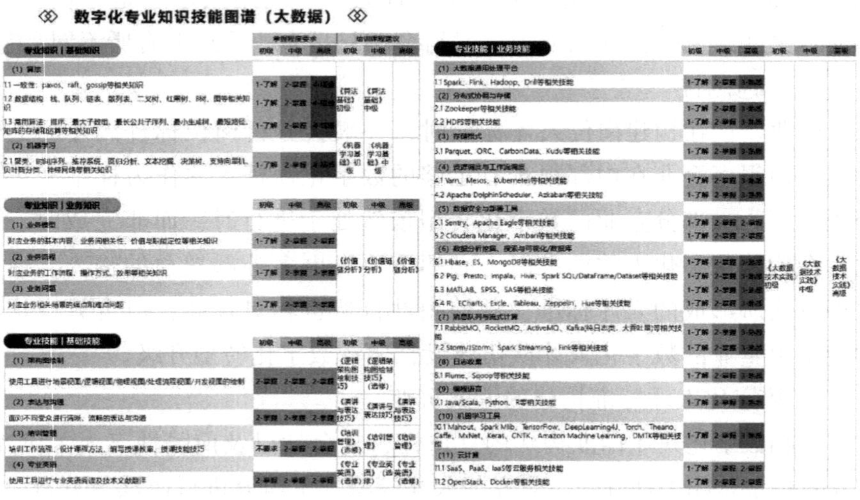

图 2 数字化专业人才知识技能图谱——以大数据专业为例

3. 数字化人才标准体系建设的实践案例

以某大型央企集团的数字化人才标准体系构建实践为例，由于该集团的整体规模较大，其业务范围涵盖大消费、综合能源、城市建设运营、大健康、产业金融、科技及新兴产业六大领域，各领域均有相应的数字化转型目标。

为确保数字化转型有足够的数字化人才队伍作为支撑，该集团总部相关部门启动了数字化人才标准体系构建工作。首先，在整体数字化人才结构上，基于集团的综合业务背景与未来发展需要，对数字化人才进行清晰定义和分类，在原有岗位职责与标准的基础上，明确每类数字化人才的标准包括能力素质模型和知识技能图谱两大部分；其次，在构建方法上，采用内部标杆人才访谈、焦点小组研讨、行业对标研究等方式，萃取各类数字化人才所需具备的要求，确保数字化人才标准既能立足企业当下的需要，又能面向未来发展的机遇与挑战；最后，在数字化人才标准的内容上，着重强调业务要求和数字化要求的双向融合，以牵引集团内各业务领域均能有的放矢地培养复合型的数字化人才来推动集团的数字化转型。

（二）数字化人才评价体系建设

1. 数字化人才评价体系建设的关键点

基于研究与实践来看，在数字化人才评价体系建设方面，需要采取分类评价和综合评价的方式对数字化人才进行科学评价。

（1）分类评价

一方面，数字化作为一个专业属性较强的领域，其本身的专业类别划分就较为繁杂，且不同专业类别之间的要求存在较大差异；另一方面，由于数字化需要和企业业务相结合，而企业的业务按照价值链一般也会划分为多个领域，数字化在不同业务领域中又会形成不同的应用要求。因此，针对数字化人才很难以一个通用的标准来开展所有数字化人才评价，需要先按照不同的专业类别或应用领域对数字化人才先进行分类，并分别开展数字化人才评价工作，才能确保评价结果的精准性。

（2）综合评价

在过去的科技类人才评价机制中，一直存在着对科技人才的认识不足，针对此类人才的评价大多数流于表面，容易出现"唯论文、唯职称、唯学历、唯奖项"等现象，我们从实践中发现很多央国企在数字化人才评价的过程中也存在同类问题，因此，为了有效杜绝"四唯"等人才评价问题，企业有必要从"知识技能、能力素质及工作成就贡献"等多个角度形成针对数字化人才的综合评价体系，提升评价结果的有效性。

2. 数字化人才评价体系搭建的方式沉淀

基于数字化人才分类的特殊性，分别从工作成就贡献、知识技能以及能力素质等维度进行针对性评估。首先聚焦数字化转型工作实效，借助绩效考核工作回顾数字化工作的完成度、完成质量、成果效益等，总结出数字化工作成就贡献水平；其次针对不同类的数字化人才进行相对应的知识技能检验，通过专业知识笔试与技术操作考试等方式评估数字化人才的知识技能水平；最后根据各类数字化人才标准中的能力素质标准，定制化开发评估题本与在线测评，摸清数字化人才的能力素质现状与未来发展方向，综合输出各类数字化人才的评价结果，最终回溯评估数字化人才评价流程与工具，整合成为数字化人才评价体系。

评估项目	评估内容	评估方式				
		助理架构师	架构经理	高级架构经理	资深架构经理	架构专家
基本资质	专业年限/司龄/学历	评估/审核	评估/审核	评估/审核	评估/审核	评估/审核
工作成就贡献	近一/两年绩效评估	评估/审核	评估/审核	评估/审核	评估/审核	评估/审核
知识技能	数字化人才标准中规定的知识与技能	考试	考试/答辩	考试、关键事件(集中评审)/答辩	现场答辩	现场答辩
能力素质	数字化人才标准中规定的能力素质	上级/项目经理评估	上级/项目经理评估	上级/项目经理评估	360度评估	360度评估
		在线潜能测评	在线潜能测评	在线潜能测评	在线潜能测评	在线潜能测评

图3　数字化人才评价矩阵——以架构师为例

3. 数字化人才评价体系构建的实践案例

以某大型国企集团的数字化人才评价体系构建实践为例，该集团基于自身的战略规划与业务发展需要，首先将数字化人才分为数字化管理人才、应用人才和专业人才三大类。其中，数字化管理人才包含中层和高层两个子类；数字化应用人才根据该集团的数字化转型战略重点聚焦智能制造、智慧运营、数字化供应链和数字化营销四个子类；数字化专业人才则根据 IT 项目开发管理流程分为产品、设计、前端、后端、测试、运维等 20 多个子类，全面覆盖该企业数字化转型的方向牵引、落地应用到技术支持全流程。针对每个数字化人才类别梳理对应的数字化人才评价标准和工具，实现分类评价。另外，在评价维度上，该集团针对各类数字化人才，除了绩效考核之外，还从知识技能和能力素质等维度开发相应的评价工具，辅以相应的评价流程支持评价的有效落地与推进，实现对数字化人才的全方位、综合性评价。

（三）数字化人才培养策略制定

1. 数字化人才培养策略制定的关键点

基于实践来看，在数字化人才培养体系建设方面，需要采取靶向培养、意识先行和内外融合的方式更高效地培养与孵化数字化人才。

（1）靶向培养

由于数字化转型在很多企业仍处于探索阶段，因此企业内部对数字化人才职责与要求也在不断发生变化，在这种情况下，企业很难在一开始就直接搭建一套完整完善的人才培养体系，所以需要在实践过程中，结合企业转型需要与数字化人才队伍的实际现状，动态敏捷地设计数字化人才的培养模式，通过周期性的数字化人才评价，实时掌握人才数字化能力优劣势并针对性匹配培养内容，实现对数字化人才的靶向培养。

（2）意识先行

当前，大部分企业在推进数字化转型的过程中遇到的最大阻力之一便是组织内部人员数字化意识不足，导致数字化转型举措难以真正落地，尤其是牵引数字化转型的数字化管理人才。因此，企业在对数字化人才进行针对性培养时，有必要采取"意识先行"的培养策略，即先通过导入数字化理念与案例等，帮助数字化人才队伍建立正确的数字化意识和认知，后续再补充相应的知识技能与能力素质培养。

（3）内外融合

企业数字化转型对企业而言是一项前瞻性战略，大部分企业并未完整经历过数字化转型，同时向外学习也很难完全复制其他企业的成功经验，因为企业的实际现状与业务所处的发展阶段都不尽相同，所以需要企业在学习借鉴外界优秀的数字化转型经验与方法的同时，持续在转型实践中积极探索，找到契合自身的数字化转型路径与方案。因此，在数字化人才培养中，需要注重在引入行业中先进的数字化方法和技术的同时，也需要坚持"以我为主，为我所用"的原则，结合自身企业情况加强相关数字化转型的方法和技术的内化与落地应用，以促进"内外融合"。

2. 数字化人才培养策略制定的方法沉淀

随着企业对数字化转型的不断探索，需要密切关注在不同数字化转型阶段对数字化人才的挑战与要求，在周期性进行数字化人才评价与选拔之后，分析人才评价结果与聚焦训前调研结果，动态化设计数字化人才培养模式，针对性匹配数字化人才学习内容；与此同时，数字化意识的建立在整个数字化人才培养与发展中至关重要，优先以数字化意识牵引学习，借助数字化理念普及、数字化项目案例分享与数字化转型价值展示等方式帮助数字化人才建立数字化认知与意识，促进其对数字化转型的理解与认同；再者针对各类数字化人才的共性短板匹配线下集训课程，针对个人短板辅以个性化线上学习内容，以个性与共性结合进行知识、方法与工具赋能；过程中除了课程学习之外，还需要引导数字化人才就行业先进数字化转型方法技术与优秀案例进行研讨转化，并在后续的数字化转型中加以实践沉淀，最后内化成为企业内部的数字化知识经验库，不断积累与更新迭代，为日后数字化转型与人才培养提供连贯性的有效支持；在阶段性培养动作结束之后，组织进行数字化人才出池认证，逐步培养输出各类优秀的数字化人才，打造企业内部的数字化人才高地。

3. 数字化人才培养策略制定的实践案例

以某大型央企集团的数字化人才培养策略制定实践为例，该集团在明确各类数字化人才标准之后，采取针对性的评价方式对集团内部数字化人才进行全方位盘点，依据盘点结果选拔数字化高潜人才入池培养，并基于评价数据针对性设计周期性的培养方案。在整个方案中，一方面注重邀请外部讲师对行业数字化转型先进理论、标杆案例与工具方法等内容进行讲授，逐步树立数字化转型意识，打开人才数字化转型视野，

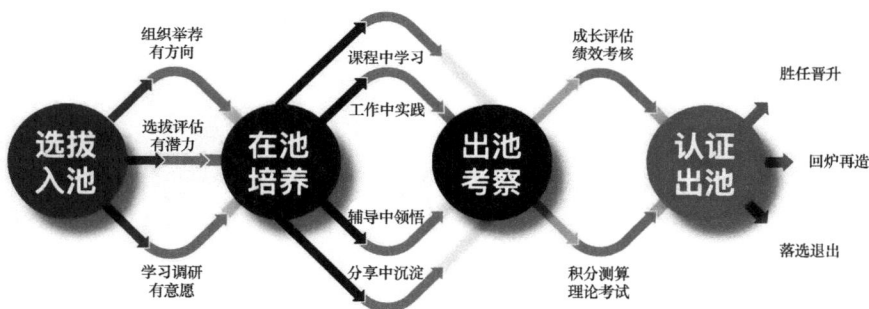

图 4　数字化人才培养框架

掌握数字化转型所需要的工具与方法；另一方面则组织成立数字化内训师队伍，针对企业内部数字化转型成果案例与关键数字化转型项目进行共创研讨，促进内部优秀数字化实践案例与经验的传播、分享和沉淀，促进关键数字化转型项目的问题解决与有效落地。最终借助阶段性考核汇报，检验学员的学习与转化成效，逐步提升数字化人才的综合水平，助力企业数字化转型。

　　当前我国数字经济高速发展，已成为驱动我国经济发展的重要力量，数字化人才的高效管理也是支撑数字经济继续蓬勃发展的关键因素之一。随着企业数字化转型进程的不断深化，对数字化人才的要求在国家、行业以及企业层面将更加注重标准化与共识化，对数字化人才的评价将采取数据驱动的智能化评价，收集和分析数字化人才在工作中的各项数据，更加准确地评估数字化人才的实际能力与技能水平，对数字化人才的培养将更加注重创新实践的转化与跨界视野的开阔，逐步推动整个行业乃至社会的数字化人才管理水平的提升。

参考文献

中国企业数字人才发展研究中心：《2023 中国企业数字化人才发展白皮书》，2023 年。

艾瑞 & 阿里云：《企业数字化人才发展白皮书》，2022 年。